创新之城

率先探索高质量发展新路

成都市发展和改革委员会课题组 主编

中国社会科学出版社

图书在版编目（CIP）数据

创新之城：率先探索高质量发展新路 / 成都市发展和改革委员会课题组主编 . —北京：中国社会科学出版社，2022.10

（新发展理念的成都实践）

ISBN 978 – 7 – 5227 – 0932 – 1

Ⅰ.①创… Ⅱ.①成… Ⅲ.①城市经济—经济发展—研究—成都 Ⅳ.① F299.277.11

中国版本图书馆 CIP 数据核字（2022）第 193630 号

出 版 人	赵剑英
责任编辑	范晨星
责任校对	任晓晓
责任印制	王　超

出　　版	中国社会科学出版社
社　　址	北京鼓楼西大街甲 158 号
邮　　编	100720
网　　址	http://www.csspw.cn
发 行 部	010 – 84083685
门 市 部	010 – 84029450
经　　销	新华书店及其他书店

印刷装订	北京明恒达印务有限公司
版　　次	2022 年 10 月第 1 版
印　　次	2022 年 10 月第 1 次印刷

开　　本	710 × 1000　1/16
印　　张	16.75
字　　数	248 千字
定　　价	139.00 元

凡购买中国社会科学出版社图书，如有质量问题请与本社营销中心联系调换
电话：010 – 84083683
版权所有　侵权必究

编委会

主　编　杨　羽

副主编　王永新　尹　宏　冯劲夫　朱　平
　　　　　唐　芳　吴　英　李坚峻　杨　磊
　　　　　李　椿　陈　健　杨　杰　向　进
　　　　　夏邦林　李　霞

编　委　肖前志　刘冠军　黄浩森　张红琪
　　　　　康　勇　谢机有　刘书豪　王子宇
　　　　　张芮郗　李梦宇　刘　攀　董　亮
　　　　　熊承雪　陈纱岚　杨会改　宋　瑶
　　　　　闫博文　田　丹　谢　瑞　简　青

引言 INTRODUCTION

@ 故事一：

成都国际商贸城小商品批发区人来人往、熙熙攘攘，店主万国龙在店里忙碌不停。谁也不会料到，他这间不足10平方米的店铺仅2019年上半年就实现了200多万元的出口额。"在过去，这只能是个创业的梦想，如今搭乘成都的中欧班列，梦想变成了现实。"万国龙称，2019年通过搭乘成都的中欧班列，把小商品卖到了境外的布达佩斯等地，销路一下子就拓宽了。

@ 故事二：

2009年，成都"80后"青年饺子（本名：杨宇）与朋友合开的"饺克力"动画工作室，在成都一个套二的老旧民居房里成立了。令他没有想到的是，成都作为首批国家级文化和科技融合示范基地，建立起成都数字新媒体创新孵化基地，聚集了很多初创期的数媒创业团队。"饺克力"动画工作室作为文化部原创动漫扶持企业，也搬迁至孵化基地。2019年暑假，由饺子导演的《哪吒之魔童降世》横空出世，并以49.34亿元票房收入稳居全国票房冠军（据国家电影局2019年12月31日发布数据）。

@ 故事三：

2019年7月5日凌晨5时40分，一批总重6吨多来自法罗群岛的三文鱼抵达成都双流国际机场。上午9时40分，它们全部"入住"成都海鲜销售市场的冷库，中间仅花费了4个小时。根据成都海关创新推出的"两段准入"通关监管措施，对命中抽样送检的冰鲜三文鱼实施以附条件

提离，在经过报关、取样、查验后，抵境三文鱼可以先运抵经销商冷库等待报告出来。待到抽样查验合格通知后，经销商就可立即"开仓销售"。整个流程可以为企业节约1—2天时间，从而也保证到达老百姓餐桌上的三文鱼更加新鲜、美味。

习近平总书记在河南考察时曾强调：追求美好生活，是永恒的主题，是永远的进行时。

上述三个发生在成都的故事，清晰地为我们勾勒出：在经济发展的快车道上，成都市作为中国西部一座内陆城市，坚持从人本角度出发，始终把落脚点放在高水平创造新时代幸福美好生活上。通过产业生态圈、科技创新中心建设，培育新经济新动能，深化五项制度改革，不断提升创新策源能力、提升产业发展能级、提升资源配置能力。

在城市高质量发展道路上，创新是引领发展的第一动力。要实现从"后发跟跑"到"先发引领"的历史性跨越，关键在于抓住用好创新这个"牛鼻子"。只有不断地创新与探索，才能全方位彰显"城市让生活更美好"的初心使命，才能满足人民对美好生活的需要和向往，才能让人民拥有更多的获得感与幸福感。

目 录
CONTENT

第一章 坚持把全面创新作为引领发展的第一动力 率先探索高质量发展新路的成都篇章 // 1

第一节 成都率先探索高质量发展新路的行动指南 // 2
第二节 成都率先探索高质量发展新路的现实选择 // 8
第三节 成都率先探索高质量发展新路的测度评价 // 15
第四节 成都率先探索高质量发展新路的创新举措 // 30

第二章 以产业生态圈引领产业功能区建设 // 37

第一节 系统谋划产业生态圈引领产业功能区建设 // 38
第二节 积极探索产业生态圈建设新模式 // 51
第三节 创新实践产业功能区建设新路径 // 80
第四节 多元价值赋能城市焕发新"蓉颜" // 111

第三章 科技创新中心打造高质量发展增长极和动力源 // 117

第一节 全球科技创新中心演变规律及主要特征 // 118
第二节 成都打造具有全国影响力的科技创新中心的现实意义 // 124
第三节 成都推进科技创新中心建设的实践和成效 // 129

第四节　成都推进科技创新中心建设愿景规划 // 151

第四章　大力发展新经济培育新动能 // 163

第一节　成都发展新经济培育新动能的战略抉择 // 164
第二节　成都发展新经济培育新动能的顶层设计 // 168
第三节　成都发展新经济培育新动能的创新实践 // 176
第四节　成都发展新经济培育新动能的主要成效 // 201
第五节　成都发展新经济培育新动能的愿景规划 // 215

第五章　以五项制度改革为核心厚植高质量发展优势 // 217

第一节　五项制度改革的设计考量 // 218
第二节　财源提质：以绩效为导向的财政预算制度改革 // 224
第三节　强基赋能：以效率为导向的国资经营评价制度改革 // 232
第四节　效率提升：以产出为导向的土地资源配置制度改革 // 238
第五节　民生保障：以利民便民为导向的基本公共服务清单标准管理和动态调整制度改革 // 244
第六节　激发活力：以成长为导向的企业扶持激励制度改革 // 251

结　语 // 258

参考文献 // 260

第一章

坚持把全面创新作为引领发展的第一动力
率先探索高质量发展新路的成都篇章

"能级"一词,来自物理学概念,意为具备不同能量的电子,按照各自不同轨道绕原子核运转,从而形成不同能量场域。将"能级"放诸城市,城市能级则是城市实力的综合体现,是城市在某项功能或多项功能对自身发展及周边地区的辐射影响程度,是城市功能水平的呈现。

据第七次全国人口普查,成都全市常住人口达2093.8万人。这意味着,成都常住人口首次跨过"2000万+"阶梯,成为继重庆、上海、北京之后,中国第四个两千万级人口的城市。人口在涌入,城市在前行,城市能级如何再度进阶?

2021年7月23日,中共成都市委十三届九次全会审议通过的《中共成都市委关于全面推进科技创新中心建设 加快构建高质量现代产业体系的决定》,"高能级"一词频现。全会明确提出要突出创新的核心地位,坚持科技创新引领,着力打造科技创新策源新引擎、现代产业体系新标杆、创新要素聚集新高地、对外开放合作新枢纽,筑牢战略支撑和物质基础。

近年来,成都坚定以新发展理念为指引,把创新作为引领发展的第一动力,以产业生态圈引领经济组织方式转变,以产业功能区重塑城市经济地理,大力推进科技创新中心建设,积极发展新经济培育新动能,以五项制度改革构建高质量发展制度体系,在推动质量变革、效率变革、动力变革上先行一步,率先探索出了一条独具成都特色的高质量发展新路。

第一节
成都率先探索高质量发展新路的行动指南

我国进入高质量发展阶段是中国特色社会主义进入新时代的新特征。习近平总书记强调:"高质量发展,就是能够很好满足人民日益增长的美好生活需要的发展,是体现新发展理念的发展,是创新成为第一动力、协调成为内生特点、绿色成为普遍形态、开放成为必由之路、共享成为根本目的的发展。""更明确地说,高质量发展,就是从'有没有'转向'好不好'。"[①]

一 高质量发展的本质内涵

经济发展具有一定的阶段性,不同的历史方位下发展的方式和状态各不相同,对于发展内涵的理解也不尽相同。"高质量发展"这一概念是在我国社会主要矛盾发生转化、支撑经济增长的要素条件发生重要变化等中国建设和发展的具体实践中总结和提炼出来的,既是对过去经验和教训的总结,也是中国特色社会主义进入新时代后新的发展路径选择,具有多重维度的内涵。

(一)高质量发展是能够更好满足人民日益增长的美好生活需要的发展

"中国特色社会主义进入新时代,我国社会主要矛盾已经转化为人民日益增长的美好生活需要和不平衡不充分的发展之间的矛盾。"[②] 发展中的矛盾和问题集中体现在发展质量上。也就是说,经济发展已经从"有没有"的问题转向了"好不好"的问题。只有大力提升发展的质量和效益,才能

---
① 《习近平谈治国理政》第3卷,外文出版社2020年版,第239页。
② 《习近平谈治国理政》第3卷,外文出版社2020年版,第9页。

解决好发展不平衡不充分的矛盾，更好满足人民对美好生活的需要，更好推动人的全面发展，实现"两个一百年"奋斗目标。因此，高质量发展就是围绕人民群众个性化、多样化的需求，形成优质、高效、多样化的供给体系，提供更多优质产品和服务，促进供需在新的水平上实现均衡的发展。

（二）高质量发展是更高质量、更有效率、更加公平、更可持续、更加安全的发展

过去，依靠大规模劳动力、土地等要素投入的粗放式经济发展方式在我国发挥了很大作用，加快了我国经济发展步伐。如今，随着经济体量和基数的变大，劳动力成本的上升，能源资源环境的制约，我国需求条件、要素条件和潜在增长率发生重要变化，已不再具备支持粗放式发展的条件。加之，"当今世界正经历百年未有之大变局，我国发展的外部环境日趋复杂"①。"防范化解各类风险隐患，积极应对外部环境变化带来的冲击挑战，关键在于办好自己的事，提高发展质量，提高国际竞争力，增强国家综合实力和抵御风险能力，有效维护国家安全，实现经济行稳致远、社会和谐安定。"② 因此，高质量发展就是质量和效益替代规模和增速成为经济发展的首要问题，兼顾质量、效率、公平、可持续、安全的发展。

（三）高质量发展是全面体现新发展理念的发展

"理念是行动的先导，一定的发展实践都是由一定的发展理念来引领的。"③"发展理念是否对头，从根本上决定着发展成效乃至成败。"④ 党的十八届五中全会"鲜明提出了创新、协调、绿色、开放、共享的发展理念"⑤，创

---

① 习近平：《关于〈中共中央关于制定国民经济和社会发展第十四个五年规划和二〇三五年远景目标的建议〉的说明》，新华网，2000年11月3日。
② 习近平：《关于〈中共中央关于制定国民经济和社会发展第十四个五年规划和二〇三五年远景目标的建议〉的说明》，新华网，2000年11月3日。
③ 《习近平总书记系列重要讲话读本》，学习出版社、人民出版社2016年版，第127页。
④ 《习近平总书记系列重要讲话读本》，学习出版社、人民出版社2016年版，第127页。
⑤ 《习近平总书记系列重要讲话读本》，学习出版社、人民出版社2016年版，第127页。

造性地回答了新形势下实现什么样的发展、如何实现发展的重大问题,深刻揭示了实现高质量发展的必由之路,是引领和指导高质量发展的全新理念和行动指南。按照新发展理念推动高质量发展是大势所趋。其中,"创新是引领发展的第一动力"①,注重解决发展动力问题;"协调是持续健康发展的内在要求"②,注重解决发展不平衡问题;"绿色是永续发展的必要条件和人民对美好生活追求的重要体现"③,注重解决人与自然和谐共生问题;"开放是国家繁荣发展的必由之路"④,注重解决发展内外联动问题;"共享是中国特色社会主义的本质要求"⑤,注重解决社会公平正义问题。因此,高质量发展"是体现新发展理念的发展,是创新成为第一动力、协调成为内生特点、绿色成为普遍形态、开放成为必由之路、共享成为根本目的的发展"⑥。

二 高质量发展的总体要求

提高发展质量,最基本的要求是提高产品和服务的质量和标准。但更为重要的是促进经济、政治、文化、社会和生态全方位、协调地发展。以其他方面的停滞为代价换取某一个或某一些方面的高质量,并不可持续。比如,忽视生态环境而追求经济增长是不可持续的,一味强调保护生态环境而抑制经济增长也是不可取的,一味追求经济增速而忽视社会建设也不可持续。高质量发展要求宏观与微观相统一、供给与需求相统一、公平与效率相统一、质量与数量相统一。

(一)宏观与微观相统一

高质量发展既包括宏观经济发展,也包括微观经济活动中的产品和服

---

① 《习近平总书记系列重要讲话读本》,学习出版社、人民出版社2016年版,第133页。
② 《习近平总书记系列重要讲话读本》,学习出版社、人民出版社2016年版,第133页。
③ 《习近平总书记系列重要讲话读本》,学习出版社、人民出版社2016年版,第134页。
④ 《习近平总书记系列重要讲话读本》,学习出版社、人民出版社2016年版,第135页。
⑤ 《习近平总书记系列重要讲话读本》,学习出版社、人民出版社2016年版,第136页。
⑥ 《习近平谈治国理政》第3卷,外文出版社2020年版,第239页。

务，其本身是一项复杂的系统工程。推动高质量发展要求宏观与微观相结合。"从宏观经济循环看，高质量发展应该实现生产、流通、分配、消费循环通畅，国民经济重大比例关系和空间布局比较合理，经济发展比较平稳，不出现大的起落。"① 微观层面要完善产品和服务标准，培育支撑高质量发展的科技、金融、人才等要素，发展壮大一批精益求精、追求质量和效益的创新型企业。

（二）供给与需求相统一

高质量发展是顺应需求升级的必然结果，首先就是要解决供需匹配问题。这就要求必须从供给与需求相统一的角度，提供适应人民新需求的优质产品和服务，进而实现供需良性互动、精准匹配。"从供给看，高质量发展应该实现产业体系比较完整，生产组织方式网络化智能化，创新力、需求捕捉力、品牌影响力、核心竞争力强，产品和服务质量高。"②"从需求看，高质量发展应该不断满足人民群众个性化、多样化、不断升级的需求，这种需求又引领供给体系和结构的变化，供给变革又不断催生新的需求。"③

（三）公平与效率相统一

高质量发展是高效率、高附加值和更具可持续性、包容性的有机结合体。从根本上看，实现高质量发展就是要解决公平与效率的问题，核心要义是建立在更加公平基础上的高效率。从公平角度看，高质量发展要求从不平衡不充分发展转向共享发展、充分发展和协同发展。"高质量发展应该实现投资有回报、企业有利润、员工有收入、政府有税收，并且充分反映各自按市场评价的贡献。"④ 从效率角度看，高质量发展要求以最少的要素投入获得最大的产出。"高质量发展应该不断提高劳动效率、资本效率、

---

① 《习近平谈治国理政》第3卷，外文出版社2020年版，第239页。
② 《习近平谈治国理政》第3卷，外文出版社2020年版，第238页。
③ 《习近平谈治国理政》第3卷，外文出版社2020年版，第238页。
④ 《习近平谈治国理政》第3卷，外文出版社2020年版，第238页。

土地效率、资源效率、环境效率，不断提升科技进步贡献率，不断提高全要素生产率。"①

（四）质量与数量相统一

高质量发展是质和量的结合，没有量的增长，就不能为经济运行提供托底；没有质的提升，就不能让经济发展更有效率。因此，推动高质量发展就要牢固树立质量第一、效率优先的理念，转变过去主要依靠增加物质资源消耗的粗放型高速增长模式为主要依靠技术进步、管理改善和劳动者素质提高的集约型增长模式，实现质的稳步提升。同时，高质量发展也要求继续实现量的合理增长，以更有效率、更高水平的量的增长为经济稳定运行和转型升级创造条件，在动态调整中实现优化。

三 高质量发展的战略重点

习近平总书记指出，"推动高质量发展，就要建设现代化经济体系，这是我国发展的战略目标"②。"实现这一战略目标，必须牢牢把握高质量发展的要求，坚持质量第一、效益优先；牢牢把握工作主线，坚定推进供给侧结构性改革；牢牢把握基本路径，推动质量变革、效率变革、动力变革；牢牢把握着力点，加快建设实体经济、科技创新、现代金融、人力资源协同发展的产业体系；牢牢把握制度保障，构建市场机制有效、微观主体有活力、宏观调控有度的经济体制。"③

（一）推动经济发展质量变革、效率变革、动力变革，提高全要素生产率

坚持质量第一，效益优先，推动经济发展质量、效率、动力根本性

---

① 《习近平谈治国理政》第3卷，外文出版社2020年版，第238页。
② 《习近平谈治国理政》第3卷，外文出版社2020年版，第239页。
③ 《习近平谈治国理政》第3卷，外文出版社2020年版，第239页。

变革，不断增强经济创新力和竞争力。要持续推进发展方式由粗放型向集约型转变、经济结构由中低端迈向中高端、新旧动能转化接续，推动经济增长由主要依靠要素投入转向更多依靠提高全要素生产率，由主要依靠资本、劳动力等传统要素转向主要依靠创新和数据等新要素。[①]要把改革开放和创新驱动作为推动高质量发展的"两个轮子"，坚持全面深化改革和全方位创新，全面提升创新能力和效率，形成以创新为主要引领和支撑的经济体系和发展模式，抢占新一轮科技竞争和未来发展制高点。

（二）加快建设实体经济、科技创新、现代金融、人力资源协同发展的产业体系

建设创新引领、协同发展的产业体系，实现实体经济、科技创新、现代金融、人力资源协同发展，使科技创新在实体经济发展中的贡献份额不断提高，现代金融服务实体经济的能力不断增强，人力资源支撑实体经济发展的作用不断优化。要把经济发展着力点放到实体经济上，大力发展先进制造业、培育壮大新兴产业，加快制造业前沿领域创新布局，推动制造业智能化发展。要把创新作为第一动力，全面推动科技创新，提升科技创新的质效和效率，突出企业创新主体地位，实施科技成果转化行动，提高产业创新能力，打造区域创新高地。要发展完善现代金融，以市场需求为导向，以服务实体经济为核心，完善金融市场、金融机构、金融产品体系。要强化人力资源支撑，培养一批具有国际水平的战略科技人才、科技领军人才、青年科技人才和高水平创新团队。

（三）构建市场机制有效、微观主体有活力、宏观调控有度的经济体制

坚持社会主义市场经济改革方向，正确处理好政府、市场、企业之间的科学联系，构建充分发挥市场作用、更好发挥政府作用的经济体制。要

---

① 《强化思想引领　谋篇"十四五"发展》，中国计划出版社2020年版，第235页。

坚持在市场机制下由微观经济主体按照自身利益最大化的目标来配置资源，推动资源配置依据市场规则、市场价格、市场竞争实现效益最大化和效率最优化。要毫不动摇地鼓励、支持、引导非公有制经济发展，推进垄断行业改革，支持民营企业健康发展，健全归属清晰、权责明确、保护严格、流转顺畅的现代产权制度。要持续深化国资国企改革，完善各类国有资产管理体制，加快国有经济布局优化、结构调整、战略重组，积极稳妥推进混合所有制改革。要加快政府职能转变，持续深入推进简政放权、放管结合、优化服务，着力打造市场化、法治化、国际化的一流营商环境。要创新和完善宏观调控机制，加强宏观经济政策协调，为高质量发展提供强有力的制度保障。

第二节

成都率先探索高质量发展新路的现实选择

成都，是一座被国家寄予厚望的城市。从 2016 年全国第 6 个国家中心城市落子成都，到 2018 年习近平总书记明确提出支持成都建设全面体现新发展理念的城市，再到 2020 年成渝地区双城经济圈建设上升为国家战略，成渝"双子星"肩负打造带动全国高质量发展的重要增长极和新的动力源的使命责任，成都城市站位不断提高。

成都，也是一座充满无限可能的城市。2017 年成都市人均 GDP 达到 1.29 万美元[1]，进入了高收入国家行列[2]，在经济社会发展进程上率先迈向较高级的形态。第七次全国人口普查数据显示，成都市常住人口达到 2093.8

---

[1] 按照国家统计局公布的 2017 年全年人民币平均汇率（1 美元兑 6.7518 元人民币）。2017 年成都市人均 GDP 为 87174 元。

[2] 按照世界银行 2020 年新版标准，人均 GDP 小于 1036 美元，属于低收入国家；人均 GDP 处于 1036—4045 美元，属于中等偏下收入国家；人均 GDP 处于 4046—12535 美元，属于中等偏上收入国家；人均 GDP 大于 12535 美元，属于高收入国家。

万人，成为继重庆、上海、北京之后国内第 4 个人口超 2000 万的城市，成都能级规模不断扩大。

高质量发展是党中央确立的新时代发展主题。于成都而言，率先探索高质量发展新路既是顺时应势全面贯彻落实中央部署、国家战略的责任担当，也是立足城市发展阶段转换动能的内在要求、瞄准战略定位剑指世界的必然选择、凸显城市特质回归人本的根本途径。

一　立足发展阶段，转换"动能"的内在要求

马克思认为，生产关系不是固定不变的，而是随着生产力的提高和其他因素的变化不断向前发展的。①《增长的极限》一书早在 1972 年就预测，由于世界人口增长、工业发展、资源消耗等变量呈现指数增长而非线性增长的运行方式，全球增长将因地球的有限性而在某个时段内达到极限。②通过创新对各类要素进行优化组合，有利于形成新的生产条件和生产方式，实现资源配置的帕累托改进，激发经济体系增长潜能，推动"二次增长"，突破增长极限。

作为中西部地区的先发城市，成都率先进入了由工业化、城镇化向后工业化、后城镇化转化的关键阶段，率先进入高收入阶段，在经济社会发展进程上率先迈向较高级的形态，在具体遵循的发展规律、面临的发展需求、具备的基础条件、遇到的现实问题等方面，表现出与中西部地区甚至国家整体情况不一样的特点，亟须率先探索经济增长和产业发展转型升级之路。

产业结构演进先行一步，要率先实现供给体系升级。成都服务业占比已于 2016 年超过 60%，产业转型发展和融合发展的特征凸显，逐步向成熟的服务型和消费型城市转变，产业总体框架基本定型，经济发展的结构发生明显变化。从产业结构来看，现代服务业占据主导地位，服务经济形

---

① 《马克思恩格斯全集》第 46 卷，人民出版社 1995 年版，第 58—60 页。
② 《推动五个突破，实现五大转变——全市局级领导干部读书班侧记》，《成都日报》2021 年 3 月 17 日第 2 版。

态成熟，制造业面临结构变革和技术革命；从要素结构来看，技术取代土地、人才取代人力、资本取代资金、信息取代能源成为核心生产要素。这就要求成都高质量发展在供给上要率先实现以现代服务业和先进制造业为导向的供给质量提升、以知识和信息为核心的要素质量提升，在结构优化的基础上更加注重产业创新力、品牌影响力、品质竞争力。

发展动力演变先行一步，要率先实施创新驱动发展。改革开放以来，成都工业化和城镇化进程加速推进，依靠劳动力、资本、资源三大传统要素投入，经济保持高速增长，1978—2012年GDP年均增速达12%，人均GDP于2017年领先全国迈入高收入阶段。按照世界经济论坛2017年《全球竞争力报告》中对经济增长阶段的划分标准，以人均GDP1.7万美元为临界点成都正处于从效率驱动到创新驱动的重要转换阶段。进入新阶段，以要素低成本、环境低门槛、政策高优惠为主的传统动力逐渐减弱。这就要求成都高质量发展在动力上要率先实现创新驱动发展，推动低成本竞争向先进要素生态集聚转变，以产业、环境、制度全方位集成创新为新旧动能接续转换和城市转型注入强劲动力，构建起以新生态、新经济、新消费为主的驱动力。

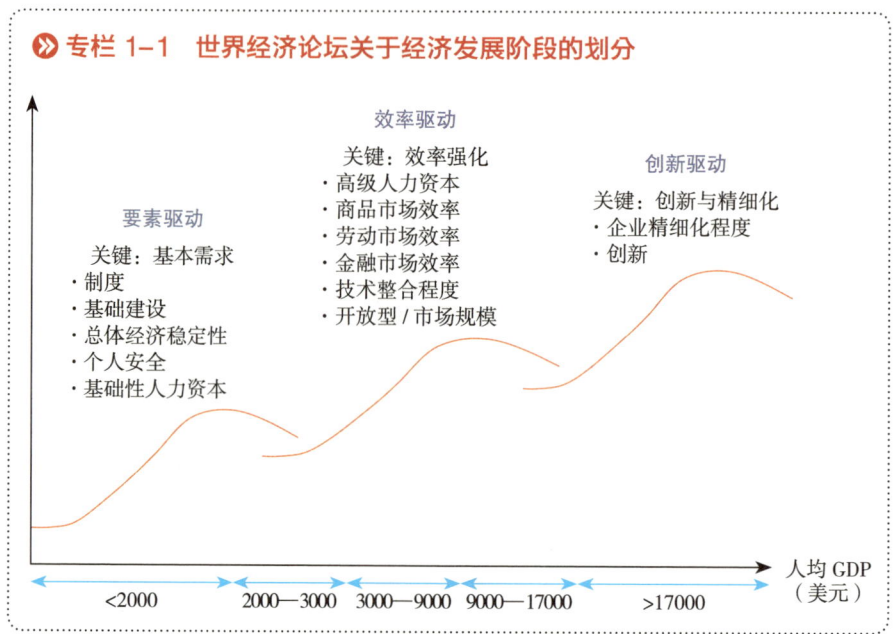

专栏1-1 世界经济论坛关于经济发展阶段的划分

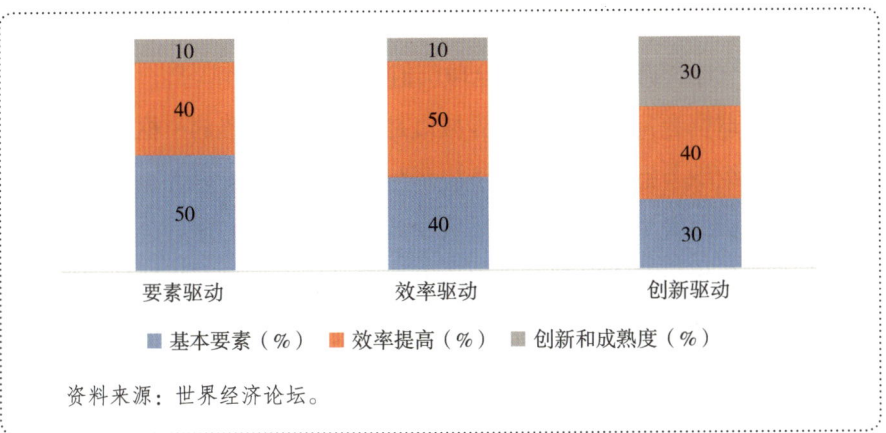

资料来源：世界经济论坛。

二 锚定战略定位，剑指世界的必然选择

2019年2月13日，春节后上班第三天，成都加快建设全面体现新发展理念的城市推进大会明确提出，成都已经进入用世界城市体系标定成长坐标的全新阶段。① 成都作为地处西南内陆腹地的城市，何以要剑指世界城市？

过去的成都，既坐享于"天府之国"的富足与安逸，但也受限于"蜀道之难"的盆地困局。今天，随着中国日益走近世界舞台中央，中华民族伟大复兴引领城市崛起，为中国城市参与国际分工、集聚全球资源聚起了势、赋足了能。② 放眼全国，北、上、深等处于全国第一方阵的城市均已将发展目标定位为冲刺世界城市，一批中国城市正快速走向全球。而综观世界先进城市，无不是拥有大视野、讲究大格局的城市。

今天的成都，正面临发展过程中最大的战略机遇——中华民族伟大复兴引领中国城市在世界崛起，也迎来了最大的时代风口——全球科技创新

---

① 袁弘：《取经世界"头部城市"——对标四大国际大都市 成都展开"无时差"学习》，《成都日报》2020年6月22日第1版。

② 袁弘：《取经世界"头部城市"——对标四大国际大都市 成都展开"无时差"学习》，《成都日报》2020年6月22日第1版。

正改变世界格局。①对标世界城市的核心功能和竞争力,成都高质量发展要着力提升全球资源配置能力和全球价值链掌控力。

提升全球资源配置能力。世界城市是全球经济系统的中枢和世界城市网络体系的组织节点,在全球经济协调与组织中扮演着超越国家界限的关键角色。对标顶级世界城市,高质量发展必然要形成全球资金、信息、技术、人才、货物等要素资源的集聚能力和配置能力,进一步掌控国际经济的话语权和定价权。这就要求成都高质量发展要着力成为全球城市网络的关键节点,增强对战略性资源、战略性产业和战略性通道的运用能力,在更大范围配置高端要素资源。

提升全球价值链掌控力。全球化深刻改变了全球市场格局,国际经济竞争力很大程度上取决于全球价值链中的位置。当今世界正经历百年未有之大变局,中国参与全球产业链供应链的方式以及在全球产业链供应链中的地位也发生了深刻变化。并且随着我国经济由高速增长转向高质量发展,必然要求产业在整个全球价值链中不断攀升。这就要求成都高质量发展必须进一步占据全球产业链、价值链、创新链、服务链的高端环节,为国家产业转型升级提供支撑。

> **专栏 1-2　2016 年以来成都战略定位持续跃升**
>
> 　　2016 年 4 月,国家批准发布的《成渝城市群发展规划》将成都定位为国家中心城市,要求成都以建设国家中心城市为目标,增强成都西部地区重要的经济中心、科技中心、文创中心、对外交往中心和综合交通枢纽功能。成都城市发展自此站上了一个新的历史起点,开启了新的征程。
>
> 　　2017 年 12 月 9—11 日,中共成都市委十三届二次全会召开,部署了新时代成都"三步走"战略目标。提出到 2020 年,高标准全

---

　　① 袁弘:《取经世界"头部城市"——对标四大国际大都市　成都展开"无时差"学习》,《成都日报》2020 年 6 月 22 日第 1 版。

面建成小康社会，基本建成全面体现新发展理念的国家中心城市。从2020年到2035年，加快建设高品质和谐宜居生活城市，全面建成泛欧泛亚有重要影响力的国际门户枢纽城市。从2035年到21世纪中叶，全面建设现代化新天府，成为可持续发展的世界城市。

2017年，成都人均GDP突破1.2万美元领先全国迈入高收入阶段，经济发展进入了新的阶段。

2018年2月，习近平总书记视察成都时，明确提出支持成都建设全面体现新发展理念的城市，开启了"天府之国"高举新发展理念旗帜大踏步走向世界的崭新篇章。

2020年，习近平总书记在中央财经委员会第六次会议上明确提出，支持成都建设践行新发展理念的公园城市示范区，进一步赋予了成都率先探索新时代城市转型发展新路径的历史使命。

2020年11月正式印发的《成渝地区双城经济圈建设规划纲要》提出，突出重庆、成都两个中心城市的协同带动，注重体现区域优势和特色，使成渝地区成为具有全国影响力的重要经济中心、科技创新中心、改革开放新高地、高品质生活宜居地，到2035年重庆、成都进入现代化国际都市行列，成为具有国际影响力的活跃增长极和强劲动力源。

三 凸显城市特性，回归人本的根本途径

《全球城市史》作者乔尔·科特金曾说：哪里更宜居，知识分子就选择在哪里居住，知识分子选择在哪里居住，人类的智慧就在哪里聚集，人类的智慧在哪里聚集，最终人类的财富也会在哪里聚集。在以人为本的城市发展模式下，越来越多的异乡客"用脚投票"。根据"七普"数据，截至2020年底，成都常住人口达到2093.8万，近10年新增581.8万，成为全国第4个人口破2000万的城市。

人口的快速增长既为城市高质量发展奠定了基础，也对城市运行和管理带来了巨大的挑战和风险。作为一座来了就不想离开的城市，成都应顺应城市发展规律，借鉴先发先进城市经验，努力推动空间、经济、社会秩序适应性重构，全面提升超大城市治理现代化水平，提升资源要素配置效率，充分激发城市高质量发展的内生活力。

全面提升城市空间治理效能。城市空间是社会经济存在和发展的物理承载，人口、产业、功能的空间分布方式，决定各类资源要素配置的效能。2300年来，成都始终在岷江冲积平原上繁衍生息，在龙泉山、龙门山"两山相拥"的盆地里绵延生长，2016年建成区较1949年扩大46.5倍，单中心集聚规模超载导致空间效能边际递减，"大城市病"日益加重，空间结构性矛盾凸显，开发强度与高标准建设不相适应，人口密度与高品质生活不相适应，资源环境与可持续发展不相适应，地价成本与高质量发展不相适应。这就要求成都率先探索城市空间与自然气候地理相契合、与产业经济人文相协调，塑造形成底线约束、弹性适应、紧凑集约的内部空间结构和多样性共生、开放式协同的区域空间布局，全面增强人口经济承载力，实现人、城、产、自然动态适应有序发展。

全面提升资源要素配置效率。进入新阶段，城市发展面临深层转变，工业化的动力正逐渐从承接东部地区转移转到与全球产业链合作，城市化正逐渐从农村人口的城市化转到从城市产业需要出发吸引高素质高技能人口，市场腹地正逐渐从西部区域市场转到依托航空和陆海新通道经略全球市场。市场主体择城如同候鸟择林，既关注城市是否具有现实比较优势，也关注城市发展预期与企业发展方向是否匹配。城市走向现代化的过程也是服务业占比提升、结构升级的过程，现代服务业具有轻要素、轻资产的特点，更加需要开放、透明、包容和非歧视的行业发展生态。唯有坚持以市场主体的要素敏感性和环境持续性为根本标尺，坚持包容审慎监管原则，主动创新制度环境，精准提供应用场景，才能构建起创新型人才和企业需要的"良田沃土"，让市场主体万里投林，在成都快速成长。

第三节
成都率先探索高质量发展新路的测度评价

一 评价指标体系

2018年9月，中央全面深化改革委员会第四次会议审议通过了《关于推动高质量发展的意见》，指出要加快创建和完善制度环境，协调建立高质量发展的指标体系、政策体系、标准体系、统计体系、绩效评价和政绩考核办法。自此，全国各地纷纷开始探索高质量发展评价指标体系，成都也在这一方面做出了有益探索，出台了《关于探索建立〈成都市高质量发展评价指标体系（试行）〉的工作方案》，构建了涵盖质效提升、结构优化、动能转换、绿色低碳、风险防控、民生改善六个维度52个指标的高质量发展评价体系。

2021年，中共中央办公厅、国务院办公厅关于印发《高质量发展综合绩效评价办法（试行）的通知》中，制定了各省（自治区、直辖市）高质量发展的评价指标和评价方法，围绕综合质效、创新、协调、绿色、开放、共享、主观感受七个维度设置了40项指标，并对全国31个省（自治区、直辖市）采取分类评估的策略，将全国省级区划分为四个类别，设置不同的权重分配。该办法的发布为全国各地客观开展城市高质量发展评价提供了指导和参考。

基于此，本书以新发展理念为指导，紧紧围绕综合质量效益、创新发展、协调发展、绿色发展、开放发展、共享发展、主观感受七个维度，坚持客观公正、尊重规律、问题导向、兼顾可行性和实用性的原则，选择了35个契合成都实际、可量化的指标，构建了成都高质量发展指标体系（见表1-1）。

表 1-1　　　　　　　成都高质量发展评价指标体系

维度	指标名称	备注
综合质量效益	人均地区生产总值	正向指标
	全员劳动生产率	正向指标
	生产性服务业增加值占地区生产总值比重	正向指标
	民间投资占全社会固定资产投资比重	正向指标
	民营经济增加值占地区生产总值比重	正向指标
	营商环境指数排名	逆向指标
	GaWC世界城市排名	逆向指标
	全要素贡献率	正向指标
创新发展	研发经费支出与地区生产总值之比	正向指标
	技术合同成交额与地区生产总值之比	正向指标
	高新技术企业数量	正向指标
	专利授权量	正向指标
	全球金融中心指数排名	逆向指标
协调发展	常住人口城镇化率	正向指标
	城乡居民人均可支配收入之比	逆向指标
	产业结构高级化	正向指标
	轨道交通运营线路长度	正向指标
	地区人均生产总值差异系数	逆向指标
绿色发展	单位面积GDP产出率	正向指标
	空气质量优良率	正向指标
	锦江流域市控及以上断面Ⅰ—Ⅲ类水质比例	正向指标
	单位GDP能耗	逆向指标
	森林覆盖率	正向指标
开放发展	外贸进出口总额占GDP比重	正向指标
	实际利用外资总额	正向指标
	世界500强企业落户数	正向指标
	开行国际班列数量	正向指标
	国际（地区）航线数	正向指标
共享发展	城镇登记失业率	逆向指标
	城镇居民人均可支配收入	正向指标
	农村居民人均可支配收入	正向指标
	年末城镇职工基本养老保险参保人数	正向指标
	公共服务支出占比	正向指标

续表

维度	指标名称	备注
主观感受	基本公共服务满意度指数	正向指标
	最具幸福感城市排名	逆向指标

资料来源：《高质量发展综合绩效评价办法（试行）》，《成都市高质量发展评价指标体系（试行）》，21世纪经济研究院《2020年中国城市高质量发展报告》。

二 具体评价方法

（一）权重测算方法

权重作为衡量总体中各单位标志值在总体中作用大小的数值，主要用于表示某一指标项在指标体系中的重要程度，是开展评价工作的基础和核心。目前，测算权重的方法较多，根据权重计算时不同的原始数据来源大致可分为主观赋权法、客观赋权法和组合赋权法三类。每一类下面又包括诸如专家调查法、层次分析法、主成分分析法、熵值法、线性加权法等具体测算方法。综合考虑之下，本部分采用发展较为成熟、应用较为广泛的客观赋权法——熵权系数法。按照信息论的基本原理，信息和熵分别是系统有序程度和无序程度的一个度量，如果指标的信息熵越小，那么该指标提供的信息量就越大，在综合评价中所起的作用就越大，其权重也越高。因此，可以根据各项指标值的差异程度，利用信息熵计算出各项指标的权重。具体步骤为：

首先，建立决策矩阵 X（式1）。设有 m 个评价对象，n 个评价指标，评价对象 i 中指标 j 的样本值即为 x_{ij}，其中 $i=1, 2, 3\cdots m$，$j=1, 2, 3\cdots n$。

$$X = \begin{bmatrix} x_{11} & \cdots & x_{1n} \\ \vdots & \vdots & \vdots \\ x_{m1} & \cdots & x_{mn} \end{bmatrix} = [x_{ij}]_{m \times n} \qquad （式1）$$

其次，决策矩阵标准化处理。由于指标中存在与总体指标体系指向相同的指标（正向指标）和与总体指标体系指向相反的指标（逆向指标）。

因此，运用极值法对指标进行标准化处理（式2，式3），构建正向的样本评价指标的判断矩阵（式4）。将判断矩阵进行归一化处理，得到归一化判断矩阵（式5）。

$$y_{ij} = \frac{x_{ij} - \min(x_{ij})}{\max(x_j) - \min x_j} \quad （式2）$$

$$y_{ij} = \frac{\max(x_j) - x_{ij}}{\max(x_j) - \min x_j} \quad （式3）$$

$$Y = [y_{ij}]_{m \times n} \quad （式4）$$

$$Z_{ij} = \frac{y_{ij}}{\sum_{i=1}^{m} y_{ij}}; \quad Z = \begin{bmatrix} Z_{11} & \cdots & Z_{1n} \\ \vdots & \vdots & \vdots \\ z_{m1} & \cdots & z_{mn} \end{bmatrix}_{m \times n} \quad （式5）$$

再次，根据熵的定义，计算各评价指标的熵值（式6）。一般来说，熵值越小，意味着 Z_{ij} 值之间的差异越大，能够提供给被评价对象的信息也就越多。

$$H_i = \frac{1}{\ln(m)} \sum_{i=1}^{m} z_{ij} \ln z_{ij} \quad （式6）$$

最后，计算熵权，确定权重。得到熵值后，即可计算各指标的熵权 d_j（式7）。其中，d_j 的取值在 0 到 1 之间，d_j 越大，其在指标体系中的重要性也就越高，熵权也就越大。

$$d_i = \frac{1 - H_j}{m - \sum_{j=1}^{n} H_j}, \quad (j = 1, 2 \cdots n), \quad \sum_{j=1}^{n} d_i = 1 \quad （式7）$$

各类指标和各项指标权重见表1-2。

表1-2　　　　　成都高质量发展评价指标体系权重

维度	指标名称	分类权重	单项权重
综合质量效益	人均地区生产总值	0.250	0.030
	全员劳动生产率		0.040
	生产性服务业增加值占地区生产总值比重		0.030
	民间投资占全社会固定资产投资比重		0.015
	民营经济增加值占地区生产总值比重		0.015

续表

维度	指标名称	分类权重	单项权重
综合质量效益	营商环境指数排名	0.250	0.040
	GaWC 世界城市排名		0.040
	全要素贡献率		0.040
创新发展	研发经费支出与地区生产总值之比	0.150	0.050
	技术合同成交额与地区生产总值之比		0.020
	高新技术企业数量		0.040
	专利授权量		0.020
	全球金融中心指数排名		0.020
协调发展	常住人口城镇化率	0.110	0.030
	城乡居民人均可支配收入之比		0.040
	产业结构高级化		0.010
	轨道交通运营线路长度		0.010
	地区人均生产总值差异系数		0.020
绿色发展	单位面积GDP产出率	0.120	0.030
	空气质量优良率		0.020
	锦江流域市控及以上断面Ⅰ—Ⅲ类水质比例		0.020
	单位GDP能耗		0.025
	森林覆盖率		0.025
开放发展	外贸进出口总额占GDP比重	0.140	0.030
	实际利用外资总额		0.020
	世界500强企业落户数		0.050
	开行国际班列数量		0.020
	国际（地区）航线数		0.020
共享发展	城镇登记失业率	0.150	0.030
	城镇居民人均可支配收入		0.030
	农村居民人均可支配收入		0.030
	年末城镇职工基本养老保险参保人数		0.030
	公共服务支出占比		0.030
主观感受	基本公共服务满意度指数	0.080	0.050
	最具幸福感城市排名		0.030

（二）指数计算方法

首先，对指标原始数据进行标准化处理。为确保指标值之间具有可比性，对逆向指标进行正向化处理，并采用极值法对指标值进行标准化处理。其次，利用指标权重和各指标的标准化数据，测算各指标的标准化数据加权值，从而计算出综合质量效益、创新发展、协调发展、绿色发展、开放发展、共享发展、主观感受7个二级指数。最后，再将各层级各对象所对应的相应指标逐层加总，即可得到评价指标体系的综合指数（即高质量发展指数）。

三 成都发展现状

2016—2020年，成都高质量发展指数整体呈上升趋势。发展指数得分由2016年的0.4014提高至2020年的0.5487，年均增长8.1%（见图1-1）。其中，2017年和2018年增长速度较快，分别较上年增长了9.3%和13.1%；2019年增长较为平缓，同比增速为3.3%，2020年增长再次加速，同比增速为7.1%。从各分项指数来看，除个别指数个别年份有所回调外，总体均呈上升的走势（见图1-2）。尤其是，创新发展指数、开放发展指数年均增速分别达到13.6%、11.2%，是支撑成都高质量发展指数提升的重要力量。具体来看：

图1-1 2016—2020年成都高质量发展指数得分走势

第一章

坚持把全面创新作为引领发展的第一动力 率先探索高质量发展新路的成都篇章

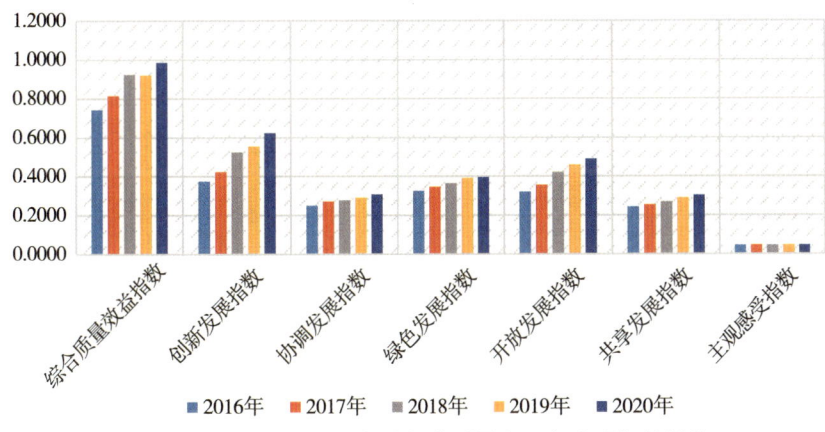

图1-2 2016—2020年成都高质量发展各分项指数得分

（一）综合质量效益指数稳步提升，效率提升的贡献较为明显

综合质量效益指数衡量的是宏观经济的综合发展状况。2016—2020年，成都综合质量效益指数整体呈现"快速增长—略有放缓—再度上升"的走势。指数得分由2016年的0.7440稳步提高至2020年的0.9863（见图1-3），年均增长7.3%，说明成都近年来经济运行态势整体较好，尤其是2018年，综合质量效益指数增长速度达到了13.3%的期间最高值。从各细项指标来看，2020年，成都人均地区生产总值、全员劳动生产率、全要素贡献率分别较2016年提高了38.8个百分点、29.1个百分点、14.7个百分点（见图1-4），是推动综合质量效益指数提高的关键；2020年，成都营商环境指数[①]、GaWC世界城市排名[②]分别较2016年提高7个位次和41个位次至第6位和第59位，直接反映了成都综合质量效益的提高。而成都民间投资占全社会固定资产投资比重的持续下滑，以及民营经济增加值占地区生产总值比重的倒"N"型下滑，对综合质量效益指数得分形成了一定下拉，说明加快推动民营经济发展、持续激发民间投资活力，进一步提升经济发展

---

① 数据来源：粤港澳大湾区研究院、21世纪经济研究院联合发布的《2020年中国296个地级及以上城市营商环境报告》，2020年12月21日。

② 数据来源：全球化与世界城市研究网络（GaWC）发布的《世界城市名册2020》，2020年8月21日。

综合质效是下一阶段成都高质量发展的关键。

图1-3 2016—2020年成都综合质量效益指数得分走势

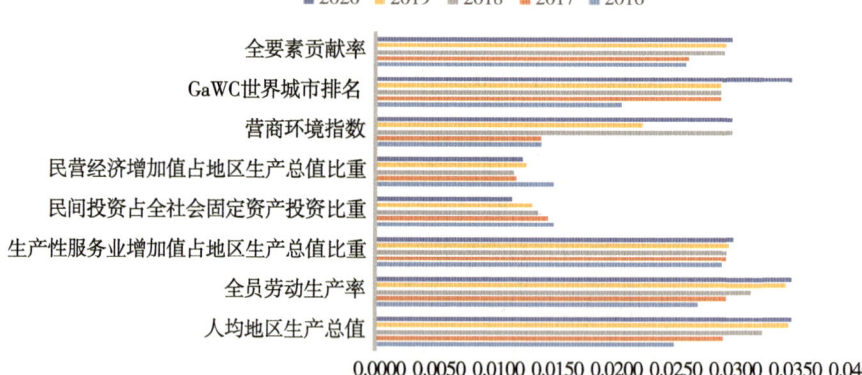

图1-4 2016—2020年成都综合质量效益指数各指标得分

（二）创新发展指数增长速度最快，创新驱动正逐步成为动力源

创新引领和驱动发展是高质量发展的迫切要求。创新发展指数衡量的就是成都在创新产业和技术方面的投入产出情况。测算结果显示，2016—2020年，成都创新发展指数水平远超协调发展指数、绿色发展指数、开放发展指数、共享发展指数，而且指数得分由2016年的0.3752提升至2020年的0.6247，年均增长13.6%，增速在7个分项指数中排在首位。这说明创新驱动正逐步成为推动成都高质量发展的核心动力。具体来看，在创新投入方面，成都聚焦于打通基础研究、原始创新的"最先一公里"，大力构建创新生态圈，增加原始创新投入，吸引创新要素集聚，成都研发经费支出与地区生产总值的比重由2016年的2.4%提升至2020年的2.8%；高

新技术企业由2016年的2050家增至2020年的6120家，增加了近2倍；全球金融中心指数排名[①]由2016年的第86位提升至2020年的第35位，排名提升了51个位次。在创新产出方面，成都坚持以改革打通科技成果转化、产业市场化应用的"最后一公里"，不断深化重点领域改革和人才体制机制改革创新，持续深化职务科技成果权属改革，技术合同成交额与地区生产总值之比由2016年的3.9%提升至2020年的9.9%，2020年专利授权量较2016年增加了2.4万件。在进一步推进高质量发展的过程中，成都应继续对标先进，注重关键核心技术突破，高新技术企业培育，科技成果在蓉转化，以创新为高质量发展助力。（见图1-5、图1-6）

图1-5　2016—2020年成都创新发展指数得分走势

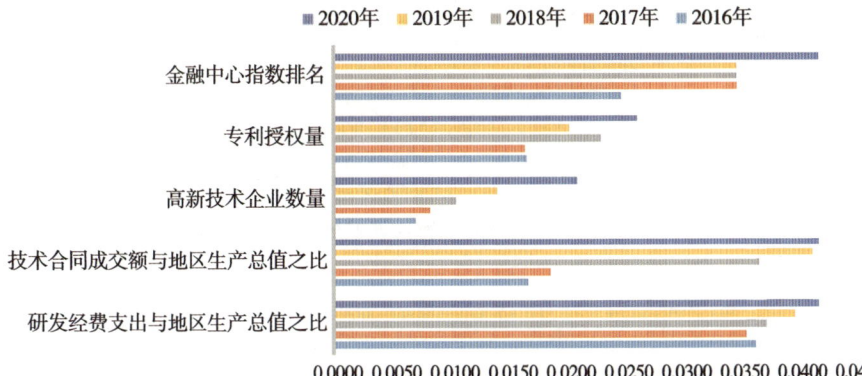

图1-6　2016—2020年成都创新发展指数各指标得分

---

① 数据来源：中国（深圳）综合开发研究院与英国智库Z/Yen集团共同发布的《第29期全球金融中心指数报告（GFCI29）》，2021年3月17日。

（三）协调发展指数加速提升，产业、城乡、区域结构同步优化

协调发展指数衡量的是成都在城乡、产业、区域之间的相互协调性。测算结果显示，2016—2020年，成都协调发展指数总体呈现平稳上升之势，指数得分由2016年的0.2508提升至2020年的0.3084，年均增长5.3%（见图1-7）。其中，2017年协调发展指数的增速达到期间内最大值8.3%，说明成都实施的重塑城市空间结构和经济地理的重大战略对于促进城市协调发展效果显著。从产业发展协调层面来看，成都产业结构高级化①水平由2016年的1.7提升至2020年的2.15，反映出产业结构持续优化的态势。从城乡协调发展层面来看，成都常住人口城镇化率由2016年的70.6%提升至2020年的78.8%，城乡收入差距由2016年的1.93缩小至2020年的1.84，城乡发展的协调性正逐步增强。从区域协调发展层面来看，反映成都22个区（市）县发展差异的地区人均生产总值差异系数②由2016年的0.4292

图1-7　2016—2020年成都协调发展指数得分走势

---

① 产业结构高级化，是指产业结构由以劳动密集型产业为主的低级结构向以知识、技术密集型产业为主的高级结构调整和转变的过程及趋势。本部分以第三产业和第二产业之间的比值（GN）来衡量产业结构高级化程度。

② 地区人均生产总值差异系数，指下一级行政区划人均生产总值的标准差与均值之间的比率。

降至 2020 年的 0.4134，说明成都区域间的发展差距总体呈缩小之势。（见图 1-7、图 1-8）

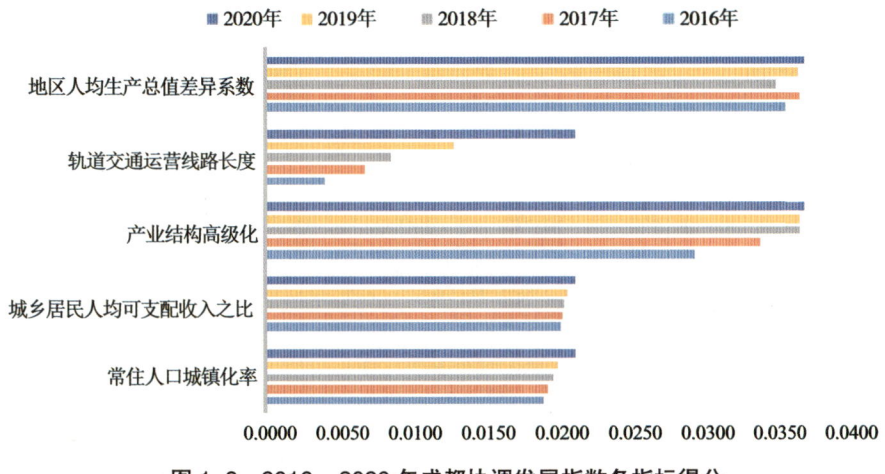

图 1-8　2016—2020 年成都协调发展指数各指标得分

（四）绿色发展指数稳步提升，可持续发展能力持续增强

绿色发展指数衡量的是发展的生态承载能力和可持续发展能力。测算结果显示，尽管 2020 年增长速度略有放缓，但成都绿色发展指数总体仍呈稳步提升之势。指数得分由 2016 年的 0.3263 提升至 2020 年的 0.3959，年均增长 5%。从反映可持续发展能力的具体指标来看，成都单位面积 GDP 产出率由 2016 年的 14.2% 提高至 2020 年的 18.2%，提高了 4 个百分点；单位 GDP 能耗由 2016 年的 0.392 吨标煤 / 万元下降至 2020 年的 0.345 吨标煤 / 万元，下降了 0.047 吨标煤 / 万元。从反映生态承载能力的指标来看，成都空气质量优良率由 2016 年的 58.5% 提高至 2020 年的 76.5%，提高了 16 个百分点；森林覆盖率由 2016 年的 38.7% 提高至 2020 年的 40.2%，提高了 1.5 个百分点；锦江流域市控及以上断面 Ⅰ—Ⅲ 类水质比例由 2016 年的 69% 提高至 100%。（见图 1-9、图 1-10）

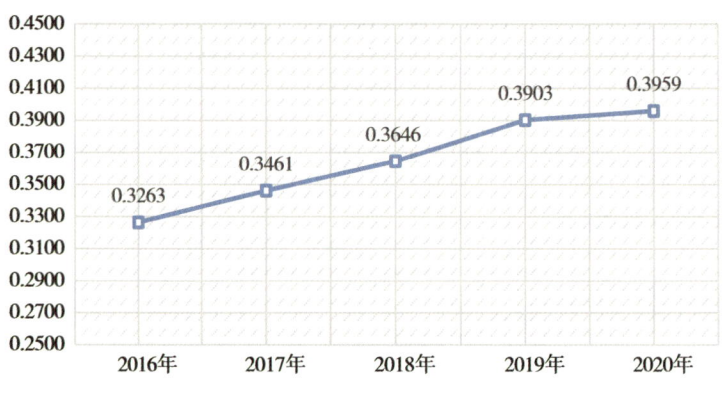

图 1-9 2016—2020 年成都绿色发展指数得分走势

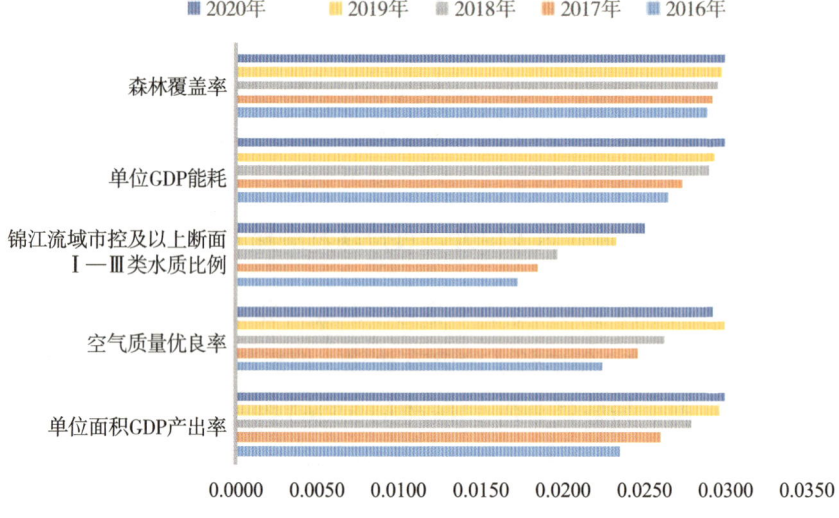

图 1-10 2016—2020 年成都绿色发展指数各指标得分

（五）开放发展指数快速提升，开放程度和地位双双提升

开放发展指数衡量的是城市经济开放的程度和地位。"一带一路"倡议推动成都从内陆腹地跃升为开放前沿，成都开放发展的程度和水平也随之不断提升。测算结果显示，2016—2020 年成都开放发展指数得分由 0.3202 提高至 0.4897，年均增长 11.2%，增速仅次于创新发展指数。从城市联通力来看，成都开行国际班列数量和国际（地区）航线数量分别由

2016年的460列、95条提升至2020年的4317列、130条，为开放发展奠定了良好的通道基础。从外商投资来看，成都实际利用外资总额逐年增加，由2016年的60.1亿美元提高至2019年的80.4亿美元，2020年受全球新冠肺炎疫情的影响略有下降，但仍达到74.1亿美元，高于2016年、2017年水平。2020年成都落户世界500强企业305家，较2016年增加了27家。从对外贸易来看，2016年以来成都外贸经济逆势增长，进出口总额占地区生产总值的比重由2016年的22.6%提高至2020年的40.4%。（见图1-11、图1-12）

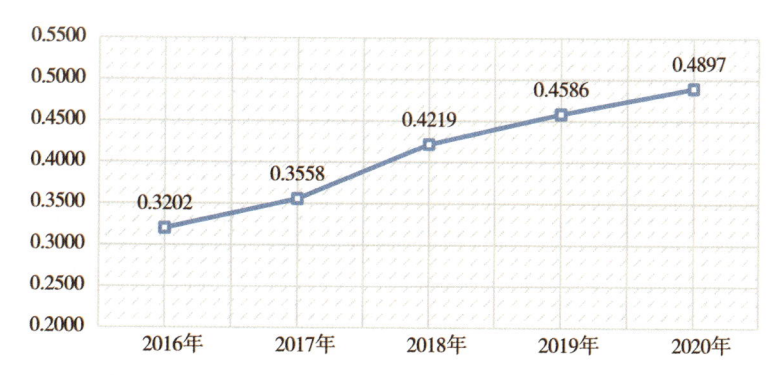

图1-11　2016—2020年成都开放发展指数得分走势图

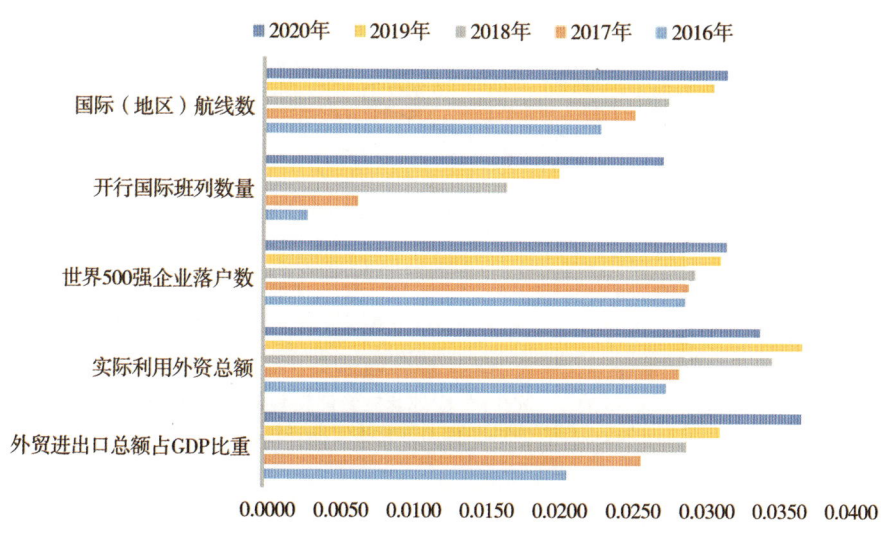

图1-12　2016—2020年成都开放发展指数各指标得分

（六）共享发展指数匀速提升，发展成果人人均衡共享取得进展

共享发展指数是从社会的维度衡量发展为了人民和发展成果人人享有的程度。测算结果显示，成都共享发展指数总体保持平稳增长走势，指数得分由 2016 年的 0.2437 提升至 2020 年的 0.3032，年均增长 5.6%。其中，2019 年增速达到期间最高值 7.4%，说明 2017 年以来成都实施的中心城区公共服务设施"三年攻坚"行动、重大基础设施及民生补短板项目建设成效开始显现。从指标构成来看，全市用于公共安全、教育、社会保障和就业、卫生健康、城乡社区的基本公共服务支出呈现逐年递增的态势，由 2016 年的 930.9 亿元扩大至 2019 年的 1145.9 亿元，2020 年受新冠肺炎疫情的影响虽然较 2019 年略有回调，但占一般公共预算支出的比重仍有 56.5%，与 2017 年持平，高于 2018 年水平。年末城镇职工基本养老保险参保人数由 2016 年的 657.1 万人增加至 2020 年的 960.8 万人，城镇登记失业率由 2016 年的 3.31% 降至 2020 年的 3%，城镇和农村居民收入始终保持高于经济增速的速度增长。（见图 1-13、图 1-14）

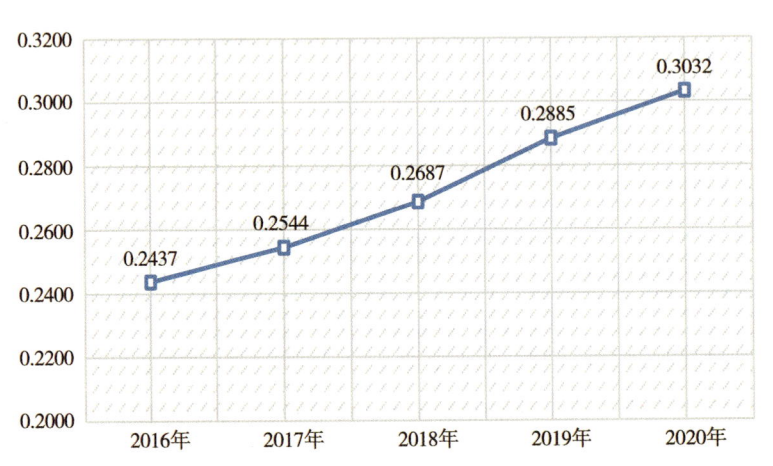

图 1-13　2016—2020 年成都共享发展指数得分走势

图 1-14　2016—2020 年成都共享发展指数各指标得分

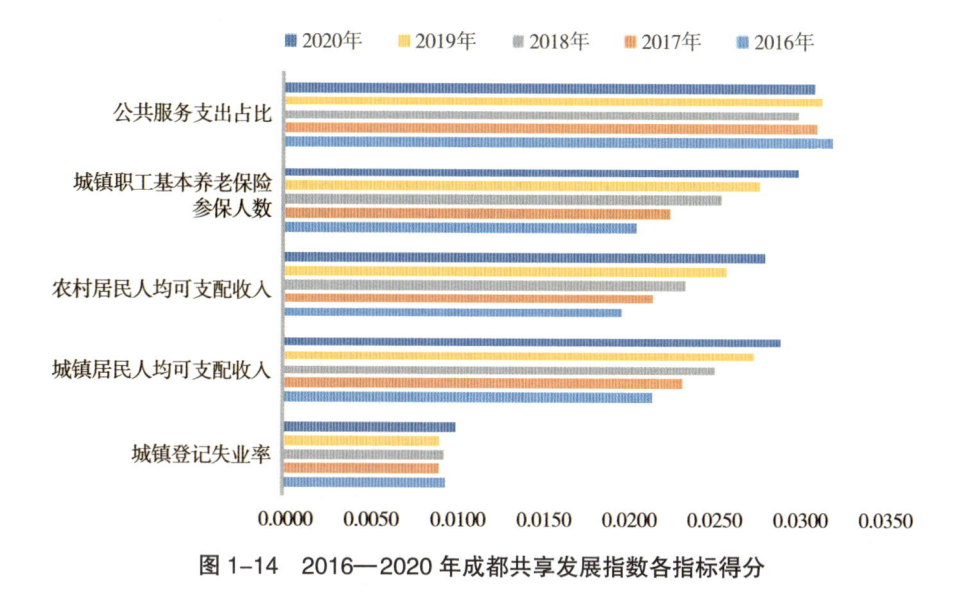

（七）主观感受指数平稳上升，市民幸福感、获得感持续增强

主观感受指数衡量的是民众对于高质量发展的直观感受。测算结果显示，成都高质量发展主观感受指数总体呈上升态势，指数得分由 2016 年的 0.0465 提升至 2020 年的 0.0471。从构成该指数的两个指标来看，成都连续 12 年蝉联中国最具幸福感城市[①]榜首，是支撑主观感受指数保持平稳的重要力量；成都基本公共服务满意度指数排名[②]在全国的排名由 2016 年的第 34 位提升至 2020 年的第 22 位，是支撑主观感受指数向上提升的重要力量。

---

① 中国最具幸福感城市（China's Happiest City）是以市民的幸福感指数为评选标准的活动，由国家统计局与中央电视台联合主办的《中国经济生活大调查》评选。
② 数据来源：历年《公共服务蓝皮书》。

第四节
成都率先探索高质量发展新路的创新举措

成都在 GaWC 发布的世界城市排名中跃升 41 位至第 59 位[①]，连续 10 年荣登"中国最具幸福感城市"榜首……春华秋实，一幅高质量发展的现代化新天府画卷在蓉城大地徐徐展开。新思想新理念已经在这片土地上落地生根、开花结果。成都的创新实践，雄辩地证明了新思想伟大的科学性、真理性，雄辩地证明了新理念磅礴的实践力、引领力。

回眸过去 5 年的发展历程，成都率先探索高质量发展新路之所以取得显著的成效，归根结底在于始终坚持用新思想、新理念凝聚社会共识、引领城市方向、塑造时代价值、培育战略优势，始终坚持把产业作为高质量发展强劲引擎，以产业生态圈创新生态链变革经济工作组织方式，统筹生产生活生态，重塑城市空间结构和产业经济地理；始终坚持把创新驱动作为高质量发展核心战略，加快打造科技创新策源地，大力发展新经济培育新动能，重构城市功能体系和动力体系；始终坚持以改革的思维方式谋划推动工作，相继推出产业发展、户籍人才、国资国企、金融服务、开放开发、要素配置改革新政，构筑城市竞争的战略新优势。今天的成都，正凝聚各方力量，满载创新硕果走向现代化新征程，在以全面创新为引领推动高质量发展上勇探新路、做出示范。（见图 1—15）

[①] 数据来源：GaWC 发布的《世界城市名册》，2016 年成都排名全球第 100 位，2020 年成都排名全球第 59 位。

创新之城
——率先探索高质量发展新路

中央部署
顶层设计 ↓

01. 率先探索高质量发展新路的行动指南

是什么	● 是能够更好满足人民日益增长的美好生活需要的发展	● 是更高质量、更有效率、更加公平、更可持续、更加安全的发展	● 是全面体现新发展理念的发展
	● 推动经济发展质量变革、效率变革、动力变革，提高全要素生产率	● 加快建设实体经济、科技创新、现代金融、人力资源协同发展的产业体系	● 构建市场机制有效、微观主体有活力、宏观调控有度的经济体制	怎么干

地方探索
城市抉择 ↓

02. 率先探索高质量发展新路的现实选择

立足发展阶段	立足战略定位	立足城市特性
"两个率先"： ● 产业结构演进先行一步，率先实现供给体系升级 ● 发展动力演变先行一步，率先实施创新驱动发展	"两个能力"： ● 提升全球资源配置能力 ● 提升全球价值链掌控力	"两个效率"： ● 全面提升城市空间治理效能 ● 全面提升资源要素配置效率

发展成效 ↓

03. 率先探索高质量发展新路的测度评价

构建评价体系	选择评价方法	结果评价
构建"1+5+1"评价指标体系	熵权系数法测算指数权重，逐级加权加总测算指数值	2016—2020年，成都高质量发展指数整体呈上升趋势

创新举措 ↓

04. 率先探索高质量发展新路的创新举措

| ● 以产业生态圈引领经济方式转变，以产业功能区重塑经济地理，构建"5+5+1"开放型现代化产业体系 | ● 加快建设具有全国影响力的科技创新中心，打造引领高质量发展的重要增长极和新的动力源 | ● 顺应新时代拥抱新经济，把发展新经济培育新动能作为推动高质量发展的主要支撑和引领力量 | ● 统筹改革与发展，以"五项制度改革"为核心，破解高质量发展难题，厚植高质量发展优势 |

左侧流程：高质量是什么 → 为什么是成都 → 有没有率先 → 成都做了什么

图1-15 成都率先探索高质量发展新路的逻辑架构

一 以产业生态圈引领经济组织方式转变,以产业功能区重塑经济地理,构建"5+5+1"开放型现代化产业体系

一座城市能否站上世界城市体系"塔尖",既取决于国家战略意志,又取决于综合竞争能力。综观全球,发达城市皆因拥有强大的产业体系而站到世界舞台中央。产业是城市发展的物质基础和动力源泉,在城市发展中起着决定性作用。成都,为了赢得未来发展,为了站稳国家中心城市地位,为了积蓄冲刺世界城市的能量,同样要依赖于产业实力的不断壮大。而产业功能区、产业生态圈则是以产业高质量发展为目标的有效组织方式,是建设现代化经济体系和推动城市转型发展的重要抓手,是实现高质量发展和高品质生活的重要载体。

"自2017年7月全市产业发展大会召开以来,成都坚定以新发展理念为指引,深化对城市经济工作的规律性认识,以产业生态圈构筑城市比较优势,以产业功能区重塑城市经济地理,推动实现经济组织方式和城市发展方式全方位变革"[①],为成都高质量发展奠定了坚实的微观基础。在战略性产业选择上坚持"有所为有所不为",确立五个先进制造业、五个现代服务业和新经济为重点方向,推动产业体系和城市功能相互借势,促进城市综合能级全面提升。在经济组织方式上坚持"打破行政区建设功能区",以战略性产业为牵引构建产业生态圈,以比较优势法则规划建设特色鲜明的产业功能区,以产业生态圈引领产业功能区建设,实现生产要素科学配置和产业链供应链高效协同。

二 加快建设具有全国影响力的科技创新中心,打造引领高质量发展的重要增长极和新的动力源

"一部波澜壮阔的世界城市发展史,就是一部辉煌灿烂的科技创新进

---

① 范锐平:《以产业生态圈为引领 加快提升产业功能区能级》,《先锋》2021年第4期。

步史。"①从英国伦敦到美国旧金山、再到日本东京,这些世界级城市的崛起无一不依靠科技创新的力量。历史和实践启示我们,唯有在创新发展中持续不断放大比较优势,抢先占领科技创新与产业发展的制高点,才能不断提升自身的发展位势能级,才能始终屹立于世界先进城市之林。"2300多年成都建设发展史,也是一部改天换地、创新创造的奋斗史。"②"都江堰无坝引水工程的修建,造就了'水旱从人、不知饥馑'的天府之国;蜀锦织机的发明,铺展了'互通有无、文明交融'的丝绸之路;纸币交子的诞生,成就了'优雅时尚、商业繁荣'的世界都会。"③

今天的成都,深谙"创新是实现更高质量发展的核心动力,城市竞争的实质是创新策源能力和创新驱动发展水平之争"的道理,传承创新创造的天府文化,顺应科技革命深刻改写全球竞争规则、重塑世界创新版图的时代大势,牢牢把握科技这一第一生产力,加快建设科技创新中心,打造面向未来的创新载体,营造最具活力的创新创业生态,让创新企业配置最优质的资源要素,让创新人才感受最优越的发展环境,让创新成果拥有最高效的转化体系,让创新产业享受最友好的金融生态,为每一位来到成都的科学家、创业者、投资人、企业家构筑创新共同体,凝聚成与时代同发展、与城市共成长的创新潮,助力城市发展动力实现由要素驱动向创新驱动的根本性转变,发展脚步实现由被动跟跑到主动领跑的历史性转变。

三 顺应新时代拥抱新经济,把发展新经济培育新动能作为推动高质量发展的主要支撑和引领力量

当前,全球范围内的新一轮科技革命和产业变革正在加速演进,以个性体验和多维穿透适应消费新需求以及以泛在互联和协同交互重构产业新

---

① 本报评论员:《实现城市发展动能从要素驱动向创新驱动的根本性转变》,《成都日报》2020年6月10日第2版。
② 范锐平:《科技创造美好生活 创新赋能城市未来》,《先锋》2020年第6期。
③ 范锐平:《科技创造美好生活 创新赋能城市未来》,《先锋》2020年第6期。

格局的新经济,既符合了新形势下生产领域高端产业供给的发展趋势,又满足了新逻辑下分配领域刺激潜在消费市场的扩张需求,正逐步成为推动经济高质量发展的引领力量。进入新时代、贯彻新理念、服务新格局,需要大力发展新经济以增强供需体系适配性,需要把发展新经济培育新动能作为推动城市转型的重要举措。

时代是最大的机遇,趋势是最强的力量。成都坚持把新经济作为创新驱动发展的突破口,以2017年作为新经济元年,在全国率先设立新经济发展委员会,致力于打造最适宜新经济发展的城市,统筹布局六大形态和七大应用场景,首创城市机会清单机制,深入推进国家数字经济创新发展试验区建设,有力推动产业分工重构、动能弹性再造,逐步成为新经济的话语引领者、要素集聚地和生态创新区。创新提出"场景营城"理念,用平台思维做发展乘法,将场景营造作为城市整体优化的一种策略,构建城市未来场景实验室,大力营造彰显城市优势的城市级场景、产业级场景、企业级场景,以新场景生成激发新消费潜力,推动从"城市场景"向"场景城市"跃升。

四 统筹改革与发展,以"五项制度改革"为核心,破解高质量发展难题,厚植高质量发展优势

改革开放以来,城市的每一轮跨越式发展,无不得益于制度结构的优化演进,蕴含着从低准入门槛、低成本竞争等比较优势,向实施创新驱动、集聚先进要素竞争优势转换的动力逻辑。随着经济向高质量发展阶段转变,与过去发展模式相对应的体制机制必须主动变革和创新,才能充分激活新阶段经济发展的活力。习近平总书记强调,构建推动经济高质量发展的体制机制是一个系统工程,要通盘考虑、着眼长远,突出重点、抓住关键。[①]实现高质量发展需要依靠体制机制改革、政策制度创新,提升资源集聚水

[①] 曹红艳、陈静、熊丽:《新时代 新气象 新作为 着眼长远推动经济高质量发展》,《经济日报》2018年3月16日。

平和配置效能。

近年来，成都坚持以"五项制度改革"为主要抓手，发挥好国家级新区、国家自主创新示范区、自贸试验区、国家城乡融合发展试验区等多重先行先试政策叠加机遇，切实发挥重点领域改革"牵一发而动全身"的关键作用，理顺高质量发展与政策保障体系的内在关系，持续深化以绩效为导向的财政预算制度改革、以效率为导向的国资经营评价制度改革、以产出为导向的土地资源配置制度改革、以便民利民为导向的基本公共服务清单标准管理和动态调整制度改革、以成长为导向的企业扶持激励制度改革，加快建立适应高质量发展要求的政策框架，着力将制度比较优势转化为后发赶超竞争优势。

第二章

以产业生态圈引领产业功能区建设

88%以上的高新技术企业处在以"区"命名的空间之中，居于以"圈"命名的范围之内；93.9%以上的获投资高新技术企业落户于这里；高新技术企业所获专利95%以上均从这里"产出"……

这是一个什么"圈"，又是一个什么"区"？

串联"五链"极核之"圈"，是产业生态圈；极核之"区"，则是产业功能区。作为经济高质量发展的"两个轮子"，产业链提升需要技术创新驱动，创新链再造推动产业链价值提升，二者相互支撑、共生共融，不可或缺。

数据是观察城市发展最直观、最精妙的指标。破"圈"塑"区"1000多天，城市经济地理的版图上，崛起的一个又一个峰峦，正是产业生态圈体系里产业功能区聚集的方向。

"圈"住高质量发展增长极，"区"动创新资源加速聚集，产业生态圈和产业功能区正在成为成都全力推进科技创新中心建设的策源动力。这是成都"破题"高质量发展的创新探索。产业功能区建设是成都转变城市和经济工作方式的一次革命，是成都探索的创新行动。

党的十八大以来，习近平新时代中国特色社会主义经济思想以新发展理念为指引，提出的"七个坚持"，体现了理论和实际相结合、战略和战术相一致、认识论和方法论相统一的鲜明特色，为做好新时代经济工作提供了理论指南，也是新时代成都开展经济工作的根本遵循。

市第十三次党代会以来，成都深入贯彻落实习近平新时代中国特色社会主义经济思想，始终坚持新思想引领新理念导航，不断深化对经济工作的规律性认识，率先提出以产业生态圈构筑城市比较优势，以产业功能区重塑城市经济地理，打造服务国家重大战略、做强城市核心功能、提升城市发展能级、增强产业比较优势的重要空间组织形式和先进要素聚集平台，推动经济组织方式和城市发展方式全方位变革。四年来的创新改革探索实践，成都以产业生态圈引领产业功能区建设认识论方法论愈加完善、实践论愈加丰富，已然打开从战略谋划到战术推进的全新局面。总体来看，这项改变城市发展格局的战略举措在起势、筑基、赋能、成势的过程中，已圆满实现了"三年一小变"，正迈着"五年一大变，十年一巨变"的稳健步伐加快前进。

第一节
系统谋划产业生态圈引领产业功能区建设

中央财经委员会第六次会议,做出了推动成渝地区双城经济圈建设的重大决策部署。《成渝地区双城经济圈建设规划纲要》明确成都作为成渝地区双城经济圈极核城市,以建设践行新发展理念的公园城市示范区为统领,不断厚植高品质宜居生活比较优势,提高国际国内高端要素集聚运筹能力,围绕打造区域经济中心、科技中心、世界文化名城和国际门户枢纽,强功能,提能级,优化空间结构,变革发展方式,全面转型升级。成都通过研判城市发展规律趋势,创新提出以产业生态圈引领产业功能区建设,围绕支撑城市战略目标和核心功能的主导产业,筛选具有比较优势的产业细分领域和具有成长潜力的未来赛道、匹配产业空间布局和承载体系,构建形成"战略目标—核心支撑—产业呈现—空间载体—创新平台—生态赋能"的创新模式,加快推进产业转型升级,有效承载城市发展核心功能,形成新时期以现代化思维推动经济高质量发展和城市高水平治理的新路径。

一 构建产业生态圈,变革经济组织方式

成都坚持以新思想新理念统揽城市工作全局,准确把握时代发展趋势和产业发展规律,提出以产业生态圈为中心组织经济工作。产业生态圈的核心要义是以跨产业领域、跨空间范围的分工协作为基础,在战略引领和头部企业带动下,通过人才、技术、资金、信息、物流等生产要素与产业实体相匹配,创新链、产业链、要素链、供应链、价值链交织耦合,形成产业自行调节、资源有效聚集、科技人才交互、企业核心竞争力持续成长的多维生态系统。能够有效协同产业功能与城市功能、实体经济与产业要

素,良性互动"有为政府"与"有效市场",促进经济组织方式和城市发展方式全方位变革,为推动城市高质量发展、提升城市承载能力、构建现代产业体系注入强劲活力。同时,成都在推进产业生态圈建设过程中,深刻领会习近平新时代中国特色社会主义经济思想的精髓,并结合城市经济工作的实践,形成了一套完备的框架体系。

(一)以推动城市经济高质量发展为目的

党的十九大报告提出,基于我国社会主要矛盾已经转化为人民日益增长的美好生活需要和不平衡不充分的发展之间的矛盾这一事实,我国经济已由高速增长阶段转向高质量发展阶段。习近平总书记深刻指出"高质量发展,就是从'有没有'转向'好不好'"[1],并进一步强调"必须坚持质量第一、效益优先,以供给侧结构性改革为主线,推动经济发展质量变革、效率变革、动力变革,提高全要素生产率,着力加快建设实体经济、科技创新、现代金融、人力资源协同发展的产业体系,着力构建市场机制有效、微观主体有活力、宏观调控有度的经济体制,不断增强我国经济创新力和竞争力"[2]。高质量发展已经成为"十四五"乃至更长时期我国经济社会发展的主题,关系我国社会主义现代化建设全局。"各地区要结合实际情况,因地制宜、扬长补短,走出适合本地区实际的高质量发展之路。"[3]

成都谋划产业生态圈建设,首先,强调有效融合价值链、供应链,提升产业选择质量,促进产业、产品、服务等向价值链高端环节延伸,增强产业溢价和增值能力,为产业发展提供安全韧性的发展环境,推动经济发展质量变革。其次,强调有效融合产业链、要素链,打破行政区划边界,立足产业主辅关系、要素匹配关系,引导同一产业的各类市场主体紧密协作,形成产业链上下游、左右岸协作的链条,促进生产要素的合理流动和

---

[1] 《习近平谈治国理政》第3卷,外文出版社2020年版,第239页。
[2] 《习近平谈治国理政》第3卷,外文出版社2020年版,第23—24页。
[3] 《习近平在参加青海代表团审议时强调 坚定不移走高质量发展之路 坚定不移增进民生福祉》,《人民日报》2021年3月8日。

优化配置，全面提高经济的协同发展效率和投入产出效率。最后，强调有效融合创新链并加快高水平开放，充分利用国内国际两种资源两个市场，通过对内对外双向开放，在更大范围、以更高水平参与国际竞争和合作，集成创新要素，提升产业创新转化能力，促进产业自生长、自迭代，增强产业全球资源配置能力和辐射带动能力，为经济发展提供动力源泉。成都产业生态圈建设充分体现了高质量发展的目标导向，是成都加快探索一条新时代高质量发展的成都特色路径的创新实践。

（二）以协调好政府与市场关系为手段

党的十八届三中全会通过的《中共中央关于全面深化改革若干重大问题的决定》（以下简称《决定》）指出经济体制改革的核心问题是正确处理政府与市场的关系，使市场在资源配置中起决定性作用和更好发挥政府作用。习近平总书记在关于《决定》的说明中强调"理论和实践都证明，市场配置资源是最有效率的形式。市场决定资源配置是市场经济的一般规律，市场经济本质上就是市场决定资源配置的经济。健全社会主义市场经济体制必须遵循这条规律，着力解决市场体系不完善、政府干预过多和监管不到位等问题"[①]。

成都谋划产业生态圈建设，既强调充分利用自由市场配置资源效能，又强调管控和约束资本的无序扩张，通过人才、技术、资金、信息、物流等生产要素与产业实体相匹配，打造产业自行调节、资源有效聚集、科技人才交互、企业核心竞争力持续成长的有机整体和多元开放体系，从广度和深度上推进市场化改革，进一步解放生产力、发展生产力，建设统一开放、竞争有序的生产、交换、分配、消费市场体系。同时，成都按照产业生态圈高效配置要素需求，注重转变政府职能，健全宏观调控体系，减少政府对资源的直接配置，对微观经济活动的直接干预，打造市场作用和政府作用有机统一、相互补充、相互协调、相互促进的社会主义市场经济格

---

① 中共中央文献研究室编：《十八大以来重要文献选编》上，中央文献出版社2014年版，第499页。

局。这充分体现了成都产业生态圈建设遵循市场经济一般规律，将协调好政府与市场关系作为主要手段，发挥市场在资源配置中的决定性作用，更好发挥政府作用，让"看得见的手"和"看不见的手"相得益彰。

（三）以实现要素与产业的精准匹配为核心

基于我国经济运行面临的重要结构性失衡根源性、突出矛盾和问题，主动引领和适应经济发展新常态，2015年中央经济工作会议做出"推进供给侧结构性改革"的重大部署，2016年至今，中央经济工作会议都明确要求把供给侧结构性改革作为经济工作的主线，深刻揭示了我国解决经济发展根本问题的坚定决心。习近平总书记也强调"供给侧结构性改革，重点是解放和发展社会生产力，用改革的方法推进结构调整，减少无效和低端供给，扩大有效和中高端供给，增强供给结构对需求变化的适应性和灵活性，提高全要素生产率"[1]。

成都谋划产业生态圈建设，紧抓要素供给侧结构性改革，创新"五项制度改革"[2]模式，从重点产业发展需求出发制定差异化土地供给政策，加大资本要素向主导产业龙头项目、关键配套项目和功能支撑项目倾斜力度。紧扣重点产业和产业重点，完善高质量人才服务体系，促进人力资源协同。集中围绕产业链部署创新链，高效汇聚产业发展需求的创新资源，有效推动要素供给侧结构性改革，持续破解要素供需错配问题，促进要素与产业发展精准匹配。这充分体现了成都产业生态圈建设紧扣供给侧结构性改革的发展主线，实现要素与产业精准匹配的核心要义。

（四）以推动城市产业与功能相互借势为关键

中央城市工作会议指出，城市工作是一个系统工程，需要尊重城市

---

[1] 《习近平谈治国理政》第2卷，外文出版社2017年版，第252页。
[2] 五项制度改革：以绩效为导向的财政预算制度改革、推进以效率为导向的国资经营评价制度改革、推进以产出为导向的土地资源配置制度改革、推进以利民为导向的基本公共服务清单管理和动态调整制度改革、推进以成长为导向的企业扶持激励制度改革。

发展规律，深刻认识城市和经济发展相辅相成、相互促进；统筹空间、规模、产业三大结构，提高城市工作的全局性，各城市要结合资源禀赋和区位优势，明确主导产业和特色产业；统筹规划、建设、管理三大环节，提高城市工作的系统性，从构成城市诸多要素、结构、功能等方面入手，对事关城市发展的重大问题进行深入研究和周密部署，系统推进各方面工作。

成都谋划产业生态圈建设，遵循城市战略方向引领资源集聚和配置能力从而形成城市功能和城市能级的发展规律，瞄准建设社会主义现代化新天府和可持续发展世界城市的目标愿景，以建强具有全国影响力的经济中心、科创中心、国际门户枢纽、世界文化名城及高品质生活宜居地的极核功能为出发点，通过战略产业选择，统筹城市功能布局和产业空间布局，为城市产业与功能之间搭建链接通道，促进城市功能体系、空间体系与产业体系相互借势、相互赋能。

（五）以推动"五链融合"发展为着力点

党的十八大以来，习近平总书记围绕产业链、价值链、供应链、创新链等方面提出了一系列观点，"全球供应链、产业链、价值链紧密联系，各国都是全球合作链条中的一环"[①]，"紧扣产业链供应链部署创新链，不断提升科技支撑能力"[②]，"巩固供应链、产业链、数据链、人才链，构建开放型世界经济"[③]。产业链、供应链、价值链、创新链，以及人才、数据、资本等组成的要素链已经成为新发展格局下，加快高质量发展，提升区域竞争优势，促进高水平开放必须关注的对象。

成都谋划产业生态圈建设，将推动产业链、供应链、价值链、创新链

---

① 《习近平主席在出席亚太经合组织第二十六次领导人非正式会议时的讲话》，人民出版社 2018 年版，第 3 页。
② 《完整准确全面贯彻新发展理念　铸牢中华民族共同体意识》，《人民日报》2021 年 3 月 6 日。
③ 习近平：《同舟共济克时艰　命运与共创未来——在博鳌亚洲论坛 2021 年年会开幕式上的视频主旨演讲》，人民出版社 2021 年版，第 4 页。

及要素链"五链融合"作为着力点，围绕产业链部署创新链，基于产业链匹配要素链，促进要素流通与按需供应形成供应链，最终通过产业链条延伸、要素供应品质与效率提升促进产业迈向价值链高端。成都谋划产业生态圈"五链融合"发展，首先，能够避免区域同质化竞争，推动城市掌握产业链、价值链、供应链核心环节，在参与区域乃至全球分工体系时占据有利位势，助力城市解决产业主导权不强的问题。其次，促进资金、人才、技术、数据等要素自由流动，降低要素获取成本、提升资源整合和配置能力，助力城市解决市场议价权不强的问题。再次，会集全球人才，集聚全球创新资源，吸收新技术，创新新业态、新模式和新的管理方式，引领行业发展、制定行业规则，助力解决产业话语权不强的问题。最后，整合各类市场主体紧密协作，推动要素功能集成、产业协作配套、人城境业融合，形成强大的竞争合力。

> **专栏2-1　市第十三次党代会以来，成都关于产业生态圈的部署**
>
> ➢ 2017年7月12日，召开国家中心城市产业发展大会。首次提出"产业生态圈"的概念，将产业生态圈定义为在一定区域内，人才、技术、资金、信息、物流和配套企业等要素能够有机排列组合，通过产业链自身配套、生产性服务配套、非生产性服务配套以及基础设施配套，形成产业自行调节、资源有效聚集、企业核心竞争力充分发挥的一种多维网络体系。
>
> ➢ 2017年8月12日，召开研究产业生态圈建设专题会。提出创新产业生态圈建设模式、培育产业生态圈发展优势、转变产业生态圈招商理念、创新产业生态圈政策保障，着力构建主题鲜明、要素可及，资源共享、协作协同，绿色循环、安居乐业的产业生态圈。
>
> ➢ 2018年1月11日，召开成都市产业功能区及园区建设工作领导小组第一次会议暨电子信息产业功能区建设推进会。阐释了产业生态圈与产业园区的辩证关系，分析了成都建设产业生态圈的主要目的

与作用。

➢ 2018年5月17日,召开全市产业功能区及园区建设工作领导小组第二次会议暨产业协同发展推进会议。提出要牢固树立"全市一盘棋"的思想,主动在错位基础上实现协同,形成以产业功能区为单元的产业生态圈。全市的产业生态圈是以点为主的开放体系,要主动对接全球产业链高端和价值链核心,在更大范围、更宽领域、更高层次形成产业生态圈。

➢ 2018年10月22日,召开全市产业功能区及园区建设工作领导小组第三次会议。提出实现经济高质量发展,必须加快构建产业生态圈创新生态链,推动实体经济、科技创新、现代金融和人力资源协同发展,以产业生态圈理念推动产业功能区高质量建设。提出要建立产业生态圈建设综合评估机制。

➢ 2019年2月27日,召开全市产业功能区及园区建设工作领导小组第四次会议。提出通过构建产业生态圈、创新生态链吸引集聚人才、技术、资金、信息、物流等要素高效配置和聚集协作。将66个产业功能区按17个产业生态圈分类,就是要就解决产业"集而不群"的问题,加快形成错位协同、集群集聚发展的产业比较优势。

➢ 2019年9月18日,召开全市产业功能区及园区建设工作领导小组第五次会议。提出以产业生态圈为目标推动相关功能区在一张产业蓝图上形成链条协作关系。按产业生态圈制订专项人才计划,完善17个产业生态圈市级领导小组,对产业生态圈和产业功能区的总体思路、战略目标、实施路径、体制机制、资源保障等做出了系统的安排部署。

➢ 2020年3月13日,召开全市产业功能区及园区建设工作领导小组第六次会议。从城市角度和企业角度更加明确了成都建设产业生态圈的作用。产业生态圈价值体现在战略引领和头部企业带动下,生产、服务、人才、技术、资金、物流等要素资源高效集聚,产业链、创新链、人才链、供应链、金融链交互增值，形成产业自行调节、资源有效聚集、科技人才交互、企业核心竞争力持续成长的多维生态系统。

➢ 2020年9月1日，召开全市产业功能区及园区建设工作领导小组第七次会议。提出产业竞争力既要依靠规模之势，又要凭借细分之力，每个产业功能区要以产业生态圈为单元深度契合城市功能布局，选择与特定功能相适应的产业定位，尽快形成功能区在细分领域的比较优势。各产业生态圈建设领导小组要牵头立足产业生态圈战略定位、思路目标、空间布局、主要任务、重大项目、战略举措等方面战略考量，动态调整产业政策引导企业集聚。

2021年4月1日，召开全市产业功能区及园区建设工作领导小组第八次会议。进一步强调以产业生态圈引领产业功能区建设，着眼城市功能定位和战略目标实现，结合世界城市评价体系指向，动态调整产业生态圈和功能区结构体系。产业生态圈建设要重点抓"五链融合"、强链补链，树立未来"需要什么就主动创造什么"的开放思维。

二　建设产业功能区，重塑城市经济地理

中央财经委员会第六次会议提出，要支持成渝地区探索经济区和行政区适度分离，建立互利共赢的税收分享机制。这为区域协调发展和城市经济地理重塑赋予了新的内涵、指明了新的方向。经济区与行政区适度分离改革的核心是打破"一亩三分地"的行政区划约束，协同有为政府与有效市场之力，形成利益联结机制，减少行政区经济的封闭性与市场经济的开放性两者之间的冲突，实现跨行政区域的经济区域优势互补、相互成就。成都市第十三次党代会明确提出重塑城市经济地理，从优化城市空间开局起步，推动城市发展战略调整。随后召开的成都国家中心城市产业发展大会强调着眼资源禀赋和比较优势，优化产业功能区布局。成都谋划以产业生态圈引领产业功能区建设，打破区（市）县"一亩三分地"的行政区划

约束，在更大范围更高层次更宽领域配置资源、运作市场、参与竞合，构建利益共同体、经济共同体、生活共同体和开放共同体，吸引人才、技术、资金、信息、物流等要素高效配置和聚集协作，带动生产与生活、生态、服务、消费等多种城市功能在一定地理范围内高效集聚，优化城市生产、生活、生态空间，有效促进城市经济地理重塑。

（一）构建优势互补、相互成就、协同共进的利益共同体

以史为鉴，可以知兴替。产业链、价值链、供应链不断延伸和拓展，带动了生产要素全球流动。各国相互协作、优势互补是生产力发展的客观要求，也代表着生产关系演变的前进方向。在这一进程中，各国逐渐形成利益共同体、责任共同体、命运共同体。无论前途是晴是雨，携手合作、互利共赢才是唯一正确的选择。这既是经济规律使然，也符合人类经济社会发展的历史逻辑。

成都谋划产业功能区建设，充分遵循经济规律和历史逻辑，着眼城市功能定位和战略目标实现，结合世界城市评价体系指向，动态调整产业生态圈和产业功能区体系结构，以产业生态圈为引领，将产业功能区打造成融入城市发展历史进程、承载城市发展核心功能、与城市发展同成长共进步的利益共同体。首先，成都聚焦城市战略精准发力、整体成势，以增强城市开放功能、创新功能、国际要素运筹功能为目标，以未来"需要什么"就主动创造什么的开放思维，精准产业功能区产业方向。其次，成都聚焦产业生态协同协作、相互成就，推动关联功能区串点成链、聚链成圈，顺应国家战略性新兴产业导向，在差距最小的领域下先手棋，积极抢占新赛道、创造新优势。最后，成都聚焦内生循环降本增效、融合赋能，推动各个产业功能区定位聚焦、平台优化、政策精准，增强产业链细分领域协同度。

（二）构建专业服务、市场运行、集群发展的经济共同体

城市的竞争力，归根到底是产业的竞争力。纵观世界经济发展史和

现代产业演进特征，能否拥有全球竞争优势往往取决于是否拥有行业话语权、市场议价权和产业主导权。拥有行业话语权，才能引领行业发展、制定行业规则、实现行业治理；拥有市场议价权，才能降低要素获取成本、提升资源整合能力、拓展企业发展空间；拥有产业主导权，才能掌握产业链价值链供应链核心环节，在参与区域乃至全球分工体系时占据有利位势。

成都谋划产业功能区建设，着力打破依靠企业单兵突进难以取得行业话语权、市场议价权、产业主导权的约束，在城市层面以产业生态圈整合产业功能区的竞争能力，在产业功能区层面引导各类市场主体抱团形成市场化、专业化、集群化的经济共同体。首先，成都聚焦"角色转型"提升专业化服务能力，推动产业功能区向综合服务供应商和品牌营销商转型。其次，成都聚焦"要素共享"提升市场化运行能力，推动市场信息、技术专利、高端人才等核心要素资源融合共享。最后，成都聚焦"企业共生"提升集群化发展能力，促进行业企业深度合作，加快构建行业级产业信息平台，以微观主体的强联系促成关联功能区相互绑定、利益共享、集群发展，努力形成以产业功能区为平台与世界对话的格局。

（三）构建产城融合、职住平衡、生态宜居的生活共同体

只有坚持以人民为中心的发展思想，坚持发展为了人民、发展依靠人民、发展成果由人民共享，才会有正确的发展观、现代化观。进入高质量发展阶段，价值认同、生活方式、情感体验等与"人"紧密关联的城市特质成为激发活力的关键，城市人口吸引力越强，整体活力水平越高，城市包容度、多样化、认同感等与城市人口吸引能力、繁荣发展活力高度相关的社会文化因素，已经成为城市内生增长的核心动力和对外竞争的核心支撑。

成都谋划产业功能区建设，将"城市的核心是人"作为一切工作的价值取向，率先提出"人城产"发展逻辑，推动工业逻辑生产导向转向人本逻辑生活导向，以产业生态圈理念将产业功能区打造成一种面向未来的城市发展新形态，构建产城融合、职住平衡、生态宜居的生活共同体，塑

造以人本化、生态型、高价值活力街区吸引新职业人群、创新型企业的比较优势，形成高品质生活和高质量发展互促共进的生态场域，正是以人民为中心的发展思想与城市工作的深入结合。首先，产业功能区努力彰显高品质生活宜居地的品牌影响力，按照"独立成市、产城融合"的理念，根据各产业功能区人口规模和需求结构，倒推基础设施、功能体系、公服门类、规模布局，持续提升功能复合度和生活宜居性。其次，产业功能区加快营造美丽宜居公园城市的价值认同，将场景营造作为功能区街区优化的核心抓手，结合功能区定位和特定产业人群偏好，大力营造与之相匹配的优雅生活场景、时尚消费场景、特色文化场景等。最后，产业功能区着力凸显创新城市的生机活力，围绕满足创新主体、高端人才高开放性、强交互性的需求，搭建一批共享价值资源、促进供需适配、激发创造活力的交互平台。

（四）构建创新驱动、平台赋能、商务协同的开放共同体

当前，成都正处在从大城市向大都市、从集成集聚向带领带动转变的关键时期，打造高质量发展的都市圈动力源，必须加快构建产业协作、创新协同、载体共建的区域经济形态。

成都谋划产业功能区建设，立足极核城市定位、强化主干责任担当，以平台城市理念引领，强化功能区的广域赋能作用，全面提升都市圈整体经济效率和发展能级。首先，把产业功能区建成区域协同创新的策源转化平台，推动"两区一城"高能级平台体系和高品质科创空间体系整体成势，创造更多从0到1的"硬核科技"和从1到N的转化成果。其次，把产业功能区建成高水平双向开放的全球供应链平台，将产业功能区作为服务"双循环"的枢纽节点和功能支点，全面提升区域全球通达、供应链辐射和企业"抱团出海"能力。最后，把产业功能区建成区域生产力一体化布局的商务协同平台，以主导产业为脉络、以共性商务需求为纽带，强化电子商务、信用支持等功能，以高品质的商务服务为触媒，增强生产力布局的区位黏性、集聚程度、协同效应。

第二章 以产业生态圈引领产业功能区建设

> **专栏 2-2　市第十三次党代会以来，成都关于产业功能区的部署**
>
> ➤ 2017年7月12日，召开国家中心城市产业发展大会。首次提出着眼资源禀赋和比较优势，优化产业功能区布局。立足区域条件、产业基础，按照园区城市总体规划、产业招商指导目录、园区设计规划导则、产业引导政务政策和公共服务设施建设规划"五位一体"管理体制，在全市统筹布局建设66个现代化城市新区。
>
> ➤ 2018年1月11日，召开成都市产业功能区及园区建设工作领导小组第一次会议暨电子信息产业功能区建设推进会。提出"核心在产业、关键在功能、支撑在园区、机制是保障"二十字总体思路，系统对主导产业选择、功能形态定位、要素空间集聚、机制体制创新做出部署。
>
> ➤ 2018年5月17日，召开全市产业功能区及园区建设工作领导小组第二次会议暨产业协同发展推进会议。提出以"人城产"逻辑推动城市发展方式转型和经济发展方式转变，大力营造产业生态、创新生态、生活生态和政策生态。
>
> ➤ 2018年10月22日，召开全市产业功能区及园区建设工作领导小组第三次会议。提出加快质量变革、效率变革、动力变革的转型要求，进一步明确了产业功能区建设的战略方向和实现路径。
>
> ➤ 2019年2月27日，召开全市产业功能区及园区建设工作领导小组第四次会议。提出要切实解决认识局限和思维惯性，秉持一个产业功能区就是若干新型城市社区的理念，塑造未来城市新形态。
>
> ➤ 2019年9月18日，召开全市产业功能区及园区建设工作领导小组第五次会议。提出要着眼"治本""转型""提质"，进一步明确产业功能区建设导向，加快形成优势互补高质量发展区域经济布局。
>
> ➤ 2020年3月13日，召开全市产业功能区及园区建设工作领导小组第六次会议。提出要着力坚持有所为有所不为，以要素集聚和链环建设为重点，在若干细分领域、细分市场形成各自比较竞争优势。

> ➢ 2020年9月1日，召开全市产业功能区及园区建设工作领导小组第七次会议。提出要聚焦产业链创新链，提供"一站式"科技服务和高品质生活服务配套，科学规划、建设高品质科创空间。
>
> ➢ 2021年4月1日，召开全市产业功能区及园区建设工作领导小组第八次会议。提出要深化规律认识、把握趋势变化，加快形成利益共同体、经济共同体、生活共同体和开放共同体四个"共同体"，支撑城市功能，提升城市能级。

总体来看，产业生态圈具有相对明显的虚化特征，重在改革创新等经济工作方式转变，而产业功能区是实实在在的物化载体，重在理念落实在工作推进的方方面面。成都深入践行习近平新时代中国特色社会主义经济思想，变革城市经济工作组织方式，明确构建产业生态圈的目的、手段、核心、关键及着力点，谋划以泛在互联的产业生态圈引领有界集聚的产业功能区建设，创新将新发展理念及"七个坚持"工作要求[①]有效渗入产业功能区，促进形成利益共同体、经济共同体、生活共同体和开放共同体，推动产业功能区由"产业型"向"人本型"转变，由"粗放型"向"内涵式"转变，由"散点式"向"共生型"转变，全面增强城市产与人的匹配度、产与城的融合度、产与产的关联度，重塑城市经济地理，探索形成以相对"虚拟"的产业生态圈引领"物化"的产业功能区建设的高质量发展成都模式。

---

① "七个坚持"是习近平新时代中国特色社会主义经济思想的主要内涵，即坚持加强党对经济工作集中统一领导，保证我国经济沿着正确方向发展；坚持以人民为中心的发展思想，贯穿到统筹推进"五位一体"总体布局和协调推进"四个全面"战略布局之中；坚持适应把握引领经济发展新常态，立足大局，把握规律；坚持使市场在资源配置中起决定性作用，更好发挥政府作用，坚决扫除经济发展的体制机制障碍；坚持适应我国经济发展主要矛盾变化完善宏观调控，相机抉择，开准药方，把供给侧结构性改革作为经济工作主线，对我国经济社会发展变革产生深远影响；坚持问题导向部署经济发展新战略，对我国经济社会发展变革产生深远影响；坚持正确的工作策略和方法，稳中求进，保持战略定力、坚持底线思维，一步一个脚印向前迈进。

第二节
积极探索产业生态圈建设新模式

习近平总书记深刻强调"做好经济工作是我们党治国理政的重大任务,要坚持宏观和微观、国内和国外、战略和战术紧密结合,坚持问题导向,及时研究重大战略问题,及早部署关系全局、事关长远的问题,对经济社会发展进行指导"[①]。随着我国经济进入由高速增长阶段转向高质量发展阶段的新时代,成都也站上了打造"带动全国高质量发展的重要增长极和新的动力源"的历史新起点,拥有立足新阶段、开启新征程的坚实基础,也面临着产业协作配套"集而不群"、要素资源集聚"粗而不精"等现实难题。产业生态圈作为成都变革经济工作组织方式的积极探索,不仅仅是一种事关长远发展、产业比较优势、企业竞争能力、产业链完整性的理论创新,更是高效开展各项经济工作、有效破解现实难题的实践指导。自2017年7月成都国家中心城市产业发展大会召开以来,全市科学规划、精心组织、真抓实干,以产业生态圈理念引导产业集聚竞合、要素集约配置、产业安全韧性、产业溢价增值、产业开放融合,构筑城市比较优势,逐步走出一条高质量发展的新路。

一 成都建设产业生态圈的创新做法

产业生态圈建设作为一个综合性问题、一次经济工作组织方式的变革、一个产业发展与城市发展相融合的过程,不仅涉及面广,还直接与城市发展中的重大问题密切相关,是一个复杂的巨系统。近年来,在推进产

---

① 《习近平主持召开中央财经领导小组第十五次会议》,《人民日报》2017年3月1日第1版。

业生态圈建设的过程中，成都准确把握习近平新时代中国特色社会主义经济思想的理论精髓、科学内涵和实践要求，坚持系统思维和问题导向，以推动经济高质量发展为根本目的，以产业链、创新链、要素链、供应链、价值链交互增值、开放融合为着力点，多措并举、多策并用，在创新实践中积累了诸多宝贵经验，实现了从筑基向赋能、成势的实质性跨越。

（一）优化提升产业链，促进产业集聚竞合

全面提升产业链现代化水平是高质量发展的必然要求。中央财经委员会第五次会议提出"围绕'巩固、增强、提升、畅通'八字方针，支持上下游企业加强产业协同和技术合作攻关，增强产业链韧性，提升产业链水平，在开放合作中形成更强创新力、更高附加值的产业链"[①]。要突出产业链建设，就要狠抓那些能够支撑城市长远发展的战略性优势产业集群，充分发挥集群效应。为此，成都以产业生态圈建设为引领，围绕破除"小而全、大而全"思维，提出"立足产业主辅关系、要素匹配关系，推动产业在一张蓝图上形成产业链上下游、左右岸协作的链条，打造错位协同、集群集聚发展的产业比较优势"，有效破解了产业同质化竞争严重、产业协作不经济、产业"集而不群"等现实难题，产业链补链延链强链进一步迈上新台阶。

推动构建产业链，需要选定与城市战略目标和功能定位高度契合的产业发展方向。在具体实践中，成都以建强具有全国影响力的经济中心、科创中心、国际门户枢纽、世界文化名城及高品质生活宜居地的极核功能为出发点，以产业生态圈为单元统筹城市功能布局和产业空间布局，聚力形成"一个产业生态圈就是一项城市功能"的发展格局。例如，聚焦支撑建设世界文化名城，成都以传承弘扬天府文化、涵养彰显生活美学为牵引，构建形成文旅（运动）产业生态圈，推动以传媒影视、创意设计、现代时尚等为重点的文化创意产业链，以及以康养度假、运动休闲、研学旅行等为重点的现代旅游产业链在全市统筹布局。

---

① 《推动形成优势互补高质量发展的区域经济布局 发挥优势提升产业基础能力和产业链水平》，《人民日报》2019年8月27日。

推动构建产业链，需要聚焦上下游合力分工、错位协同，促进产业集聚竞合。在具体实践中，成都通过"上下结合、左右协同"，精准定位产业生态圈内各产业功能区主导产业细分领域，借势借力产业联盟、行业协会信息优势和桥梁作用，引导同一产业生态圈内上下游企业主动创新、强化协作，在一张产业蓝图（全市产业全景图）上形成配套协作关系，共同提高行业话语权和议价权。例如医药健康生态圈中，天府国际生物城聚焦高端创新药及生物药等药的前端研制，成都医学城聚焦医学、医疗、医药"三医"融合，天府中药城聚焦中成药及化学药的生产制造，华西坝大健康产业功能区聚焦高端医疗和医美等后端服务，实现了医药健康产业链上下游的协同发展。

> **专栏 2-3 《成都市轨道交通产业生态圈蓝皮书（2019年）》发布，成都已成为全国轨道交通产业链条最齐备城市之一**
>
> 成都市交通运输局官网于2020年发布了《成都市轨道交通产业生态圈蓝皮书（2019年）》（以下简称蓝皮书）。蓝皮书通过"一规划、三分析、两汇总"立体展现了成都市轨道交通产业生态圈全景，为相关从业者研判形势、制定政策、开发业务、拓展市场以及优化管理提供了权威参考。
>
> 蓝皮书指出，轨道交通产业生态圈形成了"一校一总部三基地"错位协同发展格局，建成涵盖科技研发、勘察设计、工程建设、装备制造、运维服务等领域的全产业链，"产学研用融"协同创新机制持续优化，产业功能区服务功能显著增强，产业政策体系和管理体制机制不断完善。
>
> 在产业生态圈各产业功能区的联动协作下，轨道交通产业生态圈已集聚近300家轨道交通企业，形成以中车成都、新筑股份等企业为龙头，康尼、海康威视等企业为配套的产业集群，带动成都成为全国轨道交通产业链条最齐备的城市之一，以及全国第五大轨道交通零部件配套基地。

补齐、完善产业链，应当紧盯主导产业薄弱和缺失环节。在具体实践中，成都把编制补链招商指引目录作为重点，借势具有强大上游产品消化能力和上游行业带动能力的企业，促进产业链上下游企业相互发现，并通过做强配套企业提升基础零部件、基础材料、基础技术、基础软件等产业基础能力，形成完整产业链。例如，电子信息产业生态圈以头部企业为牵引，招引上下游配套企业聚点成链。特别是新型显示领域，与京东方等龙头企业联动协作，先后引入材料、设备等重点配套项目，形成了"材料—设备—制造—应用"的完整产业链。

> **专栏 2-4 围绕新型显示聚点成链，电子信息产业生态圈逐渐成势**
>
> 成都瞄准国内新型显示空白领域，持续跟踪 Micro LED、大屏 OLED、量子点等新一代技术。围绕重点企业、"薄弱缺"环节，充分发挥龙头企业的带动效应，实现招引一个龙头企业、吸引一批配套产业、形成高质量聚集的产业生态圈。
>
> 过去 5 年里，有超过 20 家上下游企业因成都京东方而来，在成都实现快速发展，进而推动城市产业生态成长。目前，成都电子信息产业生态圈的新型显示领域主要围绕京东方、中电熊猫、天马微电子等面板制造企业，还在不断向产业链上游、下游延伸拓展，主要配套企业及产品，已聚集了业成科技（触控模组）、中光电（玻璃基板）、吉锐时代（触控模组）、路维光电（掩膜版）、东进世美肯（化学品）、日东电工（偏光片）、日本出光兴产（OLED 材料）、精电国际（车载显示）等众多企业。
>
> 整体来看，成都的新型显示产业的全产业链已成雏形，关键技术领先全国。其中，京东方 AMOLED 柔性屏在成都高新区实现量产，打破了国外企业在柔性 OLED 面板市场的垄断格局，这是中国柔性屏在世界崛起的重大里程碑。资料显示，成都的新型显示屏产量占全国 15% 以上，京东方在成都建成的高端柔性屏 AMOLED 6 代生产线，让比头发丝直径还要薄的第六代柔性显示屏逐渐成为代表成都的形象产

品，更让中国成为全球第二个批量生产柔性显示屏的国家。

图 2-1　京东方液晶显示屏生产线

（图片来源：http://www.chengdu.gov.cn/chengdu/home/2021-04/01/content_f5ed542c9ed0470c9e4834eb330da504.shtml。）

优化、提升产业链，需要建立健全利益协同机制作为保障。在具体实践中，一方面，成都积极出台相关政策，鼓励同一产业生态圈的产业功能区或企业相互绑定，开放共享科研装置、算力平台等设施设备，联合开展核心技术攻关，共建共用应用场景，推动全产业链集聚集群发展。另一方面，成都深入推动产业生态圈联盟实体化、常态化运行，充分发挥其聚合信息、整合资源、融合服务的功能作用强化"产业关联"，迅速汇聚行业内头部企业、高校院所、投资机构及专业服务机构等"政产学研用融"6类成员单位，截至2020年，成员单位数量累计达到2600家。

> **专栏 2-5　以产业生态圈联盟构筑优势叠加、抱团发展新格局**
>
> **部分产业生态圈联盟成立时间及构成表**
>
> | 成立时间 | 联盟 | 联盟构成 |
> | --- | --- | --- |
> | 2020年4月 | 成都市电子信息产业生态圈联盟 | 由成德眉资同城化区域内产业主管部门、行业组织、产业企业、高等院校、科研院所等单位组成 |

续表

成立时间	联盟	联盟构成
2020年5月	成都市现代商贸产业生态圈联盟	创新成立资本投融专委会、研学发展专委会、应用合作专委会、主导产业专委会和决策咨询专委会5个专委会
2020年6月	成都市航空航天产业生态圈联盟	汇聚航空航天相关研发制造、运营服务、供应链保障、科研院所、国有投融资平台等多个领域200余家成员单位
2020年7月	成都市医药健康产业生态圈联盟	会集了医疗、医药、医养、医美以及高等院校、科研院所、金融保险等各行各业各机构单位300余家
2020年9月	成都市先进材料产业生态圈联盟	汇聚了成都市新材料产业研究院等130余家"先进材料头部企业+产业链集群企业+创新链科研单位+资金链投资机构+下游代表性用户"

（二）建设强化创新链，促进创新集成驱动

创新是引领高质量发展的动力源泉，是建设现代化经济体系的战略支撑。习近平总书记深刻指出"要围绕产业链部署创新链、围绕创新链布局产业链，推动经济高质量发展迈出更大步伐"①。实现产业链和创新链的协同交互，就是要以拓展产业纵深为目的推进"基础研究—技术研发—成果转化—产业创新"协同耦合的创新活动。作为国家自主创新示范区、国家"双创"示范基地，成都创造性提出"以构建产业生态圈、创新生态链为中心组织经济工作，推动形成以创新为主要引领和支撑的经济体系和发展模式，加快建设国家创新型城市、具有国际影响力的创新创业中心，不断提升城市创新力、创造力和创业力"，并在创新平台搭建、创新主体协同、创新服务供给等方面大胆探索、科学作为，取得了显著成效。

---

① 《习近平在陕西考察时强调 扎实做好"六稳"工作 落实"六保"任务 奋力谱写陕西新时代追赶超越新篇章》，《人民日报》2020年4月24日。

推动建设创新链,需要搭建共享共用的创新平台,汇聚集成创新资源。在具体实践中,一方面,成都加快落地同产业生态圈和跨产业生态圈的工程技术研究中心、产学研联合实验室、高价值专利培育中心等创新平台,精准对接创新要素资源和企业创新需求。例如,航空航天产业生态圈引入国家高端航空装备技术创新中心、中国商飞机头设计中心等高能级功能性平台,集聚了50余个市级及以上原始工作站、企事业单位技术创新中心和工程创新中心等创新载体。另一方面,充分发挥"链主"企业优势构建关键共性技术平台,推动创新型中小企业加强产业协同和技术联合攻关。例如,电子信息产业生态圈支持腾讯牵头打造数字文创共性技术平台,支持西门子牵头打造智能制造共性技术平台,支持中移成研院联合电子科大等科研院所打造5G共性技术平台。

构建校院企地创新共同体,是提升创新链协同创新能力的重要抓手。在具体实践中,成都全面贯彻落实习近平总书记"加快构建龙头企业牵头、高校院所支撑、各创新主体相互协同的创新联合体"[①]的重大要求,坚持"共同投入、利益共享、深度融合、共建共荣"原则,构建以产业需求为引领、企业为主体、市场为导向、产学研深度融合的技术创新体系,并引导校院企通过产业首席科学家、特聘顾问和科技特派员等深度参与产业生态圈建设。例如,电子信息产业生态圈聚力凸显企业创新主体地位,累计引育了2200余家高新技术企业,并以华为、京东方、富士康等龙头企业为牵引,与电子科技大学合作成立9个新型研发机构,与高等院校共建校级特色研究中心14个,各类科研机构近250个,开放共享高校和重点企业实验室等38个,实现科技成果转化项目达50余个。

构建"一站式、全链条"的创新服务体系,是加速科技成果向现实生产力转化的有力支撑。在具体实践中,成都围绕产业生态圈构建"科创空间+专业化运营队伍+创新创业载体+创新服务平台+科创基金"的

---

① 习近平:《在中国科学院第二十次院士大会、中国工程院第十五次院士大会、中国科协第十次全国代表大会上的讲话》,《人民日报》2021年5月29日。

创新综合服务体系，聚焦提高创新链上游策源能力和牵引能力，配置基础研究、源头创新等科技创新服务，聚焦促进创新链中下游科技成果转移转化，配置技术推广、技术转移、产品中试、检验检测、知识产权、市场推广等服务。例如，现代金融产业生态圈围绕提升现代金融能级，打造了覆盖孵化器、加速器、产业园全生命周期的金融科技创孵载体"交子金融梦工场"，金融科技专项排名位居国内第五。

> **专栏2-6　坚持争取国家布局支持和引进龙头机构双轮驱动，全面激发医药健康产业生态圈创新动能**
>
> 　　围绕重大创新强化资源保障，医药健康产业生态圈坚持争取国家布局支持和引进龙头机构双轮驱动，加快推进国家生物医药大科学装置、国家（成都）新药安全性评价中心等创新平台建设，全面激发产业生态圈创新动能。
>
> 　　聚焦建设一批重大创新平台，医药健康产业生态圈集聚省级及以上创新平台超过150个，其中国家级创新平台26个，国家级医药研究平台齐全度名列全国前茅，国家生物医药大科学装置、新药安评中心、疾病模型研究及有效性评价中心、万亿级DNA编码化合物库、集萃药康等具有国际领先优势。
>
> 　　聚焦培育一批成长型创新型企业，医药健康产业生态圈累计集聚超过400家高新技术企业，其中，仅三医创新中心就集聚了中科院四川转化研究院等医药研发企业26家、博奥生物等医疗器械研发企业14家、百特等医疗服务企业7家、康景生物等细胞治疗研发企业4家、诺森等医疗检验检测及研发机构11家，引领带动创新合作，截至2020年签约校院企地合作项目214个。
>
> 　　聚焦供给一系列高水平科技服务，医药健康产业生态圈以国家首个重大新药创制成果转移转化试点示范基地为牵引，构建起从科学研究开发、检验检测认证、供应链管理、技术转移到科技咨询的"国际

化、一站式、全链条"生物医药科技服务体系,在引领型基础研究创新、颠覆性先进技术创新、战略性重大成果创新领域实现较大突破,截至 2020 年,实现成果转化 32 个。

(三) 精准匹配要素链,促进要素集约配置

供给侧结构性改革是高质量发展的主线。习近平总书记在 2017 年中央经济工作会议上深刻指出,"现阶段我国经济发展主要矛盾已转化成结构性问题,矛盾的主要方面在供给侧,主要表现在供给结构不能适应需求结构的变化"①,并聚焦实现"推动高质量发展"的战略目标,提出"牢牢把握着力点,加快建设实体经济、科技创新、现代金融和人力资源协同发展的产业体系"②,点明实体经济与高端要素协同发展是实现高质量发展的重要抓手。为此,成都重新审视过度依靠土地、资金等传统要素投入推动产业发展的路径,瞄准解决空间资源配置不均衡、供需错配、效率低下等问题,提出坚持以产业生态圈创新要素配置方式,以精准产业政策体系重塑要素竞争力。经过多年探索,构建形成了生产要素集约配置的供给新体系。

围绕实现土地要素的精准供给,成都持续推动以产出为导向的土地制度改革,开展单位 GDP 建设用地使用面积下降目标考核、工业用地亩均税收增长率考评、存量低效用地与新增工业用地"指标双下"等奖惩激励机制,针对不同产业及环节的需求特征,创新产业生态圈专业化土地供给方式,把宝贵的土地资源向产业生态圈中的"有为"产业功能区倾斜。例如,基于产业生态圈中相关产业功能区建设需要,按"一事一议"追加航空航天、会展经济、现代物流、文旅(运动)等产业生态圈预留建设用地指标,其中,对于天府国际航空经济区、成都(青白江)国际铁路港

---

① 《习近平谈治国理政》第 3 卷,外文出版社 2020 年版,第 235 页。
② 《习近平谈治国理政》第 3 卷,外文出版社 2020 年版,第 239 页。

等极具增长潜力的产业功能区，省级预留建设用地指标分别达到4500亩、1500亩。

围绕实现资金要素的精准匹配，成都根据各产业生态圈产业细分领域特点和要素敏感度，分类设立专项子基金，推动形成财政资金、政府性投资基金与各类创投资本、银行保险资金、产业资本等多元投入的投融资体系。以天府国际基金小镇"一镇多园"模式为示范，吸引天使投资、创投机构、股权投资机构集聚，实现产业生态圈与风投资本市场深度合作，推动创富天府、科创通等平台与产业生态圈实现资源对接。例如，现代商贸产业生态圈设立了19只产业基金，资金规模达到295亿元；绿色智能网联汽车产业生态圈设立了11只产业基金，总规模达到225亿元；医药健康产业生态圈产业基金规模达到247.5亿元。

围绕实现人力资源的高效协同，一方面，成都坚持市场化评价导向和企业需求侧目标导向，以产业生态圈为单元制订专项人才计划，编制紧缺急需人才目录，动态发布岗位需求清单，聚力引进一批行业领军人才、一批管理运营人才、一批急需紧缺专业技能人才。另一方面，针对不同产业生态圈主导产业、龙头企业需求，精准引育创新团队、领军人才、技能人才和其他专业人才。例如，电子信息产业生态圈积极开展"订单式"人才培养，瞄准电子信息产业紧缺人才，认定首批电子信息领域"产业教授"25位；绿色智能网联汽车产业生态圈通过成立汽车职教指导委员会，引进吉利学院并开始招生，针对性培育汽车产业领域工匠人才；智能制造产业生态圈引导高校开设"定制班""学徒班"，培育万余名专业技能人才。

> **专栏2-7 《成都市产业生态圈人才计划实施办法》出台，5年将培养1500名领军人才**
>
> 为持续提升人力资源协同水平，成都市委组织部联合发改委、经信局等11个部门，瞄准重点产业细分领域和产业链关键环节，将人才

评审权赋予头部企业、行业协会、产业联盟、关联配套企业等市场主体，突出"因业施策、因企施策"，围绕14个产业生态圈制定定位清晰的"人才图谱"，绘制"评选流程图"，引导用人主体"按图施工、按像寻人"，构建形成产业生态圈精准化、差异化的人才项目体系。提出力争2020年到2025年，每年遴选近300名、五年共计引进培育1500名左右产业生态圈领军人才。

表2-1　　　　各产业生态圈计划每年引进培育领军人才数量

产业生态圈	每年引育领军人才数量
电子信息产业生态圈、医药健康产业生态圈、绿色智能网联汽车产业生态圈、航空航天产业生态圈、轨道交通产业生态圈、智能制造产业生态圈	各30名
先进材料产业生态圈、绿色食品产业生态圈	各20名
会展经济产业生态圈、现代金融产业生态圈、现代物流产业生态圈、文旅（运动）产业生态圈、现代商贸产业生态圈、都市现代农业生态圈	各10名

进一步塑造要素竞争力，需要制定精准的产业政策。在具体实践中，成都聚焦不同产业差异化的要素需求，按照"一个产业一个政策、一个企业一套办法"，构建起专业化、差异化、个性化的产业政策体系。例如，电子信息产业生态圈聚焦不同产业细分领域出台了《成都市支持集成电路产业高质量发展的若干政策》《促进光电产业高质量发展若干政策》《促进软件产业高质量发展的专项政策措施》等系列政策；现代商贸产业生态圈推动国家进出口贸易促进创新示范区、国家外贸转型升级基地等国家级改革开放试点政策综合集成、实践应用，联动10部门出台促消费发展的若干意见，形成31项市级政策和29项各产业功能区特色政策。

（四）打造稳定供应链，提升产业安全韧性

工业气体是半导体发展必不可少的"血液"，处于半导体产业链的上

游。2021年6月9日,华为·成都智算中心项目开工暨电子信息产业功能区项目集中签约仪式上签约合作的梅塞尔集团有限公司,就是世界工业气体领域的领先者之一,产品和服务分布欧洲、亚洲和美洲。梅塞尔中国技术及应用技术研发中心和川渝区区域总部基地投资10亿元,将建设中国唯一的梅塞尔中国技术中心(包含远程控制中心)、梅塞尔中国应用技术研发中心(包括燃烧实验室、食品应用实验室、医用气体试验中心、焊接试验室等)以及集研发、运营、物流、结算中心等功能为一体的川渝区区域总部基地。项目建成后,新的生产装置将与梅塞尔在成都高新西区已建成的其他生产装置通过管网连接,为英特尔、京东方、先进功率、富士康、西门子、奕斯伟等高新西区企业及未来园区引入的半导体和显示领域的企业提供安全、可靠、经济的气体产品供应,未来将提供10万立方米/小时气体配套需求,稳定的供应链助力电子信息全产业链优势强化。

畅通经济循环链接是高质量发展的重要任务。习近平总书记在2017年中央经济工作会议上提出"从宏观经济循环看,高质量发展应该实现生产、流通、分配、消费循环通畅"[1],并在中央财经委员会第八次会议上进一步强调"在社会再生产过程中,流通效率和生产效率同等重要,是提高国民经济总体运行效率的重要方面"[2]。现代供应链作为连接供给侧和需求侧的桥梁和纽带,是以市场化方式推进供给侧结构性改革,形成供需互促、产销并进的良性循环的有效途径。自全市产业发展大会以来,成都充分发挥国家供应链创新与应用试点城市的改革赋能作用,以构建产业生态圈链接、整合全球流量资源,有效破解了产业抗风险能力不强、全球供应链企业缺失等问题,产业发展韧性得到有效提升。

以全球思维谋划供应链建设,是世界城市提升要素流量运筹能力的

---

[1] 《习近平谈治国理政》第3卷,外文出版社2020年版,第239页。
[2] 《习近平主持召开中央财经委员会第八次会议强调 统筹推进现代流通体系建设 为构建新发展格局提供有力支撑》,《人民日报》2020年9月10日。

有力途径。成都充分发挥"一带一路"与长江经济带战略交汇点、新时代西部大开发重要战略支点的区位优势，以自贸区、国际铁路港、双国际机场、西部陆海新通道、中外国际合作园区等多个高能级平台为牵引增强产业生态圈影响力、辐射力。在此基础上，聚力构建"一产一链"供应链发展体系和"一主多点"供应链平台体系，大力引进占据全球供应链优势地位的链主企业和总部企业，培育国际化供应链平台企业和国际化中介服务企业，形成"根植性"国际化供应链条。

> **专栏2-8 链全球要素、引全球企业，现代物流产业生态圈打造国际化供应链条**
>
> 现代物流产业生态圈抢抓西部陆海新通道、国际铁路港经开区、天府国际机场投运等关键"窗口期"，加快构建"空铁公水"多式联运体系，国际资源要素链接能力大幅提升。从国际空港来看，国际（地区）航线达130条、国际全货机骨干航线达12条，形成了覆盖泛欧泛亚主要客货运枢纽节点的"洲际10小时+亚洲5小时"亚蓉欧航程圈；从国际铁路港来看，"7+5"国际铁路和铁海联运通道布局加快完善，成都国际班列累计开行量突破11000列，直达境外59个城市和国内20个
>
> **中欧班列（成都）累计开行量突破11000列**
>
> （图片来源：http://www.chengdu.gov.cn/chengdu/home/2021-04/01/content_f5ed542c9ed0470c9e4834eb330da504.shtml。）

城市，形成了稳定连接欧盟、东盟、日盟等国际主要市场的亚蓉欧班列通道线网体系。

在此基础上，现代物流产业生态圈充分释放国际航空港和国际铁路港的枢纽势能，集聚注册资本1亿元以上市场主体达368家，吸引了DHL、日本通运等全球物流100强企业32家，汇集了积微物联、准时达等百亿级供应链平台及5A级物流头部企业12家，链主企业与本土产业的"黏性"和"融合性"不断增强，"一产一链多平台"服务格局初步形成，有力保障了电子信息、生物医药等优势领域跨国公司、中小企业的国际供应链需求。

提升供应链整体运行效率，需要构建高效的供应链服务供给体系。在具体实践中，成都立足产业配套有侧重地发展现代金融、现代物流、现代商贸等生产性服务业，促进"供应链+"在各领域示范应用，为产业生态圈内企业提供研发、设计、采购、生产、物流、分销和报关报检一体化的供应链服务。例如，现代金融产业生态圈成立了金融顾问服务团，在全市开展超过250场的产融对接活动，交子金融"5+2"平台累计提供1400亿元产业相关投融资服务。现代物流产业生态圈建成高标仓450万平方米，年均提供5500万吨高端仓储服务，全力保障其他产业生态圈的物流和仓储需求。

> **专栏2-9 成都全球生物医药供应链服务中心助力建设生物医药全球供应链枢纽城市**
>
> 成都全球生物医药供应链服务中心是致力于服务全球的医药供应链枢纽，也是生物医药产业生态圈的重要组成部分。借助获批进口生物制品口岸，依托天府国际生物城等生物医药产业功能区，通过塑造通关、贸易、金融、物流、中介五大功能，打造形成国内第一个聚焦生物医药产业的"管家式"全链条服务体系。

成都全球生物医药供应链服务中心正式成立并投入运营后，成都国际铁路港将中欧班列（成都）作为全球生物医药供应链的运输载体，将高效的生物医药检验流程机制与中欧班列（成都）健全的国际物流通道有机结合起来，极大地缩减了医药制品进口运输时间，优化医药制品到达口岸后的检验流程，提高全产业链条运转效率。跨国医药企业艾尔建首批货值超1亿元的医疗产品在成都通关，成为中国西部首个通过空、铁两运实现医疗产品通关的成功案例，既响应了"一带一路"倡议，又检验了中国西部地区的物流效率。

目前，成都国际铁路港将进一步发挥国际冷链运输优势，建立健全符合生物医药制品进口运输的硬件设施和软件资质，加速推动生物医药冷链物流体系的标准化建设并完善相关服务规范，完善符合国际标准及药品GSP要求的查验、运输、仓储及温湿度检测系统，构建成都铁路口岸专业化质量管控体系。

构建稳定安全的供应链，需要以头部企业为牵引提升产业本地配套能力。在具体推进过程中，成都集成主导产业上下游、左右岸，全力吸引零部件企业就地配套。例如，轨道交通产业生态圈推动龙头企业供应链同城化，地铁整车同城化配套率提升至50%以上，达到国内城市先进水平。智能网联汽车产业生态圈形成了完整的零部件配套体系，规模以上零部件企业数量达到428家，汽车产业配套率由2016年的23%提升至32%。

> **专栏2-10 现代物流产业生态圈后疫情时期多措并举，全面提升供应链韧性**
>
> 2020年，面对疫情对全球供应链的冲击，现代物流产业生态圈充分发挥成都泛欧泛亚国际门户枢纽的优势，以航空港、铁路港为依托，以发展运输物流业为先导，有力地保障了国际运输供应链稳定，促进了国内外市场的循环，进一步巩固了成都作为国内大循环的战略腹地、

国际大循环的门户枢纽地位。据海关统计，虽然受疫情影响，但是成都外贸进出口持续逆势增长，2020年前三季度成都外贸进出口总值突破5000亿元大关，同比增长25.3%，其中成都对"一带一路"沿线国家进出口同比增长39.7%。

亮点举措一：深入开展供应链"稳链、补链、强链"行动，组织600余家本地配套企业与龙头企业供需对接，为3000多家工业企业网上发布供需信息，发布三批企业产品能力和需求清单，帮助大运汽车等企业在上海、深圳等地招引配套企业。

亮点举措二：着力打通国际航空物流"堵点"，维护国际贸易通道畅通，一手推动国际地区航线"客改货"，一手加密国际班列，开通了旧金山、伦敦等15条每周约70班次的"客改货"航线，保持成都至芝加哥等10条全货机航线不停航，持续保障新冠肺炎疫情期间英特尔、富士康、京东方等高航空依赖型产业供应链和跨国企业正常生产经营。依托成都（青白江）国际铁路港，保障蓉欧班列常态化运行并实现逆增长，班列覆盖55个国外城市、17个国内城市，为TCL、联想、吉利等60余家国际化企业提供了稳定的全球供应链解决方案。

（五）深度融入价值链，促进产业溢价增值

促进价值链由中低端向中高端跃升，是抢抓全球新一轮科技革命和产业变革机遇、实现高质量发展的内在要求。习近平总书记多次强调，"促进我国产业迈向全球价值链中高端，培育若干世界级先进制造业集群"[1]，并指出"要通过补短板、挖潜力、增优势，促进资源要素高效流动和资源优化配置，推动产业链再造和价值链提升"[2]，为促进产业溢价增值明确了重点、规划了路径。自全市产业发展大会以来，成都提出以建设产业生态

---

[1] 《习近平谈治国理政》第3卷，外文出版社2020年版，第24页。
[2] 《习近平谈治国理政》第3卷，外文出版社2020年版，第247页。

圈深度融入全球产业链高端和价值链核心，通过前瞻布局前沿技术领域、开拓全球市场，帮助产业发展相关主体找准方向、掌握主动权，有效破解了投资"焦虑症"、产业"脸盲症"、简单"附和症"等产业发展症结，走出了一条"弯道超车"的路子。

推动"微笑曲线"向两端延伸，是强势提升价值链的关键动力。在具体实践中，成都着眼科技发展和产业变革大趋势，通过新技术推广应用、新业态衍生发展和新模式融合创新，前瞻谋划具有全局牵引性的细分领域和"未来赛道"，促进产业链延长实现溢价增值。例如，先进材料产业生态圈紧盯新材料"卡脖子"和空白领域，推动高性能工程塑料等一批"卡脖子"产品率先实现技术突破，通威太阳能电池片及组件、上海璞泰来锂电材料等一批带动性强的高能级项目集聚成势，科美特等一批"隐形冠军"企业市场占有率位居全球第一。智能制造产业生态圈着力在先进计算、人机交互、信息安全、系统协同等前端技术领域发力，实现与国际前沿技术的全面接轨，着力在柔性制造、服务型制造、网络协同制造等融合领域发力，以创新生产方式促进产业链延伸增值。

> **专栏 2-11　电子信息产业生态圈从"芯"升级，迈向全球价值链高端**
>
> 　　当前，成都正着力打造世界级电子信息产业生态圈，力争融入全球电子信息产业价值链高端与核心，推动电子信息产业朝着万亿元级目标冲击。其中，集成电路产业是支撑经济社会发展和保障国家安全的战略性、基础性和先导性产业，也是成都电子信息产业生态圈的核心。电子信息产业生态圈以招引紫光芯城、"芯火"双创基地、奕斯伟高端板级封装系统集成电路基地等高能级项目为抓手，聚力实现集成电路领域的技术"瓶颈"突破。
>
> 　　投资约 500 亿元的紫光芯城项目落户成都天府新区，将对集成电路产业从研发源头上形成强势引领，填补成都市乃至全省在集成电路产业存储芯片等细分领域的空白，缩小我国集成电路制造水平与国际

一流厂商的技术差距，对我国实现高端、自主可控集成电路的生产具有重大意义。

工信部正式批复同意成都建设国家"芯火"双创基地，以集成电路技术和产品为着力点，打造由集成电路原始创新促进服务中心、集成电路产业技术研究院、集成电路设计技术综合服务平台、集成电路人才交流投资服务平台构成的"1心+1院+2平台"架构体系，推动形成"芯片—软件—整机—系统—信息服务"产业生态体系。

总投资约110亿元的奕斯伟高端板级封装系统集成电路基地项目落户成都高新区，该项目作为产业链现代化攻坚重大项目，具有扇出型、高密度与高带宽SiP、面板级封装三大技术优势，进一步提高芯片集成度、减小产品尺寸并提升性能。

促进产业溢价增值，需要推动企业降成本拓市场，扩大产业利润空间。在具体实践中，一方面，成都紧紧围绕产业链搭建零部件、关键技术、中间产品供需交易平台，以及服务带动中小企业"走出去、引进来"的贸易平台，帮助企业打通经销渠道、拓展全球市场，降低企业生产性交易成本。例如，现代物流产业生态圈主动搭建全市重点产业供应链服务平台，先后为龙泉驿区整车及零部件、高新区家电及笔电产品、温江区花卉、蒲江县猕猴桃等蓉货打通欧亚经销渠道。另一方面，积极鼓励产业资金向优势企业和优秀企业倾斜，落实国家减税降费政策，帮助企业扩大利润空间。例如，2020年，成都针对产业生态圈主导产业优势企业，争取市级倾斜产业资金近30亿元，募集专项债近170亿元。智能制造产业生态圈聚焦产业链关键领域开展技术改造升级，为成都天马精密机械等优势企业争取亿元技改专项资金，有效降低了企业发展成本。

（六）扩大高水平开放，促进产业开放融合

全面开放是高质量发展的必由之路。党的十九届五中全会重申了"实

行高水平对外开放，开拓合作共赢新局面"的目标，并提出"坚持实施更大范围、更宽领域、更深层次对外开放"。① 在开放性思维的引领下，成都把发展开放型经济放在未来工作的优先位置，创造性探索习近平总书记关于行政区与经济区适度分离的重大要求，提出"在更大区域内运筹要素、运作配套、集成链条"，聚力建设跨越产业边界和区域空间范畴的产业生态圈，持续增强城市综合竞争力和区域辐射带动作用。经过多年的创新探索，开拓了"市域—区域—全球"的产业开放合作新局面。

在市域层面，成都聚力打破产业园区的行政层级和行政边界建设产业生态圈，紧紧围绕产业链、创新链、服务链构建生活圈、协作圈，引导各类资源要素打破地域约束实施市场化配置，形成行业圈、原料圈、资本圈、制造圈、技术圈、市场圈、研发圈、信息圈环环相扣的网络系统，促进物化的产业园区和虚拟的产业生态圈虚实结合、相互耦合。例如，都市现代农业产业生态圈统筹全市每个涉农的区（市）县，推动形成"东进"生态高效农业产业带、"南拓"农业科技创新博览产业带、"西控"都江堰精华灌区农商文旅体融合发展产业带、"北改"农业商贸物流产业带、"中优"生态景观农业产业带，打破行政层级和行政边界形成农业产业链协作圈。

在区域层面，成都贯彻落实成渝地区双城经济圈国家战略，以提升产业能级为导向、以成德眉资同城化区域为重点，构建形成多个以"我"为主的跨区域产业生态圈，区域内产业人口双向流动强度、产业资本相互渗透强度、企业对接联系合作强度、物流运输紧密互通强度全面提升。其中，成、德两地以成都（青白江）国际铁路港经开区为核心，共建形成智能制造和现代物流跨区域产业生态圈；成、眉两地以天府新区为核心，共建形成电子信息、先进材料、医药健康、智能制造跨区域产业生态圈；成、资两地以东部新区为核心，共建形成航空航天跨区域产业生态圈。

---

① 《中国共产党第十九届中央委员会第五次全体会议公报》。

> **专栏 2-12　成、德、眉、资共画"同心圆",打造跨区域产业生态圈**
>
> 成、德、眉、资四市以"三区三带"相关产业功能区为承载平台,共同编制跨区域产业生态圈建设行动计划,推动组建一批产业生态圈建设联盟,打造产业功能区(园区)引导、龙头企业牵头带动产业链上企业的产业协作生态系统,通过输出成都品牌园区运营管理经验和招商资源,开展多种形式的园区共建,建立跨园区企业、技术、人才流动和优化配置的政策措施,设立园区协同发展专项基金等举措,构建都市圈"研发+转化""总部+基地""终端产品+协作配套"等产业互动新格局,共同形成万亿元级电子信息、装备制造产业集群,以及千亿元级生物医药、航空航天、新材料、新能源、食品饮料产业集群,打造错位发展、有序竞争、高效协同的跨区域产业生态圈。
>
> 在成德区域,充分发挥国际铁路港功能区供应链集成优势,高水平培育以成都(青白江)国际铁路港经开区为核心的成德合作产业生态,共同培育临港轨道交通制造、通航制造、能源装备制造、新能源和智能网联汽车等产业集群,共建智能制造和现代物流产业生态圈。
>
> 在成眉区域,充分发挥天府新区的品牌影响力和总部经济、会展博览功能、科创平台的带动力,高质量培育以天府新区为核心的成眉合作产业生态,共同培育新材料、新能源、生物医药等产业集群,共建电子信息、先进材料、医药健康、智能制造产业生态圈。其中,成都天府国际生物城与广安市协同共建生物医药协作研发基地,新津天府智能制造产业园发挥轨道交通"基地"优势,与彭山青龙经济技术开发区结对形成"1+1"产业联动发展格局。
>
> 在成资区域,依托天府国际航空经济区与资阳临空经济区,高起点培育以东部新区为核心的成资合作产业生态,错位布局临空制造、航空物流、临空综合服务、会展商务等产业,共建航空航天产业生态圈。

在全球层面,成都全面深化国际合作,大力实施国际资源引入计划和本地企业"走出去"战略，积极培育以成都为中心、有能力在全球范围协同配置资源要素的产业生态圈。例如，现代金融产业生态圈探索共建中日金融服务业合作先行区，积极引进一批重大中日金融合作项目，设立"一带一路"金融服务中心、人民币国际投贷基金，推动金融服务辐射范围向全球拓展。

> **专栏 2-13　一张"圆桌"连接中欧，拓展成都会展经济"朋友圈"**
>
> 自 2018 年以来，成都连续三年举办中欧国际会展业合作圆桌会（以下简称"圆桌会"），鼓励会展经济产业生态圈积极围绕主导产业发展策划国际合作项目，加强国际交流对接，借势借力提升成都会展品牌国际影响力。
>
> 第一届圆桌会以"合作共赢，共创共享，抢抓经济全球化时代的中欧会展业合作新机遇"为主题，发布了《中欧会展业合作成都倡议》，就加强中欧会展业战略合作、共建共享中欧会展合作新平台、优化促进中欧会展合作发展环境、信息透明互通、中欧会展业联动工作机制、会展业联合推广机制、会展人才培养和交流机制八个方面达成共识。
>
> 第二届圆桌会以"互利共赢，构建中欧会展合作新格局"为主题，发布了《中欧会展业合作成都行动计划（2020—2025）》，提出成都将围绕构建中欧会展城市联盟、建立中欧会展发展研究中心、建立中欧会展人才培养与交流机制、建立中欧会展产业信息交流平台、建立中欧会展产业营销推广联动机制、建立中欧会展产业项目孵化联动机制、建立中欧会展业交往合作平台、积极响应"一带一路"倡议八个方面目标展开，进一步推进中欧会展业全面战略合作。
>
> 第三届圆桌会以"新经济，正推动中欧合作不断提质增效"为主题，现场达成《中欧会展新经济合作发展成都倡议》，提出将通过发布中欧会展新经济合作机会清单、结合中欧优势产业共建中欧会展

新经济示范园区、打造中欧会展新经济创业孵化园、建立中欧会展新经济研究中心等途径，推动中欧会展产业与数字经济、智能经济、绿色经济、创意经济、流量经济和共享经济深度融合，形成会展新经济业态。

二 成都产业生态圈建设的效益评价

经过四年的创新探索，产业生态圈对城市发展的强大推动作用逐步显现。整体来看，成都经济规模连续跨越4个千亿元级台阶，2020年实现地区生产总值1.77万亿元，居全国城市第7位、副省级城市第3位。电子信息产业规模首次突破万亿元大关，千亿元级产业集群增至8个，高技术制造业年均增速达13.6%。国家重点实验室、国家工程研究中心等国家级创新平台达114家，年均增长市场主体34.5万户、总数达292.1万户。产业功能区经济密度突破1亿元/平方公里，2020年千户重点税源企业户均纳税较2017年增加5530万元。在蓉企业市（州）分支机构数量增长3倍，"三区三带"建设项目总投资超1.3万亿元。成都在GaWC世界城市排名中实现"三连跳"，从2016年的第100位跃升至2020年的第59位。

为进一步科学反映成都产业生态圈建设所带来的直接效益，基于高质量发展、产业布局、竞争优势等基础理论，结合产业生态圈内涵特征构建了成都产业发展效益评价模型，并对2006—2019年成都产业发展效益进行系统评估。

（一）构建产业发展效益评价模型

遵循科学性、系统性、层次性和可操作性原则，对产业生态圈建设产生的各类效益分设相应指标进行表征，形成包含"产业发展效益指数"1项一级指标，"质量变革指数、效率变革指数、动力变革指数"3项二级指标，"产业溢价增值效益指数、产业安全韧性效益指数、要素集约配置效益指数、产业集聚竞合效益指数、创新集成驱动效益指数、产业开放融合效益指数"6项三级指标,高技术工业增加值增速、全员劳动生产率、城市产业协同发展水平等30项四级指标的产业发展效益指标体系;对四级指标进行正向化、标准化处理,采用熵权系数法确定其权重,并加权加总合成三级指标权重(见表2-2)。

表2-2　　　　　　　　产业发展效益指标体系及权重体系

一级指标	二级指标	三级指标	四级指标
产业发展效益指数	质量变革指数（0.282）	产业溢价增值效益指数（0.176）	高技术工业增加值增速（%）（0.043）
			高技术工业营业收入（亿元）（0.050）
			高技术工业营业收入增速（%）（0.041）
			进入全国品牌价值500强的品牌价值之和（亿元）（0.042）
		产业安全韧性效益指数（0.107）	产业风险指数（0.060）①
			规上工业企业亏损指数（0.030）②
			城镇登记失业率指数（0.016）
	效率变革指数（0.369）	要素集约配置效益指数（0.172）	全社会从业人员（万人）（0.021）
			专业技术人才总量（万人）（0.034）
			金融机构存贷款余额（亿元）（0.030）
			全员劳动生产率（万元/人）（0.030）
			投资强度（亿元/平方公里）（0.015）
			地均GDP（亿元/平方公里）（0.020）
			投资效果系数（%）（0.023）

---

① 产业风险指数为逆向指标,产业风险指数是通过行政处罚(银保监会、环保、工商等)、法院裁判文书、失信被执行人等数据中各行业案件发生数量比重变化来反映产业风险程度,指数越高产业风险越高。

② 规上工业企业亏损指数反映的是规上工业企业在剔除宏观经济环境的影响后的企业亏损情况,规上工业企业亏损面指数=当年规上工业企业亏损面波幅-当年规上工业增加值增速波幅,指数增高说明在剔除宏观环境的影响后,企业亏损面有所减小。

续表

一级指标	二级指标	三级指标	四级指标
产业发展效益指数	效率变革指数（0.369）	产业集聚竞合效益指数（0.197）	A股上市企业数量（家）（0.033）
			收入规模上百亿元的企业数量（家）（0.053）
			规上工业营业收入（亿元）（0.023）
			规上服务业企业营业收入（亿元）（0.041）
			成都引力指数（0.030）①
			城市产业协同发展水平（0.016）②
	动力变革指数（0.349）	创新集成驱动效益指数（0.241）	R&D经费投入额（亿元）（0.043）
			企业研发经费投入（亿元）（0.038）
			每万人有效发明专利拥有量（件）（0.038）
			技术合同成交额（亿元）（0.059）
			R&D人员折合全时当量（人/年）（0.035）
			R&D基础研究经费（亿元）（0.029）
		产业开放融合效益指数（0.107）	新经济上市企业数量（家）（0.023）
			境外上市企业数量（家）（0.030）
			进出口总额（亿美元）（0.029）
			实际利用外资额（亿美元）（0.025）

对各级指标赋权后，运用综合评价函数对产业发展效益指数及各分项指数进行测算，具体模型为：

$$R=\sum_{i=1}^{3} k_i R_i$$

$$R_i=\sum_{j=1}^{2} k_{ij}R_{ij}, \quad r_{ijk}=\sum_{k=1}^{n} k_{ijk}x_{ijk} \quad k=3, \cdots 7;$$

其中，R 表示产业发展效益指数；R_i 表示第 i 项二级指标得分，k_i 表示第 i 项二级指标权重；r_{ij} 表示第 i 个二级指标下的第 j 个三级指标标准值得分，k_{ij} 表示第 j 个三级指标权重；x_{ijk} 表示第 i 个二级指标的第 j 个三级

---

① 成都引力指数是运用引力模型测算出的，反映成都与成渝地区双城经济圈内其他城市联系度的指数，指数越高，说明成都与其他城市的联系度越高。

② 城市产业协同发展水平是反映成都各区（市）县产业结构相似度的指数，是将成都各区（市）县划分为工业主导和服务业主导两类后，分别对两类区县的产业结构相似度进行测算，进而加权平均合成的指数。指数越高说明成都区（市）县产业协同发展水平越高。

指标下的第 k 个四级指标标准值得分；k_{ijk} 表示第 k 个四级指标权重。

（二）产业发展效益向高水平加速增长演变

基于上述评价模型测算得到 2006—2019 年成都产业发展效益指数及各级分项指数。如图 2-3、图 2-4 所示，近年来成都产业发展效益呈现扩大态势；进一步结合产业发展效益指数增长趋势及内部结构特征来看，可划分为低水平的高增长（2006—2009 年）、平稳增长（2010—2016 年）、高水平的加速增长（2017—2019 年）三个发展阶段。

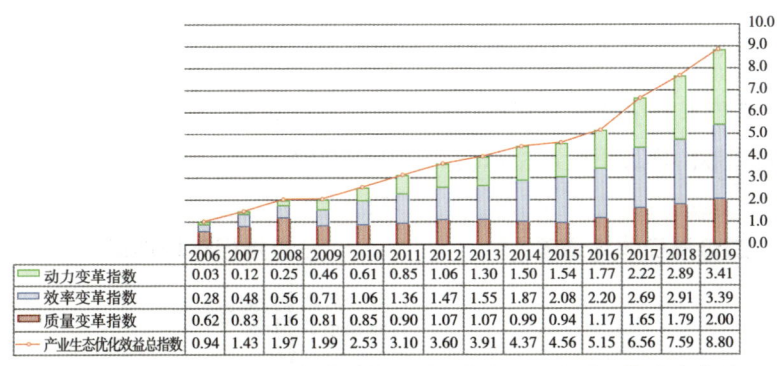

	2006	2007	2008	2009	2010	2011	2012	2013	2014	2015	2016	2017	2018	2019
动力变革指数	0.03	0.12	0.25	0.46	0.61	0.85	1.06	1.30	1.50	1.54	1.77	2.22	2.89	3.41
效率变革指数	0.28	0.48	0.56	0.71	1.06	1.36	1.47	1.55	1.87	2.08	2.20	2.69	2.91	3.39
质量变革指数	0.62	0.83	1.16	0.81	0.85	0.90	1.07	1.07	0.99	0.94	1.17	1.65	1.79	2.00
产业生态优化效益总指数	0.94	1.43	1.97	1.99	2.53	3.10	3.60	3.91	4.37	4.56	5.15	6.56	7.59	8.80

图 2-3　2006—2019 年成都产业发展效益指数及二级分项指数变化情况

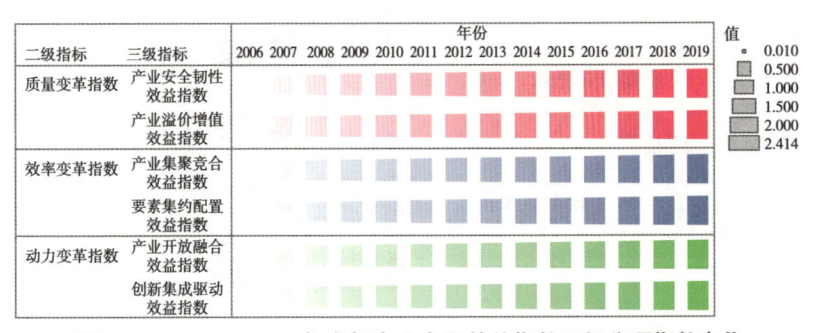

图 2-4　2006—2019 年成都产业发展效益指数三级分项指数变化

1. 低水平的高增长阶段（2006—2009 年）：经济动力明显增强、运行效率快速提高、发展质量总体改善，产业发展效益较快增加

2006 年以来，随着经济全球化趋势深入发展和全球创新要素加速流动，资金、技术、人才等资源要素不断向成都汇聚，叠加 2008 年国际金融危机爆发后国家制订一揽子计划带来的政策利好，全市经济发展活力明显增强、经济运行效率快速提高，支撑全市产业发展效益在低基数上实现大幅提升。但同时，以大量投资为基础带来的经济繁荣也加大了产业发展不稳定性，致使经济发展质量提升步伐偏缓。2006—2009年，产业发展效益指数由0.94波动提升至1.99，年均提高0.35（见图2-5）；在二级指标中，质量变革指数、效率变革指数、动力变革指数年均分别提高0.06、0.14、0.14，对全市产业发展效益指数的增长贡献度分别为18.2%、40.5%、41.3%；在三级指标中，产业溢价增值效益指数、产业安全韧性效益指数、要素集约配置效益指数、产业集聚竞合效益指数、创新集成驱动效益指数、产业开放融合效益指数年均分别提高0.05、0.01、0.09、0.06、0.08、0.07，其中要素集约配置效益指数、创新集成驱动效益指数对全市产业发展效益指数的增长贡献度相对较高，达到20%以上。

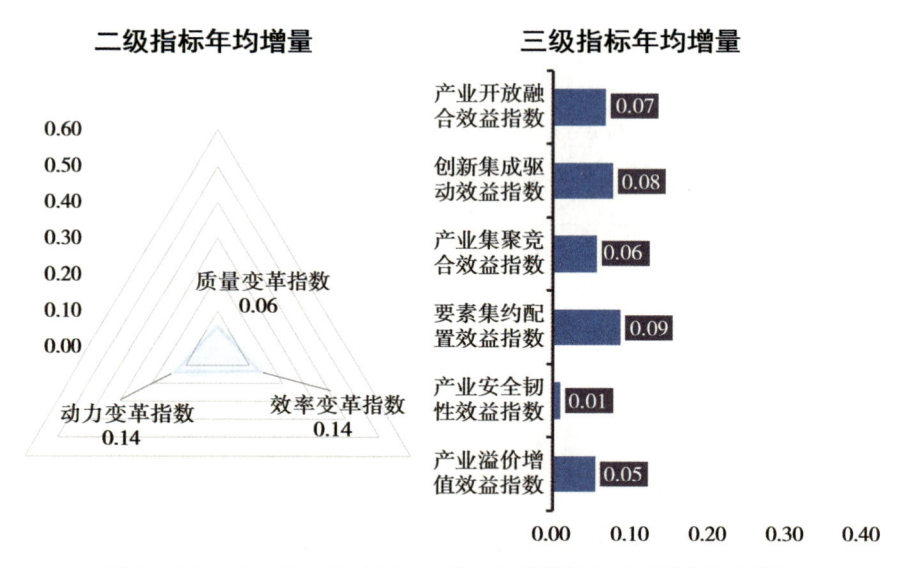

图2-5 2006—2009年成都产业发展效益指数各分项指数年均增量

2. 平稳增长阶段（2010—2016年）：经济运行质量、效率、动力持续稳定提升，产业发展效益平稳增长

2010年后，随着全国步入增长速度换挡期、结构调整阵痛期、前期刺激政策消化期"三期叠加"的新常态发展阶段，成都开始面临产业链和价值链优化调整的挑战，全市经济运行质量、效率、动力尽管仍呈现稳定提升态势，但是提升速度较上一阶段有所放缓，全市产业发展效益开始进入平稳增长阶段。2010—2016年，产业发展效益指数由1.99波动提升至5.15，年均提高0.45，年均增量较上一阶段小幅扩大0.1（见图2-6）；从二级指标来看，质量变革指数、效率变革指数、动力变革指数年均分别提高0.05、0.21、0.19，其中，效率变革指数、动力变革指数年均增量分别比上一阶段小幅扩大0.07、0.04，对全市产业发展效益指数的增长贡献度分别提升至47.3%、41.5%；从三级指标来看，产业溢价增值效益指数、产业安全韧性效益指数、要素集约配置效益指数、产业集聚竞合效益指数、创新集成驱动效益指数、产业开放融合效益指数年均分别提高0.03、0.02、0.10、0.11、0.13、0.05，其中要素集约配置效益指数、产业集聚竞合效益指数、创新集成驱动效益指数年均增量较上一阶段明显扩大，对全市产业发展效益指数的增长贡献度也达到20%以上。

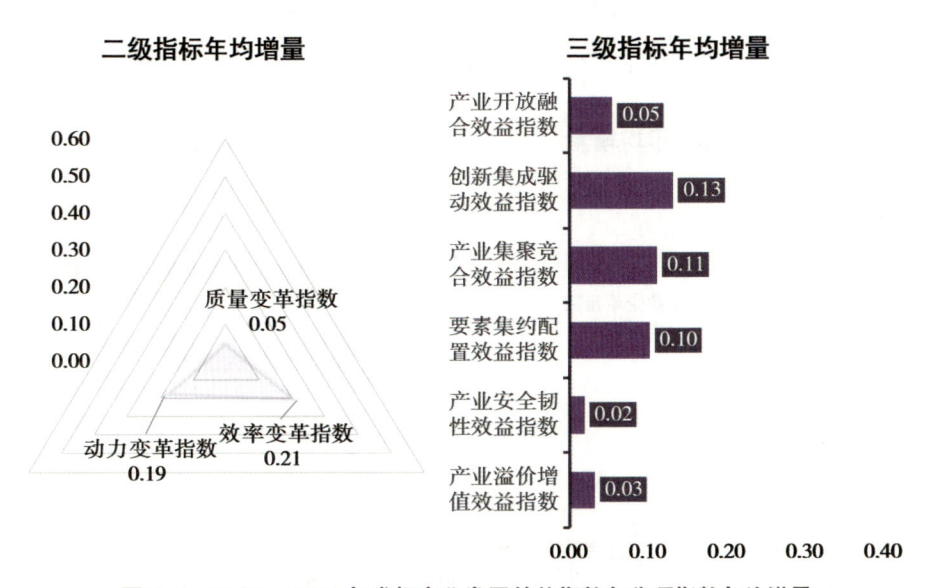

图2-6 2010—2016年成都产业发展效益指数各分项指数年均增量

3. 高水平的加速增长阶段（2017年至今）：产业生态圈建设加快质量变革、效率变革、动力变革步伐，产业发展效益实现更快、更均衡提升

2017年以来，在我国经济由高速增长阶段转向高质量发展阶段的大环境下，成都以新发展理念为指引，以产业生态圈创新生态链转变经济工作组织方式，全面激发出各类主体的创新潜能，推动产业链和价值链走向高端，进一步提升了资源要素配置效率，增强了产业发展稳健性，支撑全市产业发展效益更快、更均衡提升。2017—2019年，产业发展效益指数由5.15波动提升至8.80，年均提高1.22，年均增量较上一阶段扩大0.8（见图2-7）；从二级指标来看，质量变革指数、效率变革指数、动力变革指数年均分别提高0.28、0.40、0.54，年均增量分别达到了上一阶段的5.5倍、1.9倍、2.9倍，其中动力变革指数的贡献率最高，达到了44.6%；从三级指标来看，产业溢价增值效益指数、产业安全韧性效益指数、要素集约配置效益指数、产业集聚竞合效益指数、创新集成驱动效益指数、产业开放融合效益指数年均分别提高0.16、0.12、0.13、0.27、0.41、0.13，年均增量较上一阶段分别扩大0.12、0.10、0.03、0.15、0.28、0.08，其中创新集成驱动效益指数对全市产业发展效益指数的贡献度超过了30%、产业集聚竞合效益指数贡献度也超过20%。

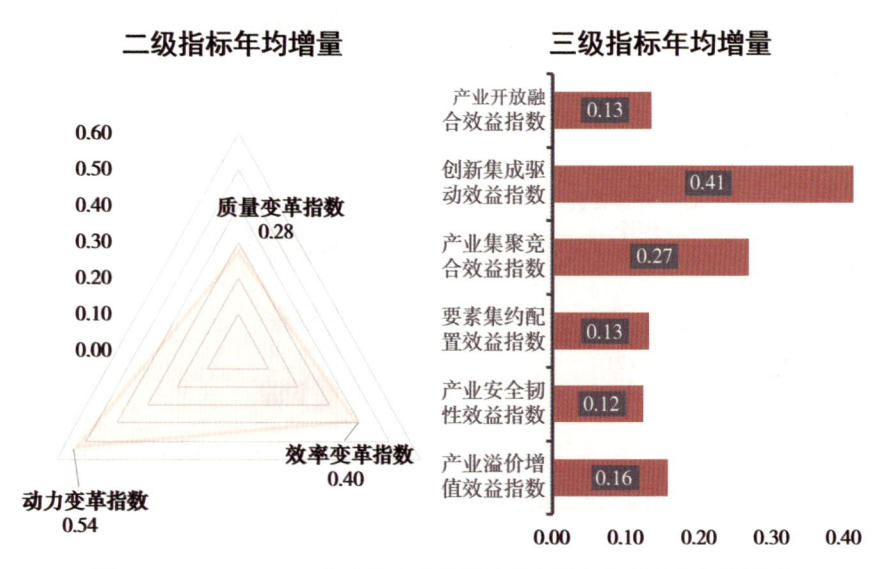

图2-7　2017—2019年成都产业发展效益指数各分项指数年均增量

（三）产业发展效益增量空间持续扩大

为更清晰地反映 2017 年提出建设产业生态圈后，对全市产业发展效益的拉动作用，以前述 2006—2016 年的产业发展效益指数为基础，运用 HP 滤波法和趋势外推预测模型，测算得出 2017—2019 年成都产业发展效益指数的潜在增长水平，并用其与 2017—2019 年成都产业发展效益指数实际值的差距作为三年产业生态圈建设带来的产业发展效益增量空间（见图 2-8）。由此可以看出：

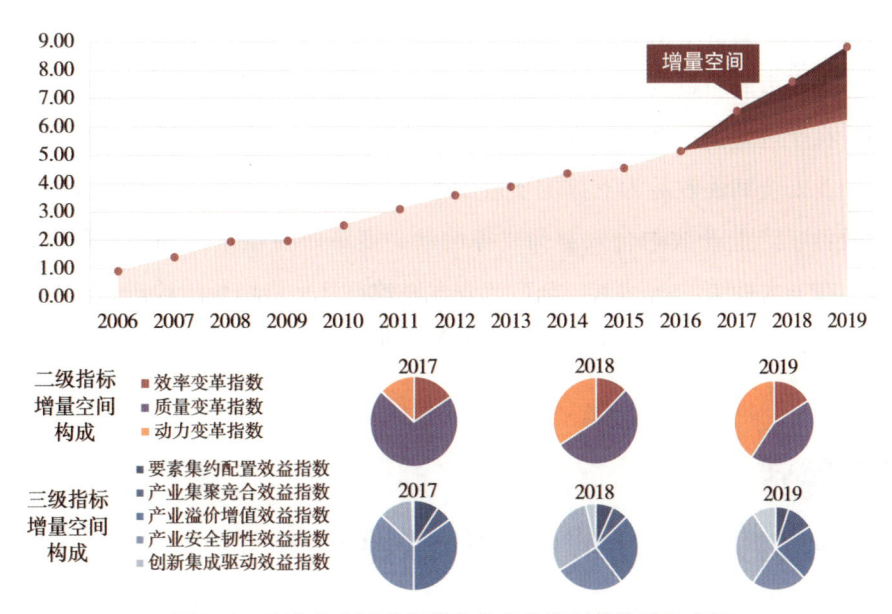

图 2-8　产业生态圈建设带来的产业发展效益增量空间

产业生态圈建设带来增量空间及其占比均呈现逐年扩大态势，2017—2019 年，产业生态圈建设带来的产业发展效益增量空间分别为 1.16、1.76、2.56，占全部产业发展效益指数的比重分别为 17.6%、23.2%、29.1%。从二级指标来看，质量变革带来的效益增量空间最大、动力变革带来的效益增量空间拓展速度最快，2017—2019 年，质量变革指数、动力变革指数、效率变革指数的累计增量空间分别为 2.87、1.80、0.81，两年平均增速分别为 15.8%、158.9%、50.8%。从三级指标来看，创新集成驱动效益、产业溢价增值效益和产业安全韧性效益增量空间较大，产业开放融合效益、创新集成驱动效益、产业集聚竞合效益增量空间拓展速度较快，2017—2019年，创新集成驱动效益指数、产业安全韧性效益指数、产业溢价增值效益指数、产业集聚竞合效益指数、要素集约配置效益指数、产业开放融合效益指数增量空间分别为1.47、1.45、1.43、0.45、0.36、0.32，两年平均增速分别为134.4%、15.4%、17.2%、102.4%、11.5%、489.6%。

基于以上分析可以看出，成都自开展产业生态圈建设以来，全市产业集聚竞合效益、创新集成驱动效益、要素集约配置效益、产业安全韧性效益、产业溢价增值效益、产业开放融合效益不断突破原有的潜在增长上限，为全市的质量变革、效率变革、动力变革带来持续扩大的效益增量空间。在推进建设产业生态圈期间（2017—2019年），以产业溢价增值效益和产业安全韧性效益为支撑的质量变革效益增量空间最大，以创新集成驱动效益、产业开放融合效益为支撑的动力变革效益增量空间拓展速度最快。在三大变革的推动下，全市产业发展效益从平稳增长阶段进入高水平加速增长阶段，切实实现了对全市经济高质量发展的有力支持。

第三节

创新实践产业功能区建设新路径

习近平总书记在中央财经委员会第五次会议中明确指出，要增强中心城市和城市群等经济发展优势区域的经济和人口承载能力，推动形成优势互补、高质量发展的区域经济布局，提高产业基础能力和产业链水平。成都立足城市长远目标和战略全局，合理确定产业功能区产业发展方向、门类，加快形成新的产业体系、新的经济形态、新的产业层次，打造产业竞争新优势；瞄准生产空间集约高效、生活空间宜居适度、生态空间山清水秀的目标，将产业功能区建设成为"人城境业"和谐统一公园城市的集中承载地和展示区；大力推动要素供给侧结构性改革，持续破解要素供需错配问题，打造产业功能区要素供给产业生态；持续推进体制机制改革，构建协同工作推进机制，提升管理运营专业化能力，优化政务服务水平，推动成都持续做强增长极和动力源。建设产业功能区已经成为推动产业精准定位、提升产业显示度的迫切需求，活化产业生态、形成区域竞争新优势的重要抓手，重构"人、城、产"发展逻辑、破解"大城市病"的有效途径。

一 关键策略搭起产业功能区建设"主体框架"

中央提出建设成渝地区双城经济圈，赋予成都打造带动全国高质量发展的重要增长极和新的动力源的政治任务，省委做出"一干多支、五区协同"战略部署，明确成都当好全省"主干"的使命担当，都要求成都提升产业能级、增强极核功能，更好发挥优势带动、辐射引领作用。成都将产业功能区作为打造区域经济增长极、形成产业比较优势、促进产城融合发展的重要空间组织形式和要素聚集平台，提出"核心在产业、关键在功能、支撑在园区、机制是保障"的建设策略，从产业功能区主导产业的选择、功能形态定位、要素空间集聚、体制机制创新等方面全面发力，取得了历史性成效，也形成了诸多值得总结借鉴推广的先进经验。

（一）注重产业发展核心地位，培育产业生态

当前，成都正抢抓国家战略赋能和战略性新兴产业落子布局机遇期，加快构建现代化开放型产业体系，全力以产业功能区为载体招引具有辐射带动能力的重大项目和具有在全球整合资源、运作市场能力的优秀企业，构建新体系、培育产业生态，蓄势蓄力，不断增强产业发展后劲，为高质量发展提供强力支撑。

产业功能区是以产业发展为目标的空间聚集形式，所承载产业的层次、形态、质量直接决定着产业功能区的路径、模式、进程。成都围绕加快构建具有国际竞争力和区域带动力的现代产业体系，坚持"有所为有所

不为"，以产业生态圈引导功能区建设，进一步精准产业功能区的定位和方向，聚焦最具比较优势的细分领域，提升细分产业的显示度，扩大产业高端优势和领军优势，前瞻培育新的产业形态，尽快形成细分领域规模效应，增强市场的号召力，将产业功能区建设成为特色产业优势区。

做强增长极，建设现代化开放型产业体系，城市往往有诸多选择。成都产业功能区建设着眼现代产业体系，明确主导产业定位。精准确定产业发展方向，深耕比较优势领域，不断建立"专而精"的产业优势、保持"大而强"的区域经济领先优势。在具体实践中，一方面，成都坚持质量第一、效益优先，按照"特色鲜明、优势明显、前景可及"原则，统筹考虑资源禀赋、产业基础、环境条件、政策配套，绘制功能区"两图一表"（产业链全景图、产业生态发展路径图、重点企业和配套企业招商名录表），精准确定与城市发展方向定位高度契合的主导产业，推动66个产业功能区差异化专业化特色化发展。另一方面，成都以细分方向为指引提升产业专精水平，聚焦城市战略目标、功能分区、前沿细分行业，在差距最小的领域下好"先手棋"，对产业功能区产业方向、产业门类、细分领域进一步研判，针对性制定产业功能区"两图一表"，围绕功能建设和产业分工集聚产业，加快培育塑造专业化、特色化的比较优势。

> **专栏2-14 产业功能区推动"中国航空经济之都"高质量发展**
>
> 作为成都航空产业的重要承载地，双流航空经济区和天府国际航空经济区聚焦航空产业最新动态成果筑牢航空产业全产业链；天府国际航空经济区围绕打造航空枢纽经济引领区、国际供应链价值中枢，重点发展航空运输、航空物流、航空维修制造、临空服务等主导产业，加快打造面向全球产业循环的国际航空门户枢纽，为"两区一城"协同发展和"一中心五枢纽"建设赋能加持。
>
> 一方面，围绕做强产业核心，航空经济产业功能区依托区位、口岸功能等优势及中商飞等头部企业打造全球航空维修产业地标，依托

航空动力小镇打造全国航空制造产业高地，打造全国航空租赁第四极，构建适航产业体系。天府航空经济区依托机场北片区，策划临空商务区，策划包装国际航空服务区、跨境电商交易平台等9个重大功能性项目。另一方面，开展精准营销，围绕临空产业发展，以"现场推介+线上直播"方式，定期策划举办投资环境推介活动，由主要领导带队，派驻招商小分队赴北、上、广、深等地开展招商引资攻坚。当前，航空经济产业功能区建设如火如荼，项目加持捷报频传，正推动"中国航空经济之都"建设不断开创新局。

图 2-9　成都天府国际机场

（图片来源：https://new.qq.com/rain/a/20211029a02z6y00。）

成都产业功能区建设着眼未来区域发展竞争，提升产业发展层次。聚焦产业高端和高端产业，集成规模之势和细分优势，提升功能区产业发展集中度、显示度和辨识度，力争在新一轮区域发展格局演进和国际产业分工调整中占据主动、赢得先机。加快打造核心起步区，提升产业发展集中度。遵照"产业基础良好、生活配套丰富、生态本底优美、载体支撑扎实"标尺，全面划定66个产业功能区核心起步区，配备项目迅速落地条件，为实现产业功能区跃升发展，提升城市发展能级提供平台支撑。发挥头部企业带动集成作用，提升产业发展显示度。聚焦电子信息、生物医药、智能制造、新材料和科技服务业、金融服务业、文创服务业等高端产业和产业高端，大力引进链主企业、总部企业等优势企业，鼓励在成都设立研发、运营、配送、结算中心等专业机构，增强对人流、物流、资金流、信息流等流量资源的组织和配置能力，带动上下游协作企业入驻，提升产业链现代化水平。加快招引重大产业项目，提升产业发展辨识度。聚焦产业细分领域，开展项目招引清单化管理，不断推动高能级项目向产业功能区集聚，提升产业链供应链本地集中度，增强特色产业竞争比较优势。

> **专栏 2-15　龙潭新经济产业功能区抢抓产业"智能升级"风口**
>
> 作为成都市首个以新经济命名的产业功能区，2020年龙潭新经济产业功能区营收逼近千亿元大关，近3年财税收入、亩均产出均保持20%以上的高速增长，功能区综合竞争力指数排名全省128家园区第四位，在全市智能制造生态圈综合考核中排名第二。
>
> **图 2-10　龙潭新经济产业功能区**
>
> （图片来源：https://www.sohu.com/a/461578330_120995165。）
>
> 龙潭新经济产业功能区抢抓智能制造的产业风口，推动产业智能化转型升级，提升产业发展层次。以智能制造产业生态圈建设为牵引，聚焦工业机器人、智能终端、工业互联网等智能制造产业细分领域，

功能区累计引进京东集团等世界500强企业，落户华灏鲲鹏等重大产业项目，扶持成焊宝玛等3家企业跻身全市新经济"双百"企业。发挥龙头企业的带动作用，推动周边的企业搭上智能化的"快车"，为智能制造带来更多应用场景。

成都产业功能区建设着眼塑造城市领先优势，前瞻培育新的产业形态。打造新经济形态，布局未来产业创新赛道，营造产业应用新场景，以高品质的产业形态塑造高品质的城市形态，将产业功能区作为发展新经济培育新动能的主战场、主阵地。打造新经济形态，紧跟产业发展融合迭代趋势。围绕数字经济、创意经济、智能经济、绿色经济、流量经济、共享经济六大新经济形态，扶持成都新经济梯度培育企业及"双百"工程重点培育企业，切实增强产业的创新力、竞争力。布局未来产业创新赛道，提升产业发展未来话语权。在具体实践中，瞄准量子技术、高端软件、干细胞治疗、数字诊疗、合成生物、脑科学、氢能、区块链等突破性颠覆性的技术创新和面向未来的应用创新的新赛道，以产业社区为承载积极抢占未来产业发展制高点和主导权。营造产业应用新场景，厚植城市创新场景基因。建设城市未来场景实验室、创新应用实验室，支持创新产品市场验证、技术迭代、应用推广、首购首用。以高品质科创空间为载体为产业功能区主导产业应用场景赋能。在科创空间中塑造产业相关应用场景，为推广新技术、新产品开展集成应用示范和孵化企业新业态、新技术、新模式落地创造条件。

> **专栏2-16　新经济活力区着眼塑造城市领先优势前瞻培育新的产业形态**
>
> 新签约网易成都数字产业基地、字节跳动创新业务中心、滴滴西部创新中心等新经济项目，成都新经济活力区以高能级产业生态圈引领产业功能区高质量发展，进一步重塑经济地理、优化空间布局，加快打造具有全球影响力的新经济技术策源地和产业集聚区。

成都新经济活力区聚焦5G通信与人工智能、网络视听与数字文创、大数据与网络安全等细分领域深耕产业未来创新赛道，形成涵盖基础层、技术层和应用层的全产业链体系。其中，密码产品、态势感知实现全国领先，聚焦网络视听与数字文创等未来产业赛道，涌现出"王者荣耀""哪吒"等现象级产品，形成从IP生产到内容触达的完整产业体系。

图2-11 成都新经济活力区中国–欧洲中心

（图片来源：https://mbd.baidu.com/newspage/data/dtlandingwise?nid=dt_5206587664754976970&sourceFrom=homepage。）

（二）完善关键支撑功能配套，重构生活生态

城市的核心是人，传统产业园区"见物不见人"的生产导向致使企业无序向园区集聚、人口过度向城市集聚，带来产城分离等问题，导致资源要素错配、人城产之间不协调，极大限制了经济活动集聚的阈值。建设产业功能区就是要贯彻"以人为本"理念，打破生产导向产业园区发展模式，通过产城融合发展，增强服务配套功能，推动城市人口和产业在功能区集中集聚，有效调节职住平衡，实现从"产城人"向"人城产"城市发展逻辑的转变。为此，成都提出"一个产业功能区就是若干城市新型社

区"。以生产辅助功能提高生产效率,以生活功能撬动生活场景,以生态功能提升宜业宜居度,实现小尺度空间的区域性产城融合,着力将产业功能区建设成为高品质的城市生活社区。

成都产业功能区建设着力完善生产辅助功能,建设优质产业载体,有效破解传统产业园区重项目数量轻企业协作、解决产业协作不经济、基础设施不专业等现实问题。持续推进标准厂房建设。聚焦制造业主导产业,通过系统性、专业化推进一批标准厂房建设,着力破解传统工业园区生产配套前瞻性不足、产业项目落地周期长以及发展特色不明显等困境,优化提升产业功能区产业承载力,加快实现"筑巢引凤"。加快推进专业楼宇建设。以楼宇经济国家级服务标准化试点建设和楼宇经济服务标准体系制定标准化为契机,优化提升楼宇特色化服务能力,持续推进专业楼宇建设,提升服务业产业功能区产业承载能力。加快推动专业化生产服务设施建设。聚焦产业功能区主导产业企业全生命周期需求,系统规划建设仓储物流设施、污水处理设施、危废品处理设施、实验动物房等专业化生产服务设施,构建更具特色的生产服务环境。

成都产业功能区建设着力完善高端生活功能,围绕人力资源协同需求,破解传统园区重生产发展轻生活服务、产城脱节、职住分离等现实问题。加强公共服务设施配套。围绕产业功能区布局,统筹新建一批人才公寓和配套住房,解决企业人才后顾之忧。科学研判未来经济发展、人口聚集规模,精准测算公共服务和商业配套需求,布局一批集成服务管家、代办专员的社区服务站,将产业社区打造成为产城一体的城市公共空间。精准化打造生活消费场景。根据产业功能区主导产业特定人群的工作生活和消费偏好,因地制宜地布局建设商务中心、文体中心、综合购物中心等,强化产业功能区个性化生活消费场景打造,满足产业功能区居住人群不同层次的消费需求。优化功能区人文环境。结合功能区管理体制改革,推动社区化管理,形成管委会主导、企业参与、街道服务、社区居民自治的共建共享共促格局。加强社区人文公式培育,鼓励举办功能区企业沙龙、专业交流、文体活动,加强社区内企业间沟通合作、员工间兴趣爱好联系,构建人文和谐、包容开放和富有亲和力的城市空间，提升企业、居民的认同感和归属感。

成都产业功能区建设聚焦完善绿色生态功能，围绕可持续发展的未来需求提升产业功能区资源环境和功能承载力。全面引入绿色生产、绿色生活、绿色消费理念，以实现高质量发展为目标，以集约节约、绿色低碳、生态宜居为方向，制订并实施以提高产出效率并提升宜居水平为目标的行动计划，坚持绿色生态理念和公园城市理念，积极开展产业功能区道路、生活设施等设计，着力把产业功能区建设成为绿色发展示范区。

> **专栏 2-17 电子信息产业功能区打造成都市首个产居一体的产业社区示范区**
>
> 在清水河生态公园，缓缓流淌的清水河水光潋滟，可进入、可参与的生态绿道与绿植形成错落有致的景观体系，吸引附近不少居民前来游玩。这样的景象正在成都电子信息产业功能区逐步呈现，吸引来众多高端人才。
>
> 近年来，在发展产业的同时，成都电子信息产业功能区也坚持生活导向，不断满足人民群众日益增长的美好生活需要。公布了成都市首个产业社区规划、商业机会清单及文创产品准入门录，以菁蓉湖为重点，深化场景营造、科学系统治理，立足人本逻辑、产城融合、功能复合三个方面，打造产居一体的产业公园城市示范区。
>
> 成都电子信息产业功能区按照"一个产业功能区就是一个新型城市社区"思路，以3—5平方公里为空间尺度，率先启动集成电路、新型显示、清水河无线创智三大产业社区建设，持续推进功能区生产生活生态功能集成发展。深入研究主导产业企业生产、生活活动的特色化、个性化，依据产业差异实现功能配套供给精准化。
>
> 围绕产业社区宜居需求，成都电子信息产业功能区以完善社区化配套服务提升生活功能。清水河无线创智产业社区围绕产业高端人才留得下、住得好，增强社区活力，加快建设配套人才公寓，针对社区

适龄学童教育需求，加快补齐功能区教育功能配套短板。目前，幼儿园学位满足率达100%，公共交通站点500米半径覆盖率达94%。围绕产业社区人居环境，以生态型产业社区建设增强生态功能，加快植入可开展互动活动的公园场景，多途径增加小游园、微绿地在社区内布局，强化生态要素在社区中的网络渗透和多维植入。

图 2-12　成都电子信息产业功能区鸟瞰

（图片来源：https://sc.cri.cn/chinanews/20190718/23f190b9-9b26-61df-a8b1-b64d32827827.html。）

（三）高效集聚高端要素资源，完善创新生态

不管是城市、产业还是企业，发展都离不开人才、资本、市场、科技等各种要素的聚集。"十四五"时期成都迈向双机场时代，将吸引更多的全球资源要素集聚，在更大范围内形成辐射带动能力，这也是成都的优势所在。

要素协同是构建现代产业体系的重要抓手。发挥市场在资源配置中的决定性作用，促进各种资源要素自由流动。成都坚持以集约高效理念推动土地、资金、人才、创新资源向产业功能区集聚，以开放引领创新、倒逼改革，努力降低要素流通成本，提升协作配套效率，强化要素配置能力，着力将产业功能区建设成为先进要素集聚区。

成都产业功能区着力破解创新要素资源和企业创新需求"错配"问题，深挖创新资源和产业发展关系，高效集聚创新要素，推进校院企地协

同创新，在产业功能区打造形成产业链上下游企业共享的创新平台，将沉淀的创新资源转化为产业发展动力源。深入推进校院企地融合发展。建立66个功能区重大科技项目库，通过常态化开展"校企双进"活动，提升产业功能区在全球聚集创新要素的能力。支持企业通过组建产业技术创新联盟、共设技术转化基金等方式提高技术转化本地落户率。完善校院企地协作激励机制，鼓励科研仪器、科学数据开放共享。积极引导科技创新平台布局。以成渝综合性科学中心建设为牵引，强化国家战略科技力量，推进国家川藏铁路技术创新中心、国际深地科学研究中心等国家级创新平台加快建设。推动企业牵头联合高校院所组建技术创新中心、产业创新中心、制造业创新中心、企业技术中心、工业设计中心（设计院）、重点实验室、新型研发机构等创新联合体，增强产业价值链上游控制能力。大力推动高品质科创空间建设。着力打造技术创新服务、成果转化服务、金融服务等功能性平台，鼓励发展研发设计、知识产权、检验检测等生产性服务业。聚焦企业全生命周期创新需求，系统布局公共设计平台、中试生产线和公共试验设施，公共技术支撑平台等科技服务公共平台。

> **专栏 2-18　成都天府国际生物城构建生物产业创新极核："零的突破"与一座城的崛起**
>
> 　　成都天府国际生物城成立伊始便不断实现"从0到1"的突破，诞生西南首家科创板上市企业、发出全省在生物医药领域的首张保税库注册登记证、产生成都市首个产业功能区法庭、成立成都市首个产业功能区政务服务中心、实现专项债发行"零"突破……
>
> 　　每一个突破都来之不易，每一个突破都意蕴深远。遵循产业生态圈理念，聚焦构建生物产业创新极核，以企业全生命周期需求为导向，划定以起步区孵化园和加速器为核心约1平方公里的高品质科创空间——生物科创园，根据西部（成都）科学城空间功能布局，在聚焦产业细分领域基础上，布局一批功能平台，形成生物城高质量发展的"增长极"和"动力源"。

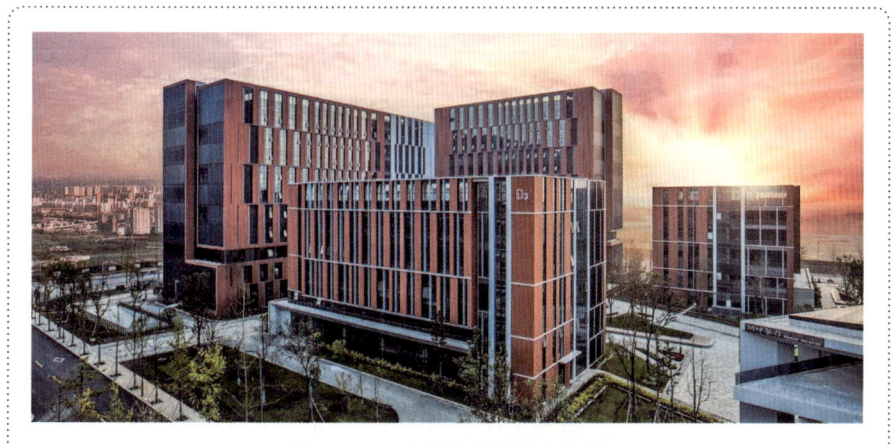

图 2-13　成都天府国际生物城

（图片来源：http://www.wenlvnews.com/p/211749.html。）

天府国际生物城持续深耕疫苗领域，与魏于全院士和川大国重实验室合作共建天府疫苗谷，力争通过"内培"形成国际领先的重组疫苗平台。积极布局科技创新平台，在生物材料领域，与张兴栋院士和国家生物材料中心合作共建生物医学材料协同创新中心，力争通过"转化"打造校地合作生物材料成果转化的产业化高地及国家级生物材料成果转化示范基地。

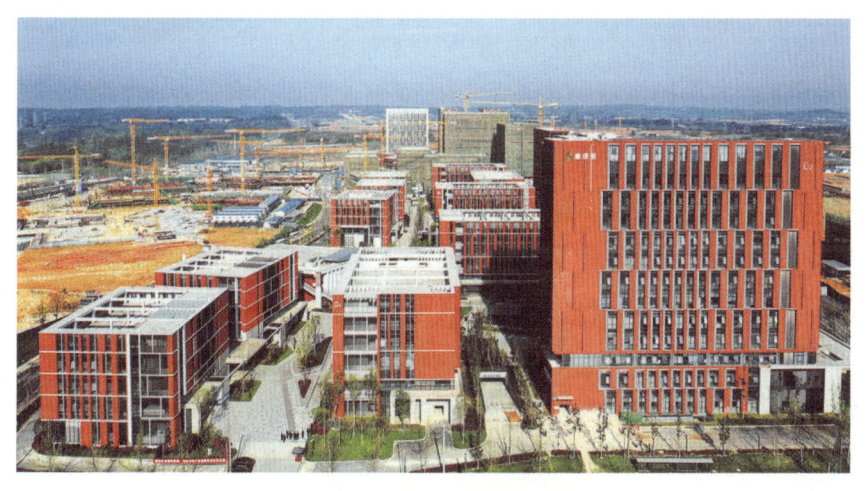

图 2-14　成都天府国际生物城

（图片来源：https://www.sohu.com/a/456483674_100011338。）

《全球城市史》作者乔尔·科特金曾说：哪里更宜居，知识分子就选择在哪里居住，知识分子选择在哪里居住，人类的智慧就在哪里聚集，人类的智慧在哪里聚集，最终人类的财富也会在哪里聚集。成都遵循人才多样化发展规律，围绕人力资源全生命周期需求，高效集聚人才要素，实现人才供需匹配。加强多层次人才引育。率先出台《人才新政12条》等一系列引才聚才实招，破除大学生在蓉落户限制，为产业发展广泛储备高学历人才。加强产业功能区技能人才和新职业人才引育，推动"技能成都""成都工匠"品牌建设。深化产业功能区员额制改革，加大产业功能区所需干部员工及专业化行业领军人才的选配招引力度，为产业发展广泛储备各类专业化人才。推动人力资源精准配置。建立围绕主导产业的人才需求动态发布机制，编制紧缺急需人才目录，动态发布岗位需求清单，完善以"企业提需求＋政府给支持"的联合引才模式。常态化开展"校企双进"人才对接活动，鼓励高校围绕主导产业"订单式"培养人才。优化提升人才服务能力。建立成都蓉漂人才发展学院，聚焦产业功能区建设等重点领域，构建完善人才测评、人才培育、就业指导等全流程人力资源发展服务链。聚焦产业功能区多元化人才服务需求，围绕专业管理人才、科技研发人才和产业技能人才需求偏好，精准制定落户购房、医疗服务、子女入学等保障政策，加快构建匹配不同层次人才需求的生态环境。

成都产业功能区建设聚焦高效集聚资本要素，着力降低资金使用成本，拓宽专业化融资渠道，提高资本配置效率，不断提升金融服务实体经济能力。充分发挥财政资金对产业功能区建设的杠杆效应。按照全市以绩效为导向的财政预算管理制度改革总体要求，改进产业功能区财政性资金使用方式，更多聚焦支持产业功能区主导产业龙头项目、关键配套项目和功能支撑项目发展。以产业功能区基础能力建设为重点申报专项债券，策划包装一批功能区基础设施项目纳入国家支持范围，鼓励市属企业参与功能区建设，积极探索将土地溢价、经营性收入等收入计入盈利，确保成本收益的覆盖。加强产业基金支持。发挥政府性产业投资基金的引导作用，围绕产业链龙头企业和关键环节加大政府基金投放力度，推动产业功能区设立产业子基金撬动社会资本。全面推广片区综合开发模式，通盘考虑项目投资回报与企业投入产出，用好用活各类经营性资源。完善多层次资本市场。加强与风投资本市场合作，通过跟投、领投等方式精准引导天使投资、创业投资、股权投资机构投早投小。建立完善的金融合作生态和资本运作体系，加强与金融企业合作，争取整体授信覆盖核心企业，建立信用担保公司，支持企业生产经营和产业项目融资需求。

> **专栏 2-19　安仁·中国文博产业功能区集聚文创产业发展推动要素精准供给的经验举措**
>
> 安仁·中国文博功能区积极承接成都西部文创中心、对外交往中心职能，紧紧围绕博物馆核心 IP，构筑文博、文创、文旅"三文"融合的产业生态圈，打造国家文创文博产业集聚区、国家新型城镇化示范区、国际文化旅游目的地。
>
> 图 2-15　安仁·中国文博功能区南岸美村
>
> （图片来源：https://page.om.qq.com/page/OGFgTtlxY4ri1tfhRtn6bUwA0。）
>
> 安仁积极推动土地要素向高效优质项目集聚，充分发挥土地配置改革与用地退出机制"双板斧"作用，推动土地资源向高品质项目集聚。以产出为导向持续推进土地资源配置制度改革，围绕"三调"及新一

轮土规调整，用好用活增减挂钩指标，有效保障大匠之门文化中心、南岸美村、东方奇境、恒大水世界等重大优质文旅项目用地需求。严格落实用地退出机制，推进存量资源"二次开发"，通过招商盘活、分割转让、收购重组等途径，改造、盘活存量厂房。同时，创新投融资服务，推动资金要素向功能区建设与企业培育领域集聚。建立安仁·中国文博产业功能区开发建设封闭运行反哺机制，落实功能区新增财税收入中县级所得部分原则上用于支持功能区建设的"反哺机制"，统筹安排先期资金3亿元、专项债券资金3.6亿元，全力保障功能区基础设施和公建配套设施建设。持续拓宽融资渠道，建立安仁·中国文博文创产业功能区"资金池"，实现由产业功能区牵头银行和区内企业主办银行金融服务全覆盖。除此之外，加快人才外引内育，推动高层次人才与产业人才向功能区集聚。组建安仁智库，邀请中国、法国、日本、意大利等10个国家40余名城市规划、运营、管理相关专家，为功能区建设与发展"问诊把脉"。借力人才招引资源加速产业人才集聚，安仁·中国文博产业功能区积极落实《大邑县关于加快"三文"产业创新发展的若干意见》"1+3"系列人才新政，完善"产业新政64条"等工作，围绕企业发展面临的各类急需紧缺型人才需求，举办"蓉漂人才日"系列活动、组织功能区企业参加大型人才招聘会，加快对接企业人才需求。

（四）夯实运营管理机制保障，优化政策生态

体制机制创新是推进产业功能区建设的动力之本、活力之源。近年来，成都始终聚焦企业和市场需求，立足营商环境更优、体制机制更活、市场化程度更高，大胆突破积极创新，加快完善政府引导、市场主导、商业化逻辑的工作推进机制、管理运营机制、激励约束机制、企业扶持机制和考核评价机制，形成功能区制度性交易成本、生产运营成本的比较优势，将产业功能区建设成为体制改革先行区。

成都产业功能区建设努力建立和完善以协同化为导向的工作推进机制。在全市统筹方面，市委、市政府成立了产业功能区及园区建设工作领导小组，分别对产业功能区建设的总体要求、实施路径及重点工作进行了系统细致的谋划部署；各区（市）县分别成立相应的产业功能区建设领导小组，切实强化对辖区内产业功能区建设的统筹。在产业功能区具体推进层面，拟定了《产业功能区统筹推进分工方案》，分别由三次产业部门归口统筹先进制造业、现代服务业和都市现代农业功能区，由市级相关行业主管部门具体牵头，"一对一"支持产业功能区建设。

成都产业功能区建设努力建立和完善以专业化为导向的管理运营机制。实现产业功能区实体化运行，推动产业功能区由经济组织形式转向企业组织形态。提升产业功能区专业化能力。全面构建"功能区管委会＋专业运营公司"体制，管委会主要专注功能定位、产业政策、公共服务、社区建设，运营公司主要负责片区开发、生态建设、资本运作、能力建设。以产业功能区为基本单位推进行政区划调整。推广"两级政府三级管理"体制，推进乡镇（街道）行政区划调整和体制机制改革，确保产业功能区空间范围覆盖整建制的乡镇或街道，功能区管委会负责产业发展，街道社区负责公共服务和社会管理，区（市）县部门负责综合执法。精准构建专业化服务体系。提供物业管理、人力资源、法律服务等共性服务的同时，围绕产业发展需求提供科技转移、知识产权等深度专业化服务。推动功能区共建产业对接协作平台、产业创新合作平台、产业招商联盟，构建跨区域产业合作机制，促进上下游企业交流合作和全产业链资源融合共享。

成都产业功能区建设努力建立和完善以市场为导向的激励约束机制。加快推进薪酬制度改革，探索建立与产业功能区需要适应的产业项目准入机制，支持企业建立市场化人才评价机制、激励机制，吸引优质资源、优质要素向功能区集聚。提高项目准入门槛。推进土地资源存量盘活与新增指标"增量挂钩"奖惩机制，以奖励容积率、专项补贴等方式鼓励低效用地"二次开发"。加快推进薪酬制度改革，探索建立与产业功能区需要适应的投融资体制、项目准入机制、绩效评价机制，支持企业建立市场化人才评价机制、激励机制，吸引优质资源、优质要素向功能区集聚。完善人才评价与激励制度。推行全聘双聘相结合的人才聘用制度，探索"申报+配额"人才认定双轨制，逐步向有条件的功能区下放专业技术人才评审权，建立以创新能力、贡献为导向的人才评价体系。建立以实绩为导向的选人用人制度，优先从功能区建设一线发现培养和选任提拔干部，鼓励更多的优秀干部在产业功能区主战场建功立业。

成都产业功能区建设努力建立完善以公平为导向的企业扶持机制。以企业发展诉求为核心，优化营商环境，推动功能区改革放权赋能，提升政务服务效率。深入推进政务服务改革。在产业功能区全覆盖实行企业项目投资全流程承诺制，优化产业功能区项目服务和企业服务；搭建综合服务平台，为企业和市民提供全生命周期服务。强化产业功能区放权赋能。制定出台《关于创新产业功能区体制机制的指导意见》，编制产业功能区管理机构职能职责、赋权赋能"两张清单"，推进规划实施、用地保障等方面自主权下放至产业功能区，推动政务服务和执法监管力量下沉至产业功能区，实现办事不出功能区。

成都产业功能区建设努力建立和完善以差异化为导向的考核评价机制。充分发挥考核指挥棒作用，建立产业功能区数据统计监测系统，强化考核结果运用，确保市委各项决策部署在产业功能区落地落实。建立常态化数据监测。建设产业功能区基础信息数据库，制定和应用产业功能区统计体系和评价体系，为动态管理、决策提供可量化、可考核的数据支撑。完善差异化考核评估机制。一方面，针对不同类型产业功能区及园区建立差异化考核评价体系，提高功能区相关指标在区（市）县目标考核体系中的权重，实施市、县两级主管部门和功能区双向考核，突出功能区对市级部门的反向考核，倒逼市级部门优化服务。另一方面，聚焦产业发展、功能配套、要素匹配、重大战略落实、重大项目进程设定差异化考核指标，采取"增量+贡献"考核方式，对功能区开展差异化精细化考核。强化考核结果运用。以考核结果为依据实行动态调整，每年淘汰末尾5%—10%的功能区，对排名靠前的功能区进行通报表扬，并给予财政资金、土地指标、公服配套等奖励。

> **专栏 2-20　天府新区创新体制机制助推产业功能区高质量发展**
>
> 天府新区为构建专业化的经济组织方式和现代化的城市工作方式，推进城市与产业协同融合和可持续发展，以产业功能区为基本单元创新管理体制机制，从组织架构、职能分工、领导配备、干部人事、目标考核、绩效薪酬等多方面进行实践探索，加强专业化协作，实施专业化运营，建强专业化团队，为助推产业功能区高质量发展提供实践样本。
>
> 图 2-16　天府总部商务区
>
> （图片来源：https://www.163.com/dy/article/GU8PHKL905258ICJ.html。）
>
> 实施双轮驱动，坚持政府主导、市场主体、商业化逻辑，深化"产业功能区管委会+专业公司"改革，依托成都天投集团，整合资源、全面对接、协同推进，构建"成都科学城+科学城公司""天府总部商务区+公园城市公司""天府文创城+文创投资运营公司"建设运营机制。充分推动赋能放权，功能区党工委管委会以功能区为载体、项目为核心、全链条式管理服务为基础，负责统筹推进功能区高质量产业生态圈和高品质生活圈建设发展工作。推动街道职能转变，将功能区规划区域内街道的产业发展职责全部划入功能区党工委管委会，街道

> 工作重心转向强化社会治理、社区管理、市民服务、拆迁保障等职能，进一步探索"两级政府三级管理"体制。除此之外，天府新区建立分类考评机制，根据功能区功能定位和建设时速差异化设置目标考评指标体系，同步考核相关职能部门和街道服务保障、综合支撑作用发挥效能，营造同心同向同力推进功能区建设发展的良好环境。适度加大薪酬激励力度，实行"薪酬总量核定＋自主考核发放"，进一步提高功能区党工委管委会引才用才市场化程度，打造政策比较优势。

二 傲人成绩彰显产业功能区建设亮丽风采

2017年成都国家中心城市产业发展大会以来，成都市以"有所为有所不为"的理念构建现代产业体系集群集聚发展的优势逐渐凸显，以产城融合发展理念统筹规划建设和功能布局的态势愈加明显，以产业功能区为载体集聚先进要素构建产业生态的效应正在显现，以产业功能区为阵地改革管理体制创新运营机制的动能加快集聚，产业功能区建设从认识论到方法论思路愈加清晰，理论探索到实践创新内涵日益丰富，已然打开从战略谋划到战术推进的新局面，取得了显著的发展成效，涌现出了一批创新做法亮、改革步伐大、发展成效好的标杆。

（一）产业发展方向精准让竞争更有"自信感"

评价一个产业功能区干得好不好，既要看能够带来多大的经济产出，更要看能否对城市核心功能形成有效承载。成都市站位城市战略功能全局，促进产业对城市功能支撑力度不断增强。瞄准具有全国影响力的重要经济中心功能，以产业功能区为牵引培育世界级产业集群，例如，电子信息产业功能区、成都新经济活力区等产业功能区支撑成都电子信息产业集群跨越万亿元级。瞄准具有全国影响力的科技创新中心功能，以产业功能区为载体加速汇聚创新资源，2020年产业功能区集聚高新技术企业近4800家，占成都的比重达 78.3%，校院企地合作项目超过 2000 个。瞄准改革开放新高地功能，以产业功能区为平台实施更高水平对外开放，中法生态园、天府文创城（中意文化创新产业园）等国别合作园区对外交往窗口功能持续放大。瞄准高品质生活宜居地功能，成都熊猫国际旅游度假区加快推进熊猫基地改扩建项目，打造高端城市休闲度假区。

"在产业优势领域，搞出更多独门绝技"是提高比较竞争优势的重要策略。成都市以产业功能区为载体深入并专注于产业细分领域，促进产业发展专精化水平不断提升。精准招引重大产业项目，动态调整产业功能区"两图一表"，开展项目招引清单化管理，不断推动高能级项目向产业功能区集聚。全市产业功能区新招引项目与"两图一表"契合度达到 80% 以上，超过七成的产业功能区围绕主导产业，显现出产业专精化发展态势，主导产业经济贡献率超过 50%。聚焦行业细分市场大力培育单项冠军、"专精特新"小巨人、高成长型中小企业等行业"隐形冠军"企业，2020 年产业功能区拥有国家"专精特新"小巨人企业 47 家，产业辨识度显示度不断提高。

> **专栏 2-21 "两图一表"科学指导招商引资**
>
> 成都市简州智能网联新能源汽车产业功能区借助中汽中心、成都汽研院、西华大学等专业机构的资源优势和智力支持，深入研究并绘制智能新能源汽车产业链全景图、产业生态发展路径图和重点招商企业名录"两图一表"，并将其作为招商引资的"指南针"和"方向盘"。
>
> 简州智能网联新能源汽车产业功能区"两图一表"明确了以新能源汽车和智能网联汽车为两大主攻方向，以氢燃料电池、锂离子电池、轻量化材料、电控系统、环境感知系统、车联网设备、算法决策为七大细分领域，构建包括先进制造、研发设计、总部经济、检验检测与认证、汽车后市场等为一体的智联新能源汽车产业生态圈。形成的重点企业招商名录表系统全面、指向精准，涉及新能源汽车和智能网联汽车企业上下游全产业链各领域，确定了 100 家目标企业，并落实到具体区域、具

体产品，科学设定招商难易程度，确保招引工作有的放矢。

通过"两图一表"科学指导招商引资，成功引进吉利铭泰方程时空港、比克电池等一批投资 100 亿元以上的重大项目，精准招引了帝亚一维新能源汽车项目等整车项目、凯迈锂动力电源系统研发生产项目等"三电"核心零部件项目以及铭泰汽车文化小镇、粤港澳中心及产业园、中交商业商务中心等商业服务业配套项目。

拥有"弯道超车、换道领跑"能力，无疑是城市塑造竞争比较优势的新路子。瞄准未来赛道和新经济领域，培育形成了产业"弯道超车"新动能。聚焦产业链关键环节，紧盯未来产业赛道和高成长型行业，推动产业功能区由并跑向领跑转变。例如，成都医学城前瞻性布局医药健康细分领域"优质赛道"，谋划创新药、生物药及高性能医疗器械等前沿领域，聚集了药明康德等"三医"企业 443 家。大力发展新经济，持续推动智能制造系统解决方案供应商培育和制造业数字化智能化转型升级，产业发展质量不断改善。成功培育本地智能制造系统解决方案供应商 10 家，龙潭新经济产业功能区企业普什宁江数控滚齿机和卡诺普机器人控制器在国内市场占有率达 50% 以上。获批建设国家新一代人工智能创新发展试验区，西门子成都工厂入选全球工业 4.0 样板工厂。

>> **专栏 2-22 打造"一核一区六园"，成都高新区向 AI 新赛道发起冲刺**

工业和信息化部印发通知，支持创建五个国家人工智能创新应用先导区，其中一个就是成都国家人工智能创新应用先导区。打造"一核一区六园"人工智能产业空间格局，作为创建先导区的重要抓手，辐射带动区域人工智能融通发展。"一核一区六园"主要包括在新川创新科技园以创新设施为重点建设人工智能动力驱动核、在菁蓉汇创孵社区以创业孵化为重点建设人工智能活力辐射区以及在天府软件园聚焦"AI+大数据"、瞪羚谷聚焦"AI+文创"、天府生命科技园聚焦"AI+

医疗"、金融城聚焦"AI+金融"、环电子科大科创园聚焦"AI+电子信息制造"、未来科技城聚焦"AI+航空航天"建设6个人工智能融合创新产业园。

图 2-17　新川创新科技园成都 5G 智慧城先导区意向图
（图片来源：https://new.qq.com/rain/a/20210409A088JU00。）

（二）复合功能配套提升让生活更有"安逸感"

筑巢引凤栖，花开蝶自来。用心用情服务人才，培育干事创业的热土，成都市产业功能区围绕多样化产业人才需求偏好，打造了人性化、便利化的公共服务设施体系。围绕产业人群需求加强公共服务设施配套，出台了全国首个产业社区规划技术导则，构建起针对产业人群的"5+49+N"公共服务设施体系和7大类、26项产业社区建设标准。编制《全市产业功能区产业社区高品质公共服务标准配置指南》，围绕产业社区规划配置生活服务港、文翁乐学堂、文体俱乐部、健康幸福里、美丽公园5类42个项目。深入推进产业功能区基础设施和公共服务设施三年行动计划，2020年新开工公共服务设施项目232个，公共服务投资额达316.4亿元。实施产业社区人才安居工程，强化人才住房保障，2020年筹集建设人才公寓及产业园区配套住房335.18万平方米，续建人才公寓项目77个，产业园区配套住房项目27

个。围绕人才需求偏好，营造多元特色消费场景，大力发展首店经济、小店经济和夜间经济等新业态新模式，为人才提供美学消费体验。

> **专栏 2-23　武侯电商产业功能区打造宜业宜居产业新城**
>
> 　　作为成都中心城区唯一以电子商务为主导产业的功能区，武侯电商产业功能区正以城市有机更新为契机，多维度、全方位推动"人城产"融合发展，全力打造宜业宜居产业新城。
>
> 　　坚持"以人为本"，将功能区人群大致分为科研工作人员，周边居民和地区访客三大类，根据人才工作、生活、交往等全方位需求，打造"一心引三园，两带连五廊"的公园体系，建设"15分钟生活圈"，实现生活服务的便捷可及。
>
> 　　"丞相祠堂何处寻，锦官城外柏森森"，武侯区自古以来就是茂树成荫、一片翠绿的生态美丽之地。武侯电商产业功能区坚持把"宜居水岸""水韵天府"建设和"天府芙蓉园"作为提升绿色生态功能的治本之策，通过建设河道、河堤改造，切实提升滨水区域生态环境，助推沿河城市品质提升，策划江安河都市文化休闲街区，继承和发扬天府水文化；打造以自然生态景观为载体、以塑造芙蓉品牌为目标的文商旅相融合的城市空间。
>
> 图 2-18　武侯电商产业功能区"她妆小镇"
>
> （图片来源：https://mp.weixin.qq.com/s/WR3Zzt6wrD10O77fdqGdWA。）

还值得一提的是，依托天府芙蓉园的建设成果和中国"女鞋之都"的品牌价值，武侯电商产业功能区重点打造了"她妆小镇"，旨在突出消费领域品牌建设和绿道建设的生态价值转换，推动锦城公园生态要素微渗透，实现区域城市有机更新，营造消费引领、城绿相融、生态共赢的"人城境业"和谐统一局面。

吸引"新成都人"的，除了四川美食和潮流文化外，更重要的是，公园城市带来的宜居生活和发展机遇。"开门入园，推窗看景"，成都充分彰显公园城市生态价值，打造天府人文公园、产业社区公园等融入社区和产业功能区的公园，生态场景逐步丰富。近年来，成都聚焦人本逻辑，系统推进产业功能区建设一批生态区、绿廊、绿道、小游园、微绿地等绿化配套，着力优化产业功能区生态场景。依托资源禀赋，锚固生态基底，探索生态价值转换，将特色镇、川西林盘等生态基底植入多元消费场景，推动业态植入向农商文旅体多业态转变。成都东郊记忆艺术区深入推进产业园区、商业街区、生活社区"三区融合"和生态场景、体验场景、消费场景"三景贯通"，加快打造百万平方米泛娱乐体验消费新商圈。社区公园之于成都，推动生态场景与消费场景、人文场景、生活场景渗透叠加，不仅勾勒出这座城市精致的颜值，也为生活在这里的人，创造了一个个幸福美好的生活场景，安放着一生的幸福。

专栏2-24 天府文创城突出公园城市生态表达，绘就新时代"雁栖山居图"

天府文创城是一座自然生长之城，它呈现组团式布局的特点，依托现状浅丘地貌，秉持生态环境反向控制法，突出公园城市的生态表达，注重"城市与自然、文化与科技、建筑与艺术、生活与美学"有机融合，积极探寻公园城市理念的生态表达新范式。

雁栖湿地位于天府文创城核心区，总规划面积约670公顷，现状以田园、林盘和浅丘山体景观为主。按照全域景区化理念，未来的文创城就是一个大的风景区，城是乡的客厅，乡是城的花园，城市和乡村无缝融合，形式上是生态的、绿色的、城乡融合的，但内在是时尚的、科技的、产城融合的，雁栖湿地正是天府文创城的美学圆心、生态绿心、社交中心。要遵循"重保护、轻干扰，守底线、保耕地"的基本原则，探索出"田园＋河流＋湿地"的一种全新模式。雁栖湿地作为天府文创城生态筑基的关键，是产业功能区快速起势的引擎，更是公园城市生态表达的示范窗口。

图 2-19 天府文创城雁栖湿地

（图片来源：https://www.sohu.com/a/450293160_120952561。）

2021年，雁栖湿地已启动天府大道西侧 1200 亩的示范段建设，已疏浚现状河道、沟渠约 3.5 公里，打造智慧绿道 7 公里，完成杉林湿塘、翠竹荷塘、桃源石溪、竹亭棋语小微湿地 4 处，初步呈现林田交织的湿地生态绿心。还对湿地示范段内的 4 处林盘开展了面向全球的更新改造方案征集竞赛，下一步将联合集体经济组织，挖掘农村土地资源潜力，"点状"布局名师、名导、名家工作室，将文化体验、原乡民宿、5G 智慧科技等消费场景植入项目建设，着力打造集文创、游憩、科技、体验等功能于一体的社交新中心。

未来，雁栖湿地将打造成充满活力的大美田园河流湿地、天府文创城的城市绿心，更重要的它将是天府新区宣传习近平生态文明思想、见证"绿水青山就是金山银山"的重要窗口。它将引领天府文创城呈现一幅城市在绿水青山中自然生长，人与自然的和谐相处，传统与时尚、生态与产业交相辉映的大美公园城市画卷，绘就推窗见田、开门见绿，望得见山、看得见水、记得住乡愁的"雁栖山居图"。

（三）高端要素有力集聚让产业更有"优越感"

成都持续推动以产出为导向的土地制度改革，土地要素供给更加精准。建立单位GDP建设用地使用面积下降目标考核、工业用地亩均税收增长率考评、存量低效用地与新增工业用地"指标双下"等奖惩激励机制，2019年下达各区（市）县盘活利用指标6838亩，加大存量低效用地盘活力度，把宝贵土地资源向"有为"产业功能区倾斜。创新探索功能区专业化土地供给方式，出台《关于加强新型产业用地（M0）管理的指导意见》，以制度创新激发产业功能区新产业、新业态不断涌现，加速产业提能升级。提升土地资源集约利用水平，加快盘活低效闲置资源。成都金牛现代都市工业功能区通过收储、腾退、拆迁等方式，盘活低效闲置工业土地约2000亩，形成中心城区面积最大的都市工业集中发展区域。

> **专栏2-25 成都推行"最严"M0，中国移动近2亿元拿下首宗**
>
> 如何引导产业转型升级，为新产业、新业态精准供给土地要素？一种方式广泛流行于一、二、三线城市，即政府出台新型产业用地（M0）供应方案，以地价低、配套全、可分割的方式，向高新技术产业、当地优先发展的产业项目"开绿灯"。
>
> 据不完全统计，全国已有广州、深圳、东莞、郑州、杭州、济南、

潍坊、台州、中山、惠州、珠海、顺德、贵阳、温州、绍兴、洛阳等20余座城市推行M0供地政策；从成交来看，拿下M0用地的知名企业包括京东、中国移动、紫光等，可见其正成为科技类企业的拿地偏好。

2020年4月7日，成都出台《关于加强新型产业用地管理的指导意见》（后称意见），将在高品质科创空间内先行先试用于融合研发、设计、检测、中试、新经济等创新性业态的新型产业用地（M0），可兼容一定比例满足职住平衡、产业配套服务等需求的配套用房。新型产业用地（M0）政策的实施，将有效克服传统形态的工业用地存在开发强度小、功能结构单一、用地单元封闭等弊端，充分满足协同生产、产城一体及发展总部经济、2.5产业等需求，有效黏合城市与产业发展，助力建设产城人融合发展的城市综合体。

与其他城市新型产业用地办法不同的是，意见中明确成都新供应M0产业用房和配套用房须全部持有，不得分割转让，不得以股权转让或变更等方式变相实施分割转让。该意见也成为全国首个不可分割转让的新型产业用地管理办法。

有人认为，成都政策过于强势。出人意料的是，意见出台刚满一个月，首宗新型产业用地成功出让。5月8日，中国移动成都研究院以1896元/平方米的地价，花费近2亿元获得一宗位于成都高新区的M0新型产业用地。该宗土地占地面积达147亩、土地年限为50年。该宗地履约协议显示，地块将用于布局第五代移动通信网络与人工智能领域研发中心，打造垂直行业领域的创新赋能运营中心，打造信息通信领域"政产学研用"平台项目，建设省级通信运营服务总部项目。

成都致力于为产业功能区提供更加有力的资金要素保障，出台《加快完善成都市产业功能区投融资服务体系的若干措施》，构建政府投资基金体系，支持分类设立"5+5+1"产业政府投资基金，全市组建15只天使投资基金，规模超过17亿元，投资电子信息、智能制造、生物医药等领域项目113个。拓展专业化融资渠道，深入实施"交子之星"经济证券化倍增行动计划,推动成都先导药物、秦川物联、苑东生物、极米科技等产业功能区企业在科创板上市融资。完善投融资服务体系,推动交子金融"5+2"平台入驻交子公园金融商务区,支持创富天府、科创通等平台与全市产业功能区实现资源对接,围绕产业功能区等重点领域开展产融对接活动,达成意向协议金额将近2700亿元。

在以人为本的城市发展模式下,越来越多的异乡客"用脚投票"。人才是产业发展的基础,也是产业创新的主体。成都以产业功能区为载体,围绕主导产业发展精准制定政策,促进高端人才、专业人才加快集聚。编制发布了《成都人才开发指引》(成都人才白皮书),有力引导66个产业功能区所需各类优秀人才按需流动和高效配置。制定了《关于加强产业功能区及国际合作园区领导班子和干部人才队伍建设的实施意见》,出台了《成都市产业功能区人才服务工作站建设管理办法》。打造国家级人力资源服务产业园,紧扣"5+5+1"现代产业体系和产业功能区建设主题,深化人力资源协同,2020年已实现入驻机构211家,累计服务用人单位超4万家次、服务超48.98万人次。不断激发市场配置人力资源的活力,举办人力资源服务协同产业发展对接活动,搭建"天府招聘云"平台聚合人力资源服务机构110家、发布职位11601个。组织开展企业引育急需紧缺专业技术人才奖励补贴申报,给予142家企业752人次奖补资金1374万元。

> **专栏2-26 打造人才"源头活水",赋能产业功能区,共建发展共同体**
>
> 产业是支柱,人才是关键。人才是产业功能区构建先进要素集聚高地的关键要素,也是支撑城市产业发展、影响城市营商环境的主要因素。
>
> 近年来,成都围绕"战略发展到哪里,人力资源的匹配就在哪里,产业布局在哪里,人才引进就超前布局到哪里"的工作思路,依托国家级人力资源服务产业园,打造产业功能区人力资源协同最优"应用场景",推进人力资源高水平协同支撑产业功能区高质量发展。2020年已实现入驻机构211家,累计服务用人单位超4万家次、服务超48.98

万人次。

创新打造"HR+"应用场景，构建人力资源线上交易平台。中国成都人力资源服务产业园围绕产业生态圈和产业功能区建设，着力为产业功能区打造人力资源协同最优"应用场景"。创新推出"HR+流量经济""HR+高新技术""HR+独角兽""HR+'一带一路'""HR+生物医药"人力资源协同"五大"应用场景。同时，为更好地协同服务实体经济、科技创新，创新开发了"中国成都人力资源服务产业园人力资源服务在线交易平台"，通过"大数据""云计算"等在线交易、服务、展示等方式全方位满足企业发展的人力资源服务需求。

图 2-20　中国成都人力资源服务产业园

（图片来源：https://www.sohu.com/a/489129334_220260。）

发布"两张清单"，促进人力资源和产业精准对接高效协同。产业园依托资源优势，发布《成都市产业功能区人力资源服务需求清单》，解决功能区重点企业的人力资源服务"常态需求"和"急需服务项目"；针对"人才成长全生命周期"及"企业成长全生命周期"，发布《中国成都人力资源服务产业园服务产品清单》，解决人才和企业发展"痛点"。

携手产业功能区，共建人力资源协同发展共同体。产业园大力引进培育优质人力资源服务企业,率先对标绘制人力资源服务产业"两图一表",推进人力资源产业服务共享中心、人力资源协同发展研究院建设。组建人力资源协同发展联盟,搭建"1+N"协同发展平台,打造"ToB""ToC"服务体系,推动人力资源服务产业园与产业功能区、市属国有企业及部分重点企业举办人力资源服务对接活动,实现人力资源的高效匹配和精准对接。

(四)管理运营制度优化让动能更有"推背感"

成都推进产业功能区机构编制管理制度化、规范化、科学化,印发了《优化调整后的成都市产业功能区管理机构名录》,66个产业功能区管委会全部实现实体运行,核定2200余名员额并实现全员岗位管理,成功争取武侯电商等4个功能区调整为成都市副局级。在高新区、龙泉驿区、双流区、邛崃市开展"法定机构"试点,建立职责法定化、组织企业化、服务专业化的新型公共管理组织,持续推进行政区向经济区转变,产业功能区活力进一步激发。扁平化管理机制加快构建。成都深入实施"两级政府、三级管理、专业高效"体制,制定产业功能区"吹哨报到""逆向考核"两个机制,以扁平化机制推动高效能治理,推进开展了一批扁平化管理试点示范。

成都产业功能区持续深化"管委会+专业公司"体制,坚持"管委会、大专业公司"理念,全市66个产业功能区全覆盖配置专业公司,将规划设计、建设运营、招商服务、专业服务纳入专业公司职责职能。持续激发干部人才干事创业活力,深化员额制管理,确保各类人才同台竞技、平等竞争、共同成长,专业型领导干部占比达85%以上。精准化放权赋能成效显著。加大"放管服"改革力度,持续优化功能区营商环境,制定《成都市人民政府关于下放产业功能区市级管理事项的决定》,下放标准厂房分割转让、民办职业培训学校设立等市级管理事项23项,区(市)县层面根据功能区需求制定赋权清单,下沉政务服务力量,基本实现"办事不出功能区"。研究制定《全市产业功能区改革创新赋能方案》,赋予产业功能区更多改革创新政策支持。会同市中级人民法院制定《关于强化产业功能区司法服务和保障的实施意见》,探索推动设立功能区法院,加强市基层法院和职能部门协作,共建高品质司法服务和保障支撑体系,提升产业功能区抵御法律风险和依法治理能力。

> **专栏 2-27　双流区创新"局区合一"改革,促进产业功能区高质量发展**[①]
>
> 　　作为全国第四大航空枢纽所在地的成都市双流区,明确功能区形态定位、产业选择和具体路径,按照成都市统一规划布局,规划了双流航空经济区、成都芯谷以及成都天府国际生物城3个产业功能区。双流区结合机构改革,以实施"局区合一"管理模式为重点,推动产业功能区管委会与区级部门功能融合、资源整合,努力构建协同协作、高能高效的产业功能区管理服务体系,点燃了双流三大产业功能区高质量发展的澎湃动能。
>
> 　　构建"主要领导—分管领导—科室负责人—业务骨干"全链条专业化干部队伍。积极承接双流区行政审批局、自规局、住建局、生态局等7个部门下沉科室及人员,联同双流区文体旅局、国资金融局等19个产业发展和服务保障部门设立的投资促进科,搭建"区投促局+产业功能区管委会+区级相关部门投资促进机构"的"1+1+19"联动机制,构建投资促进"前端、中端、后端"工作闭环。
>
> 　　企业舒服不舒服就是检验改革成败的"试金石"。"局区合一"改革推行半年来,双流区实现174项涉企审批服务事项下沉产业功能区。在空港自贸企业服务中心推动315项省市区审批服务事项"一站式"办理。企业投资项目开工前行政审批时限由197天缩短为60天,企业开办时

---

① 根据《四川经济日报》相关报道整理。

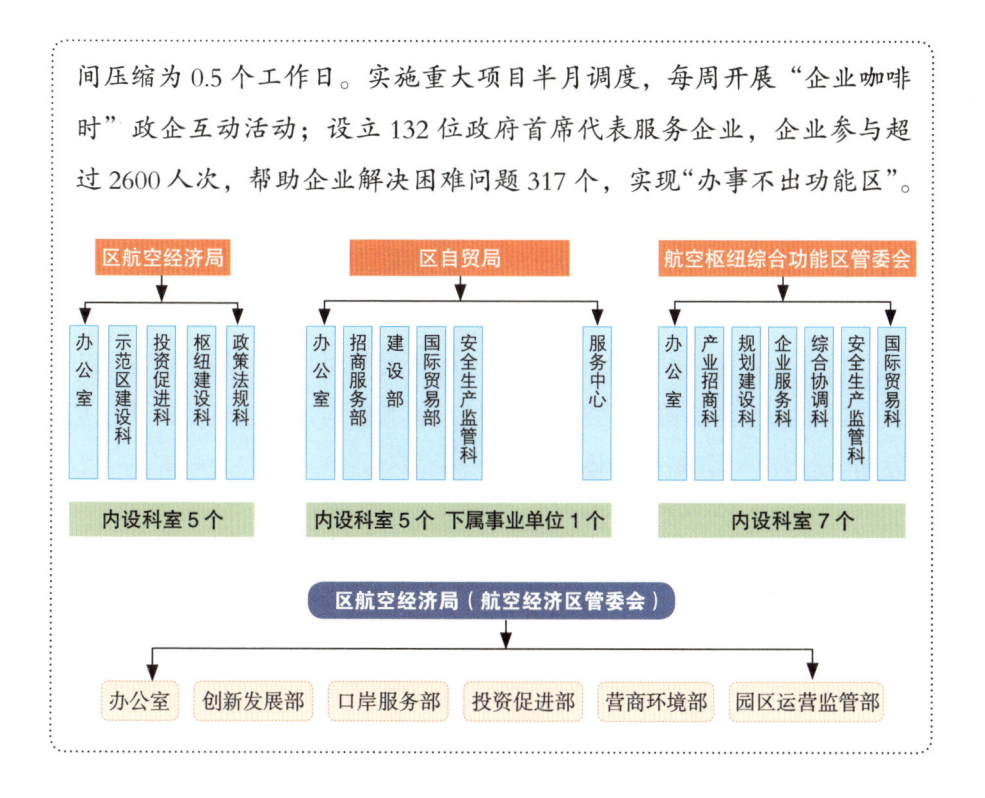

间压缩为 0.5 个工作日。实施重大项目半月调度，每周开展"企业咖啡时"政企互动活动；设立 132 位政府首席代表服务企业，企业参与超过 2600 人次，帮助企业解决困难问题 317 个，实现"办事不出功能区"。

```
区航空经济局                区自贸局                    航空枢纽综合功能区管委会
├办公室                    ├办公室                     ├办公室
├示范区建设科              ├招商服务部                 ├产业招商科
├投资促进科                ├建设部                     ├规划建设科
├枢纽建设科                ├国际贸易部                 ├企业服务科
└政策法规科                ├安全生产监管科             ├综合协调科
                          └服务中心                    ├安全生产监管科
                                                      └国际贸易科
内设科室 5 个              内设科室 5 个  下属事业单位 1 个    内设科室 7 个

              区航空经济局（航空经济区管委会）
办公室  创新发展部  口岸服务部  投资促进部  营商环境部  园区运营监管部
```

第四节

多元价值赋能城市焕发新"蓉颜"

　　城市位势能级是由其在全球城市网络中的功能作用决定的，GaWC 世界城市评价体系涵盖了科技创新、信息流通、资源吸附、生产配套、人文艺术、赛事影响等多个维度，每一个维度背后，都映射一项城市核心功能，都需要一个或若干个产业集群支撑。评价一个产业生态圈和产业功能区干得好不好，既要看能够带来多大的经济产出，更要看能否对城市核心功能形成有效承载。以产业生态圈引领产业功能区建设事关城市战略与功能实现、现代化经济体系构建、发展比较优势塑造等，是一项知难行也难的开创性事业，也是不能一蹴而就的长远战略。立足新阶段、贯彻新理念、服务新格局，未来一段时间，成都以建设践行新发展理念的公园城市示范区为统揽，努力在探索具有中国特色的城市现代化道路上走在前列、做出示范，仍需要持续挖掘以产业生态圈引领产业功能区建设这项开创性工作对城市未来发展影响深远的功能价值，进行深层次的城市发展方式与经济组织方式变革。以产业生态圈引领产业功能区建设，一个高质量发展的成都正在长大，将为建设社会主义现代化新天府和可持续发展的世界城市，奋力打造带动全国高质量发展的重要增长极和新的动力源筑牢产业根基、激发创新动力、增添竞争优势。

一 激活平台价值，夯实城市战略功能的强力支撑

城市的发展在于谋远，重构发展格局是成都近些年来给外界的感受。城市之于全球，局部之于全局，当前之于长远，发展之于民生。在成都高标准全面建成小康社会取得决定性成就、建设社会主义现代化城市新征程即将开启的重要时刻，《中共成都市委关于制定成都市国民经济和社会发展第十四个五年规划和二〇三五年远景目标纲要》新鲜出炉，擘画出成都建设践行新发展理念的公园城市示范区、泛欧泛亚有重要影响力的国际门户枢纽城市，迈向社会主义现代化新天府和可持续发展世界城市的宏伟蓝图，成都城市战略功能拥有了全新定义和历史坐标。

未来，唱好"双城记"、共建经济圈、服务新格局，成都持续发挥产业生态圈、产业功能区的平台链接作用，以产业生态圈为引领深入推进产业功能区高质量发展，深化以城市战略需要什么就重点发展什么的支撑产业布局导向，将为成都瞄准社会主义现代化新天府和可持续发展世界城市的战略愿景，加快提升在成渝地区双城经济圈的极核功能提供更加强力的支撑。深化城市战略引领产业发展理念，更加精准分析成都作为成渝地区双城经济圈的极核功能构成，科学选择与城市功能需求高度契合主导产业、细分领域和未来赛道，开展新一轮产业生态圈、产业功能区布局

优化调整，将构建城市功能体系与产业体系的共生关系，为城市功能与产业之间搭建有力的链接平台。随着一个产业生态圈就是一项城市功能、一个产业功能区就是一个城市重要功能节点相关部署的落实，以产业生态圈统筹城市功能布局和产业空间布局，以产业功能区为抓手促进城市功能体系、空间体系与产业体系的同频共振的平台效应将充分显现，为成都城市能级全方位提升、发展方式全方位变革、治理体系全方位重塑开创全新境界。

二 展现空间价值，优化自然有序生长的城市形态

曾经的成都，因"窗含西岭千秋雪"闻名，如今，它已是一座城市与自然对话的生活选择。"成都展示了一个世界级雪山城市的最佳形象！"中国国家地理杂志总编辑单之蔷曾给予成都一个颇高的评价。让城市自然有序生长，是筑城聚人之根，是美好生活之本。而这座雪山下的公园城市，也将吸引着更多人，为之心动。

未来，成都加快形成突破行政区构建经济区的先进示范，以产业生态圈引领产业功能区建设，将充分彰显空间价值，深度推进城市经济地理重塑，有效破解"大城市病"等城市空间结构性矛盾，促进生产生活生态良性循环，加快实现人、城、产、自然动态适应的有序发展。以产业生态圈引领产业功能区加快形成"全市一盘棋"，将打破行政区域协同产业发展，加快促进全市66个产业功能区形成主导产业明确、专业分工合理、差异协同鲜明的高质量发展格局，产业空间布局将更加集约高效。以产业生态圈引领产业功能区打造"高品质生活"，打破通过行政区配置公服等资源要素方式，加快聚焦人民美好生活需求强化重要街区、重要节点、重要设施、重要建筑等规划、设计与建设，城市天际轮廓、建筑风格、设施布局、特色小品等将更趋人性化、更趋美化，美丽城市与美好生活交相辉映的生活空间格局将更加舒适宜人。以产业生态圈引领产业功能区迈向"可持续发展"，绿色生产、绿色生活、绿色消费理念将全面引入产业功能区

建设，集约节约、绿色低碳、生态宜人的城市蓝绿网络将更加广泛，天更蓝、地更绿、水更清、园更净的生态空间格局将加快形成。

三 彰显人本价值，扩大幸福美好生活的品牌吸引

城市是人类最伟大的发明，寄托着人们对未来美好生活的向往，推动着人类的文明进程。早在远古时代，我们的先人就逐草而居、择水而栖，开启了对美好生活的探索和追求。1961年世界卫生组织首次提出安全性、健康性、便利性、舒适性的城市居住环境理念，1989年联合国设立了"人居环境范例奖"，2010年上海世博会提出了"城市，让生活更美好"的主题，宣示了城市发展的价值选择。2017年，中共成都市委第十三次党代会鲜明提出建设和谐宜居生活城市，是成都坚持以人民为中心的发展思想、回应人民对美好生活向往的具体体现。近年来，从"绿道经济"到"夜经济"再到"首店经济"，出台《关于实施幸福美好生活十大工程的意见》，每一种新业态、每一个新场景的出现，都是成都最生动的映照。

未来，成都更加注重人的"获得感"，将"城市让生活更美好"作为使命方针，以产业生态圈引领产业功能区建设，将围绕"满足人的多层次多样化需求"充分彰显人本价值，持续引导城市发展取向由以生产为中心向以人民为中心转变，推动城市综合竞争力争先进位与人民生活品质改进提升相得益彰，加快形成以宜居生活特质、创新创业环境为核心的美好生活品牌竞争优势。加快建设高品质生活宜居地，成都将更加突出"产城融合、独立成市"，以产业生态圈引领产业功能区建设成为集研发、生产、居住、消费、人文、生态等多种功能为一体的城市新型社区，提升产业功能区功能复合率和宜居宜业性，人民生活需求将得到充分满足。加快建设践行新发展理念的公园城市示范区，成都将更加突出"彰显特质、价值认同"，更广泛地将美丽宜居公园城市文化消费因素融入产业功能区生活场景营造，特色文化场景、优雅生活场景、快乐生产场景、绿色生产场景、时尚消费场景将更加丰富，符合产业功能区定位的特定产业人群偏好

将得到有效满足。加快建设全国重要的科技创新策源地和产业创新应用场，成都将更加突出"环境包容、生机活力"，价值资源共享、供需适配平衡、创造活力迸发的交互平台将更加完善，创新主体、高端人才的高开放性、强交互性需求将得到满足，每一位市民追梦圆梦的涓涓细流将凝结成城市拔节生长的磅礴伟力。

四 凸显开放价值，营造全球泛在互联的开放格局

成都融入"一带一路"建设，主动对接西部陆海新通道、"双循环"、成渝地区双城经济圈建设等国家重大战略，不断从内陆腹地向开放前沿转变。如今，以成都为枢纽的国际通道连接境外59个城市，辐射RCEP区域和中亚、欧洲近30亿人口市场，参与国际竞合的"势"与"场"显著增强。成都的经济外向度由2016年的22.9%提升至2020年的40.4%，国际消费中心加速成势，成为中西部地区最大的资源要素集疏枢纽。这些是成都近年来发展的表现，也是成都从区域中心城市到国家中心城市再到冲刺世界城市的实力支撑。

未来，成都加快建设国际门户枢纽城市和开放型经济体系，突破视野局限，发挥产业生态圈开放性优势，成都以平台城市理念引领增强产业生态圈、产业功能区的广域赋能作用，将带动成都对外链接程度进一步提升、经济和发展场域进一步拓宽、资源运筹能力进一步增强，加快形成泛在互联的高水平开放协同新格局。以开放性思维确定未来产业战略布局，跟踪全球产业竞争态势和新技术革命趋势，基于产业链全景图梳理产业细分领域的优势和潜力，成都将以更加主动的姿态融入全球产业协同分工体系。将产业功能区作为服务"双循环"的枢纽节点和战略支点，进一步拓展战略通道，全面提升空铁双港与全球城市的链接水平，高效畅达的通道网络将变"蜀道难"为"全球通"，成都将不仅仅是链接全球的中转地，更是始发地和目的地。以产业生态圈产业功能区头部企业牵引，加快建设全球供应链体系，全面提升运用全球资源市场能力，密织"买全球卖全球"

国际消费网络,建设"一带一路"供应链枢纽城市和供应链配置中心,"成都休闲、成都服务、成都创造、成都消费"将加快走向全球,成都将日益成为汇聚全球资源要素的开放高地、"双循环"的门户枢纽。

五 体现动力价值,形成创新动能持续的竞争优势

在激烈的国际竞争中,唯创新者进,唯创新者强,唯创新者胜。科技创新大潮奔涌,中流击水,奋楫者先。"问渠那得清如许,为有源头活水来。"创新就是一个国家和民族发展进步的源头活水,只有创新,才能占得先机、取得优势、赢得未来。

未来,成都以产业生态圈引领产业功能区建设,创新链与产业链、要素链、供应链、价值链的融合水平将不断提升,以创新引领的行业话语权、市场议价权和产业主导权等逐步建立,为成都构筑参与全球竞争的比较优势提供源源不断的动力。随着创新链、价值链对产业链的渗透,"有所为有所不为"的产业选择理念逐步落实,产业功能区主导产业将加快调整,成都将逐步掌握产业链价值链核心环节,在参与区域乃至全球分工体系时占据更多有利位势。随着创新链与要素链、价值链、供应链的不断融合,产业生态圈"共享"的理念不断渗入,资金、人才、技术、数据等要素将围绕创新链产生更加紧密的协作效应,要素获取成本将逐步降低,资源整合和配置能力将得到有效提升,为成都塑造更强的市场议价比较竞争优势。随着产业生态圈与产业功能区机制创新、标准制定等整合创新资源、打通技术产业化路径的措施不断实施,成都将越来越能够在细分领域增强话语权和显示度,进而形成创新引领行业发展、制定行业规则的持久竞争优势。

第三章

科技创新中心打造高质量发展增长极和动力源

作为一种高能级的经济活动，城市创新活动运行效率不仅取决于创新资源的数量和质量，也取决于创新资源的组织结构和空间布局。优化城市创新空间结构是提高城市创新效能的有效途径。城市能级量级提升，正是基于城市创新空间的重塑，这已成为国内外城市发展的共识。

放眼国内，北京强化空间生态布局，推进中关村科学城、怀柔科学城、未来科学城和北京经济技术开发区"三城一区"主平台建设；深圳构建起"1+7+N"的全域创新空间格局，包括1个综合性创新核心区、7个创新集中承载区和N个创新产业集聚区……

在成都，一条绵延数千公里的看得见的天府绿道，串联起公园城市的美好生活方式；此时，另一条看不见却决定城市现代产业方向的创新赛道，正以"两区一城多点""一核四区"等骨架，加速铺陈延拓，形成"城市级"高能级创新场景的支撑……

2020年1月，习近平总书记主持召开中央财经委员会第六次会议，做出了成渝地区双城经济圈建设的重大战略部署，指出要把成渝地区打造为具有全国影响力的重要经济中心、科技创新中心、改革开放新高地、高品质生活宜居地（即"两中心两地"），其中明确了支持成渝地区建设具有全国影响力的科技创新中心，赋予了成渝地区前所未有的重大国家使命和政治责任，也给成渝地区带来了历史性机遇。

作为成渝地区"极核"城市和全省经济发展"主干"城市的成都，肩负加快建设全国具有影响力的科技创新中心，打造带动全国高质量发展的重要增长极和新的动力源的战略使命，迎来了多种机遇叠加期，全面开启了建设具有全国影响力的科技创新中心的全新征程。

第一节
全球科技创新中心演变规律及主要特征

一 趋势：多极化、全球化、集群化态势

21世纪以来，综观寰宇，全球创新活动呈现创新多极化、全球化和集群化的趋势，创新活动的新版图渐趋形成。

一个是创新多极化的趋势。21世纪以来，中国和其他新兴经济体技术追赶提速，以中国为代表的东亚创新崛起，成为全球创新新版图中的重要标志，传统的美、日、西欧（以德、法、英为代表）大三角格局开始向美、东亚（以中国大陆、日、韩为代表）、西欧的新大三角格局转变，全球创新呈现多极化特征。根据俄罗斯科学院的《2030全球战略预测》报告预测，在未来10年，亚太新兴经济体科技发展势头迅猛，其中必将诞生一批世界级的科技创新中心。从2015年起，亚洲超过北美洲和欧洲成为企业研发支出最高的地区，并成为发达国家企业研发、投资的首选地；世界知识产权组织《全球创新指数报告（2018）》则显示，中国在普通基础设施（第3名）、市场规模（第2名）、商业成熟度（第9名）、知识和技术产出（第5名）等领域均占绝对优势，在研究人员、专利、科技出版物数量等方面表现尤其突出，现居世界首位，研发支出仅次于美国。在中国，中西部地区也正日益崛起，《中国区域创新能力评价报告2019》提出，重庆、陕西、四川、贵州等中西部地区追赶势头迅猛，东西地区的差距在缩小；在第一太平戴维斯《技术城市进行时》中评选的2019年全球30座技术城市中，成都与上海、北京、香港、深圳、杭州5座城市一并入选，实现中西部城市"零的突破"。

一个是创新全球化的趋势。进入21世纪后，跨国公司的生产全球化

开始向研发全球化升级，知识生产日益专业化与垂直化，能在全球范围内突破地理界限，整合分散的研究活动，创新与研发活动全球布局的趋势日益明显。促成创新全球化趋势的主要因素之一，是大型跨国公司在全球创新配置中占据支配地位，这在很大程度上主导着全球创新活动。据统计，全球500强企业的研发支出占全球份额的65%以上，在全美投资规模最大的前100名企业中，研发强度平均达到12%以上。此外，据世界知识产权组织统计，2018年全球通过该组织申请的国际专利数量刷新历史纪录达到25.3万件，其中绝大部分专利申请来自跨国企业。主要因素之二，是跨国公司在全球布局创新资源的步伐提速。全球研发支出最多的1000家企业中，绝大多数企业在海外开展研发。近年来，亚太新兴经济体的创新投入既丰富了本国的创新资源，也提升了创新环境，使跨国公司在发达国家之外有了更多的选择，因此跨国公司在北美和欧洲发达国家的研发投入倾向于向亚太新兴经济体转移。尽管跨国公司的战略性部门与核心技术研发部门等重心仍然布局在欧美等发达国家，但国际创新活动格局表现出由"在新兴国家/地区制造"向"在新兴国家/地区创新"转变的趋势。

一个是创新集群化的趋势。由于创新具有黏性，在由跨国公司主导的研发功能全球扩散所导向的创新组织网络构建发展过程中，诸如美国"硅谷"等特定区域，通过集聚较多的研发机构与活动，成为全球或区域创新网络中的核心，使全球创新呈现出明显的集群化特征。全球创新指数（GII）在全球范围内识别出192个创新集群并排名，其中，192个创新集群主要分布在北美、欧洲和东亚，美国的创新集群数量最多，共有26个，主要位于东海岸、西海岸以及五大湖地区；中国拥有创新集群16个，主要分布于京津冀、长三角、粤港澳大湾区等东部地区，从科技创新出版物密度来看，在成都、重庆、武汉、西安等中西部城市也初步形成了创新集群。

从全球创新趋势分析中可得出，创新的黏性以高度集聚的方式体现于某些区域之中。这些区域由于拥有优越的地理区位、优良的创新环境以及雄厚的产业基础，对于人才、技术、资本等创新要素具有天然的吸引力，也因此成为全球创新网络中的枢纽性节点城市。节点城市利用网络通道不断吸纳外部资源，并对外输出其影响，当其集聚和辐射力超越区域边界时，便成为全球或全国性的科技创新中心。

科技创新中心作为一个国家综合科技实力的体现和核心依托，在全球价值网格中能够发挥显著增值作用并占据领导和支配地位，是许多国家和地区为应对新一轮科技革命挑战，增强国家竞争力的重要举措。近年来，纽约、东京、伦敦等国际经济中心城市或地区都对建设科技创新中心做出了相应的部署并取得了长足的进展。同时，这些城市也位居全球经济前十，城市经济水平和创新水平呈正相关，科技创新正成为城市活力的"发动机"、企业发展的催化剂，建设科技创新中心正在成为全球重要节点城市发展的普遍趋势和标志功能。

二　现状：创新势能提升、辐射范围扩散

根据迈克尔·波特关于国家竞争优势驱动阶段与城市发展阶段的相关研究成果，将城市发展阶段分为资源型城市、资本型城市、创新型城市、知识型城市四大阶段，创新型城市是城市发展的高级阶段。创新型城市持续融入全球创新网络，利用网络通道不断吸纳外部资源，持续壮大城市科技创新功能并对外输出其影响，当创新型城市聚集和辐射力超越国界影响到全球范围，便成为全球科技创新中心。但单个城市的创新要素资源聚集力、创新成果转化能力、创新辐射引领能力等是不够的，必须同周边城市共同"智慧"发展，才能全面提升城市及区域创新策源力。自20世纪50年代起，由简－戈特曼首次提出"城市群"的理论，后经卡斯特尔、泰勒、甄峰等专家学者进一步发展，先后提出"世界城市假说""流动空间""世界城市网络""创新地理学"等理论思想，吴志强吸取前人思想提出创新城市群落理论，理论指出创新城市群落是全球科技创新城市引领的、众多创新中心地所集聚生成的、具有内在生态体系的城市集群，城市集群所拥有的较单个城市更强的吸引力、更大的愿景和框架、更强烈的认同感以及城市间创新"流"的交互网络等的关键因素有助于高效提升城市集群创新

能力，也将带动集群中各节点城市创新能力迅速提升。创新城市群落是创新城市发展到成熟阶段的最高空间组织形式和高等级区域创新网络构建形式，是创新城市进一步获取创新能级提升的必由之路。也就是说，全球科技创新中心是创新型城市或城市集群发展的进阶阶段，是处于创新型城市与知识型城市之间的城市形态，其兴起实质是创新型城市的科技创新功能国际化并形成全球影响力的过程。

习近平总书记指出，"我国经济发展的空间结构正在发生深刻变化，中心城市和城市群正在成为承载发展要素的主要空间形式"，要"推动形成优势互补高质量发展的区域经济布局"。面对全球新技术革命冲击及国际化竞争压力，单个城市的创新要素资源聚集力、创新成果转化能力、创新辐射引领能力等不再足以应对，必须同周边城市优势叠加、共同发展，才能全面提升城市及区域创新策源力。北京借助京津冀协同发展，联合天津、河北等合作伙伴，加快"瘦身提质"发展步伐；上海依托长三角协同创新、G60科创走廊，联合南京、杭州等城市，跑出区域转型发展"加速度"；深圳立足粤港澳大湾区建设，联合广州、香港、澳门等城市，快速集聚全球优质创新资源。城市集群拥有比单个城市更强的吸引力、更大的愿景和框架、更强烈的认同感，即随着城市发展到成熟阶段，众多以单个城市为界限的全球科技创新中心将突破自身地理界限、自发集聚演变生成具有更高创新能力的城市集群。

三 共识："边界"及"内涵"得到确认

科技创新中心是创新型城市或城市群发展的进阶阶段，是更具活力、国际化的创新型城市的"升级版"。通过分析全球科技创新中心案例，从创新要素的角度看，全球核心科技创新中心具有以下特征。

——创新平台云集。"硅谷"周边聚集了斯坦福大学、加州大学伯克利分校等顶级高校，以及斯坦福直线加速器中心、帕洛阿托研究中心等知名研究机构。波士顿地区拥有哈佛大学、麻省理工等100余所大学。深圳已建成4家省实验室，基础研究机构13家，诺奖实验室9家。

——原创成果频出。"硅谷"涌现了喷墨印刷术、光盘记录仪、鼠标输入器和计算机用户界面等创新产品。波士顿涌现了人工智能、量子科技、3D（4D）打印、基因编辑、合成生物学等大量颠覆性突破创新成果。北京在2014—2018年首次观测到量子反常霍尔效应，首次发现三重简并费米子，首次在超导块体中发现马约拉纳任意子，首次获得离子水合物的原子级分辨图像等。

——企业集群涌现。旧金山—"硅谷"地区拥有英特尔、苹果、甲骨文、思科、脸书等多达165家世界级企业。波士顿拥有以通用电气、生化基因、福泰制药为代表的87家世界级企业。东京拥有本田、索尼、日立、佳能等200多家世界级企业。全国近一半世界500强企业总部和"独角兽"企业汇聚北京。深圳拥有高新技术企业1.4万家，涌现出华为、中兴、大疆等大批高科技企业。

——成果转化活跃。旧金山湾区通过设置孵化器、产业园区对科研成果进行转化，截至2017年，基于加州大学专利的初创企业总数就达到1125家。深圳专门成立技术转移促进中心，拥有国家技术转移示范机构13家，2018年核定技术交易额548亿元；构建了17个产学研创新联盟，打造高交会、深创赛等创新成果转化平台，培育国家级孵化器、众创空间等孵化载体300余家。

——创新资源汇聚。波士顿发达的高等教育为该地区培养了雄厚的科技人才队伍，波士顿就职于高新科技领域的雇员每年以4.6%—6%的增速增加。深圳人才资源总量达548万人，经认定的海内外高层次人才近1.3万人，高层次人才平均年龄39.3岁。创新资金充裕，2018年，北京科技创新基金母基金规模已达300亿元，总规模将达到1500亿元。

以此为基础，全球科技创新中心通过校院企地协同创新，充分发挥市场的资源配置作用，积极融入全球创新网络，构筑起集聚力、原创力、驱动力、辐射力和主导力五大功能，最终形成在全球创新网络和价值网络中发挥显著增值作用并占据主导、引领地位的全球科技创新中心。其中，集聚力是科技创新中心形成的基础，没有高端人才的聚集，就不可能形成创新中心；原创力和驱动力是科技创新中心的核心；辐射力和主导力是中心的必然结果，决定着科技创新中心的地位和作用。

——集聚力。即集聚功能，是知识生产应用扩散的前提和基础。集聚力把人才、资本、研发机构、企业等科技创新资源有机集合到一起，实现全球高端创新资源"聚集、聚合、聚变"。

——原创力。即原创功能，是科技创新发展的根基与源头。由于聚集创新要素，必然产生一系列原创成果，成为新思想、新知识、新技术、新产品和新模式的发源地。原创力是一个地区科学技术原始性创新的总体能力，涉及科学的探知和发现，以及技术的理论形成和重大发明等多个方面。

——驱动力。即驱动功能，是科技成果转化为现实生产力的能力，反映在对经济社会发展的强大支撑和引领作用，是科技创新中心发展的核心动力。包括两方面内涵，一是指科学研究与技术开发所产生的具有使用价值的科技成果的商业化应用和产业化；二是指新知识、新思想、新理念、新设计和新创意等与科技紧密结合所形成的具有重大影响的现实生产力。

——辐射力。即辐射功能，是科技创新中心的外在表现形式，是衡量科技创新中心重要性和影响力的关键因素，其本质是知识技术的溢出效应。主要指一个地区将科技优势资源和科技成果向周边地区或国外扩散的能力，包括专利、人才、技术、市场等要素的流动和转移，以及科技创新思维方式等方面的传播，是区域之间保持联系、相互作用的基本运动形式，主要从辐射源和辐射流两方面来衡量。辐射力的表现形式主要包括：知识技术溢出、人才流动和科技合作与交流。

——主导力。即主导功能，是科技创新中心发展形成的高级形态，是指在全球生产体系中，一个地区基于创新、技术标准制定、生产效率、营销能力等领先优势占据价值链和创新链的高端，从而形成的主导本国乃至全球产业发展格局、主要产业发展方向的综合力量。主导力是用来衡量一个地区把握关键性资源、掌握主动权的程度。

总的来说，全球科技创新进入了空前密集活跃期，新一轮科技革命和产业变革正在重构全球创新版图、重塑全球经济结构，引发新一轮国家、区域和城市实力消长和位势更迭，也带来"变轨"跨越、"重构"跃迁的机遇窗口。在此背景下，成都应紧抓成渝地区双城经济圈建设的重大历史机遇，赢取发展主动权。成都作为全国创新型城市建设的重要支点，正加速转向以科技创新驱动发展为核心的城市化演进进程，应当主动适应全球产业变革大势，紧抓重大产业领域和技术领域出现的"换道超车"机遇，以建设具有全国影响力的科技创新中心为指引，实现城市发展能级的重大跃升。

第二节
成都打造具有全国影响力的科技创新中心的现实意义

一 国家有要求，科技强国战略赋予成都的重大历史使命

当前，世界正处于百年未有之大变局，新冠肺炎疫情对全球政治经济造成深远影响、国际战略态势出现深刻变化，国际形势的不稳定性不确定性增加。最突出的表现是，中美关系正面临建交以来的最复杂局面，美方一些人出于意识形态偏见，想方设法遏制中国的发展，不择手段阻碍中美之间的联系，各领域交流合作均受到严重干扰，首当其冲的就是科技领域。在可以预见的未来，美国为维护自身的科技垄断地位，科技领域将是中美关系中竞争最激烈、挑战最大的领域。短短一年时间，"封锁华为""实体清单""净网"行动等动作层出不穷、不断升级。其背后，有一个不可辩驳的事实，那就是我国科技力量的迅速崛起，综合竞争力越来越逼近美国，在美国看来，我国对其固守了近100年的世界霸主地位构成了威胁。

近年来，我国基础研究、应用基础研究和战略高技术研究屡获重大突破，采用国产芯片的"神威·太湖之光"获得高性能计算应用最高奖"戈登·贝尔"奖，北斗导航系统全面建成，载人深潜、深地探测、金属纳米结构材料等正在进入世界先进行列，5G通信、新能源汽车、第三代核电"华龙一号"等跻身世界前列，集成电路制造、C919大型客机、高档数控机床等加快追赶国际先进水平，自主研发的人工智能深度学习芯片实现商业化应用，新冠病毒疫苗研发及产业化进展领跑全球，这一个个重大科技成就，无一不标志着我国迈向世界科技强国的步伐更加强劲。《2020年胡润全球独角兽榜》中，我国以227家企业上榜排名全球第二，只比排名第一的美国（233家）少6家，远远甩开排名第三、四的英国（24家）、印度（21家）；含金量最高的前10名（前10名占全球"独角兽"企业总价值的28%）中，我国占6席，美国占4席，如果按估值比较的话，更是对美国企业形成了压倒性的优势（中国2.59万亿元人民币，美国0.93万亿元人民币）。"独角兽"企业一定程度上反映出新兴赛道、创新人才、创新生态的综合比拼，我国从2013年"交白卷"，到2020年包揽全球的近四成，崛起的势头锐不可当，这对美国的垄断地位构成了冲击，因此我们的科技企业受到美国的封锁打压。

然而，面向世界科技发展新前沿、面向建设科技强国战略新需求、面向日益复杂的全球科技竞争新态势，我国目前科技水平处于世界"领跑"位置的还不多，绝大多数技术依然处于"并跑"和"跟跑"态势。2014年开展的第五次国家技术预测，对全球1346项技术进行的评价结果显示：处于"领跑"的技术领域仅占16.3%，而处于"并跑"的技术领域占比30.0%，处于"跟跑"的技术领域占比更是高达53.7%。虽然又过去了几年，我国的科技水平又有大幅提升，但就总体状况而言，并没有发生根本性改变。目前，我国关键零部件、元器件的自给率只有33%，32%的关键材料在中国仍为空白，52%的关键材料依赖进口；包括光刻机、核心工业软件、激光雷达等在内的核心命脉还在被美国"卡脖子"。

在科技强国的道路上，党中央早有战略谋划和周密部署。中共中央、国务院 2016 年发布了《国家创新驱动发展战略纲要》，提出了"三步走"战略部署，第一步，到 2020 年进入创新型国家行列；第二步，到 2030 年跻身创新型国家前列；第三步，到 2050 年建成世界科技创新强国，成为世界主要科学中心和创新高地。为实现建设世界科技强国战略目标，党中央在创新极核部署上，也不断做出重大决策。2014 年 2 月，习近平总书记在北京视察工作时，明确了北京要建设全国科技创新中心；2014 年 5 月，习近平总书记在上海考察时要求上海要"加快向具有全球影响力的科技创新中心进军"；2019 年 12 月，中共中央、国务院印发《粤港澳大湾区发展规划纲要》，明确要求粤港澳大湾区要建设国际"国际科技创新中心"。2021 年初，习近平总书记亲自谋划、亲自部署、亲自推动成渝地区双城经济圈建设，打造具有全国影响力的科技创新中心，经略西部广袤腹地、拓展战略回旋空间，在西部形成高质量发展的重要增长极和动力源，加快形成以国内大循环为主体、国内国际双循环相互促进新格局的重要战略支撑，体现了以习近平同志为核心的党中央高瞻远瞩的长远眼光、谋划深远的战略考量。

二 区域需极核，省委"一干多支、五区协同"的客观要求

中央财经委员会第五次会议指出，"中心城市和城市群正在成为承载发展要素的主要空间形式"。会议提出"要增强中心城市和城市群等经济发展优势区域的经济和人口承载能力"。省委十一届七次全会提出"坚持以成渝地区双城经济圈建设为战略引领，以'一干多支'发展战略为重要支持，强化川渝互动、极核带动、干支联动，加快实现区域空间布局整体优化、功能体系整体完善、发展能级整体提升"。这一战略部署，既是治蜀兴川的关键新招，也把成都托上更高起点、赋予更大使命。

成都历来是四川的政治、经济、科技、文化和对外交往中心，在科技创新领域呈现出鲜明的"主干"特征。从资源富集度来看，2020 年，成

都的GDP占到全省的36.5%；成都的高新技术企业数量（6120家）占全省（8160家）的75%；2019年，成都的R&D投入（452.5亿元）占全省（871亿元）的52%，在高校数量、两院院士数量、高新技术产业主营业收入等科技创新重要指标上，成都均超过全省的50%，是名副其实的"富矿地带"。从辐射带动力来看，2019年，成都技术合同成交额占全省的90%以上，向省内其他地区的技术输出额高达60多亿元，成都是带动全省创新发展的"最强火车头"，同时"多支"也是成都科技创新价值转化的"最大客户"。以上数据充分显示，成都是全省科技创新的"主干"，有了"主干"定位，就要体现"主干"担当，成都履行"主干"责任，增强"主干"功能势在必行。

成都要建设具有全国影响力的科技创新中心，当好双城经济圈的创新"极核"，同样离不开与周边城市的协同创新、共同发展。成都周边绵阳、德阳、乐山等城市都是拥有较好产业基础、创新能力的城市，与成都创新协同将共同推进区域创新能力的提升。成都构建具有全国影响力的科技创新中心需要充分整合运用好成德绵乐沿线高新技术产业基础扎实、创新能力雄厚的优势，加快推动地区之间的创新资源相互输送、共享共用，促进产业间的协同创新和融合发展，围绕电子信息、装备制造、航空航天、科技服务、商贸物流等产业，打造成以创新驱动引领的高新技术产业集聚发展带。此外，还要加强与南充、攀枝花等周边兄弟城市协同，加快区域协同创新体系建设，在先进核能、新材料、新能源等领域开展创新合作，辐射带动周边市州创新能级和创新环境迅速提升，形成以成都为极核引领的创新城市群，助力提升四川整体创新实力。

建设成渝地区双城经济圈，中央强调必须发挥成都、重庆两个核心城市的引领带动作用。为此，共建具有全国影响力的科技创新中心，成渝加强协同创新，共同打造区域高质量发展增长极是必须完成的重大任务，也是中央的明确要求。从各项创新指标来看，若成渝分开测算，会与北京、上海、深圳等创新资源富集的城市有较大差距，但是，如果成渝合在一起测算，则差距会大幅缩小，甚至部分指标排名会大幅跃升。例如，2019年成都和重庆普通高校共计129所，全国排名第1；成都和重庆R&D投入总额921亿元，全国排名第4；成渝"双一流"高校共计10所，全国排名第4；两院院士共计49人，全国排名第6；成渝国家重点实验室共计20家，全国排名第6。从成渝之间相较来看，成都占据主动角色，经梳理对比了47项科技创新指标，成都在财政科技投入、"双一流"高校、大科学装置、两院院士、技术合同交易等37项指标上占据比较优势。为此，应当主动树立"主角"意识，在成渝地区科技创新合作中要发挥引领作用，带动成渝相向发展、优势叠加。要以构建区域协同创新体制机制为突破，以共建中国西部科学城为核心，提升成渝地区创新资源聚集能力、创新策源能力和产业核心竞争力，辐射带动成渝中部区域崛起，从"极核强"发展成"区域强"，在全国科技创新区域高地占据一席之地。

三　城市所需要，持续提升城市发展位势能级的迫切要求

从国内外的科技创新中心与城市能级的关系来看，科技创新是城市能级快速提升的重要支撑之一。比如伦敦依托全球金融中心优势，构建科技金融协同共兴模式，诞生了全欧洲50%的金融科技初创公司、30%的"独角兽"企业，成为"世界创新之都"。东京依托创新资源富集优势，形成政产学研内生驱动模式，集聚了日本30%的高校院所和40%的大学生，专利转化率高达80%，成为全球科技创新产出能力最强的城市。上海依托开放包容文化优势，建设"最高最好最优"营商环境，集聚超过700家跨国公司地区总部和450余家外资研发中心，成为具有全球影响力的科创中心。深圳依托改革开放窗口优势，以企业为主体推动科技创新，诞生了一大批本土领军高科技企业，成为中国最具活力的创新城市。从以上国内外城市的兴起更替、现代产业的蝶变演进规律看，科技创新之于城市，是实现雄心梦想的战略力量；科技创新之于产业，是推动转型升级的动力源泉；科技创新之于市民，是赋能美好生活的生成力量。

当前，成都正向打造可持续发展的世界城市和成为带动全国高质量的

重要增长极和新的动力源的目标进军，科技创新无疑将是核心支撑，建设科技创新中心无疑是实现城市发展目标的关键路径之一。然而，对标国内外先进城市，成都科技创新能力还存在较大差距，成都总体仍然处于由要素和投资驱动向创新驱动的过渡时期，传统生产要素和投资对高质量发展的驱动作用明显强于科技创新的支撑引领作用，具有竞争力的顶尖型创新型企业还较少、高精尖人才相对紧缺、战略性新兴产业集群亟待成型等问题仍然长期存在，长期得不到解决。因此，成都要进一步发展，要加快形成高质量发展的增长极和动力源，迫切需要发展科技创新来实现"蝶变"，唯有在创新发展中持续放大自身比较优势，最大限度集聚运筹全球高端要素资源，抢占科技创新和产业发展制高点，加快培育现代产业体系，才能持续提升发展位势能级，为经济高质量发展和城市创新驱动提供坚实支撑，才能更加坚实地立足于世界先进城市之林。

第三节
成都推进科技创新中心建设的实践和成效

科技创新一直在路上，自国家提出成渝共建具有全国影响力的科技创新中心以来，成都更进一步，倾注更多激情、投入更多精力、调动更多资源，积极围绕建设具有全国影响力的科技创新中心主题积极展开部署，加快创造新技术、转化新成果、孵化新业态、发展新经济，城市整体科技实力进一步提升，全球创新指数（GII）[①]跃升至全球第47位，科技创新中心建设呈现"谋好局、开好头、起好步"的良好局面。

[①] 全球创新指数（Global Innovation Index，GII）是世界知识产权组织、康奈尔大学、欧洲工商管理学院于2007年共同创立的年度排名，衡量全球120多个经济体在创新能力上的表现，是全球政策制定者、企业管理执行者等人士的主要基准工具。

一 完善政策设计，制度创新释放新活力

（一）积极推动科技创新地方立法工作

聚焦科技创新中心建设新要求，成都组织召开了全市科技创新大会，以制度性法规条文为统揽，发布《成都市推进科技创新中心建设条例》（以下简称《条例》）。结合成都实际，《条例》围绕科技创新的全过程、全链条，聚焦科技创新载体、科技创新主体、科技创新能力、科技创新人才、科技金融、科技创新环境等方方面面，以系统思维推进科技创新中心的制度建设。例如在科技创新载体建设方面，《条例》提出，成都将重点推进西部（成都）科学城和产业功能区建设，重点支持建设国家实验室、重点实验室、工程（技术）中心、技术创新中心，推进建设大科学装置，推动基础研究和关键核心技术发展；在培育科技创新主体方面，立足让高校、科研单位拥有更多自主权这一核心，鼓励支持高等院校、科研事业单位在扩大选人用人、编制使用、职称评审、薪酬分配、机构设置、科研立项、设备采购、成果处置等方面拥有更大的自主权；在人才制度方面，《条例》提出，将建立符合人才成长规律的培养、引进、使用、评价、激励、流动机制，为科技创新人才提供创新创业条件和平台，营造良好的人才发展环境，可以对创新能力突出、创新成效显著的科技创新人才给予重点支持，对青年创新创业人才给予普惠性支持；此外，《条例》还提出成都市建立科技创新守信激励和失信惩戒机制，将科研信用信息、知识产权信用信息依法纳入本市公共信用信息服务平台，对存在失信行为的创新主体，在政府采购、财政资金支持、融资授信、推荐评比奖励等方面依法予以限制等。

（二）实施科技创新专项政策

科技创新中心的建设离不开各项政策措施的支持与护航，自国家提出成渝要建设具有全国影响力的科技创新中心以来，成都积极响应，在政策方面积极行动，为科技创新中心建设提供全方位支持，先后发布了《全面

加强科技创新能力建设的若干政策措施》("科技创新18条")、《全面推进科技创新中心建设　加快构建高质量现代产业体系的决定》等政策措施，从载体建设、主体培育、人才激励、环境营造、投入保障等方面为加快建设具有全国影响力的科技创新中心指明方向。此外，各项专项政策措施密集出台，例如为加快推进西部（成都）科学城建设，先后出台了《中国西部（成都）科学城战略规划》、《关于支持中国西部（成都）科学城建设的人才行动计划》（人才新政2.0版）等政策措施；为高水平高标准建设国家新一代人工智能创新发展试验区，推出《成都建设国家新一代人工智能创新发展试验区实施方案（2020—2023）》，明确国家新一代人工智能创新发展试验区建设的施工图、路线图、时间表；为进一步优化提升城市金融支撑科技创新发展的环境，推出《成都市促进创业投资发展若干政策措施》，以金融要素供给助力科技创新发展。

（三）开展科技创新制度改革与探索

体制机制的突破与探索也是成都推进科技创新中心建设政策保障的重点之一，敢为人先，也是成都一直以来的鲜明标签，例如成都在职务科技成果改革方面的大胆探索，引起了全国较大反响，也得到了科技部、国务院等国家有关部门的充分认可和肯定。当前，在推进科技创新中心建设的目标任务下，成都继续开展多项探索，例如启动开展了科技"三评"改革，推动科技项目评审、人才评价和机构评估的市场化评价、多元化参与，升级实施了职务科技成果权属改革2.0版，充分下放权限，激发科研机构与科研人员的积极性。

> **专栏3-1　成都在推进科技成果转化方面的实践与探索**
>
> "科技成果转化"，一直是一个高频术语，从20世纪80年代开始，一直到21世纪，一直是"只闻楼梯响，不见人下来"。为什么科技成果转化一直是一个"老大难"问题？这与我们传统的科研体制和科技

成果的所有权密切相关,过去的主要科研力量集中在高校和科研院所,大都属于国家直接投资创办,其成果也必然是国有资产。这种"国有"属性带来的资产"保值增值"的基本要求,没有充分而真实地体现技术资产的特殊性,即大量的智力劳动成果和转化的高风险性。成都在破解这一难题方面,进行了开创性探索,成都的科教资源优势,一直没有有效转化为现实的发展优势。为此,成都市政府,尤其是科技部门,在这方面积极探索,大胆创新,从2014年到2018年,市政府连续出台三个成都"成果转化10条",一次次推动职务科技成果改革,从成果使用权、处置权、收益分配权改革向职务科技成果的所有权靠近。

成都在职务科技成果改革方面的大胆探索,引起了全国较大反响,也直接鼓励和支持了在蓉的高校院所,它们积极跟进响应,根据自身情况,不断沿着这个思路和步骤探索进取。最典型的是西南交大的职务科技成果改革。2016年1月,西南交大率先展开行动,推出了《西南交通大学专利管理规定》,简称"西南交大九条",将原来的独有的科技成果所有权多元化,给科研人员赋权,创造性地提出将国有知识产权评估作价入股后形成的国有股权奖励前置简化为国有知识产权奖励,将"先转化、后确权"改变为"先确权、后转化",使职务发明人首次拥有了职务科技成果的所有权。"西南交大九条"的奠基意义,就在于它突破了几十年来科研成果的国有唯一属性,推动了"职务科技成果混合所有制"真正落地开花,推动了职务科技成果的落地转化和增值。由于改革力度大,勇闯科技成果转化的"深水区",这项措施一经推出,震撼业界,被称为"科技成果转化的小岗村实验"。成都的探索实践,也得到了科技部、国务院等国家有关部门的充分认可和肯定,国务院办公厅颁布的《关于推广第二批支持创新相关改革举措的通知》,直接将成都市探索的"以事前产权激励为核心的职务科技成果权属改革"复制推广到全国8个全面创新改革试验区,2019年,在中央一号文件《关于坚持农业农村优先发展 做好"三农"工作的若干意见》中，明确提出赋予科研人员科技成果所有权，2020年5月，科技部联合8部门印发了《赋予科研人员职务科技成果所有权或长期使用权试点实施方案》，成都市关于职务科技成果权属改革的经验，已经在全国推开，推动了《专利法》第六条关于职务科技成果有关属性规定的修改。

2018年以来，成都针对科技成果转移转化的链条缺乏既懂科技，又熟悉市场，还懂经营管理的复合型人才这一现实"痛点"。专门研究提出了建立技术经纪人专业人才队伍，把技术经纪人纳入职称改革范围，出台了《成都市技术经纪专业技术人员职称评定办法》，解决以往技术经纪人"名不正言不顺"的问题，将技术经纪人由"杂牌军"升级为"正规军"，给予他们足够的社会尊重，可以光明正大参与技术转移收益分配的政策保障，大大提升了科技成果交易转化效率，成都在技术经纪人认定上的突破，也再次得到了其他省市的关注和竞相学习借鉴，国内北京、湖北等省市都纷纷跟进推出相关政策。

二 集聚资源要素，创新发展增添新动能

（一）多层次科技创新平台体系加快构建

致力于科学技术能力的全面提升，成都已初步构建起涵盖多个领域、多个学科、多个产业门类的科技创新平台体系，在支撑优势学科形成、带动产业发展、促进技术创新等方面都发挥了积极的作用，数据显示，成都已经集聚电子薄膜与集成器件、生物治疗国家重点实验室等国家级研发平台119家，较"十二五"末增长77.6%，其中国家重点实验室达到12家、国家工程技术研究中心10家、国家企业技术中心达到48家，国家级创新平台布局数量排在全国领先位置。对标科技创新中心建设的新要求，成都正掀起新一轮科技创新平台布局高潮，例如在基础研究平台方

面，瞄准国家实验室目标，启动筹建天府实验室，推进张江实验室成都基地加快建设。全面推进"双一流"高校建设，四川农业大学西南作物基因资源发掘与利用国家重点实验室、成都中医药大学西南特色中药资源国家重点实验室成功获批，实现成都市10余年未新增的大突破，全市国家重点实验室达到12家。聚焦基础研究和原始创新能力，大力引聚建设大装置、大平台、大项目，在兴隆湖启动建设重大科技基础设施集群区，成都科学城五大重大科技基础设施与五大前沿交叉研究平台项目建设工作有序推进，重大科技基础设施建设集群化发展态势初显，成都超算中心主机运算持续性能进入全球前十，我国目前规模最大参数最高的先进托卡马克装置HL-2M实现首次放电，转化医学国家重大科技基础设施（四川）项目转化医学综合楼工程高标准完成竣工验收。在技术创新平台方面，国家川藏铁路技术创新中心已成功挂牌，国家高端航空装备技术创新中心已通过立项，人工智能、新一代信息技术、智能制造、生物医药等重点产业技术领域的一大批国家级及省市级工程技术研究中心、制造业创新中心、产业创新中心建设迈入快车道。此外，由市级财政资金直接出资建设的新型研发机构数量突破10家，已经涌现出清华（四川）能源互联网研究院、北航西部国际创新港等一批创新能力强和与地方发展深度融合的科研主体。

> ▶ **专栏3-2 科技创新平台建设助力成都科技创新能力跃升**
>
> ——由魏于全院士领军的四川大学生物治疗国家重点实验室，由肿瘤生物治疗实验室、分子遗传实验室等10余个实验室和研究中心组成，以开展肿瘤、感染性疾病、干细胞与组织工程等人类重大疾病生物治疗的基础研究、应用基础研究、关键技术及产品研发为发展重点，已成为生物技术药物及天然药物GMP（GMP：药品生产质量管理规范）中试生产车间、国家新药临床前评价中心和国家新药临床试验基地。从初期新冠肺炎疫情暴发以来，实验室相继成功自主研发了"新

型冠状病毒核酸检测试剂盒"和"新型冠状病毒抗体联合检测试剂盒"两款诊断产品，都顺利进入临床验证阶段。2020年8月21日实验室研发的中国首个昆虫细胞产生的重组蛋白新冠病毒疫苗获得国家临床许可，实验室以该研究在 Nature 杂志上发表的论文也成为2020年新冠肺炎流行以来 Nature 杂志发表的第一篇新冠病毒疫苗论著。

——西南交大牵引动力国家重点实验室，在翟婉明院士的带领下，重点围绕高速铁路、磁浮交通、重载铁路和新型城市轨道交通开展前沿、基础研究和核心技术创新，在我国铁路提速、高速、重载发展进程中，起到了不可替代的作用。同时，实验室还拥有一条世界上时速最快的真空高温超导磁悬浮直道试验线，与在上海大量使用德国技术的我国第一条磁浮线有所不同，交大的这条试验线，技术路线成熟后，会比当前上海的磁浮更加先进，时速能接近飞机，而且是我国自主可控的，对于轨道交通、新型材料等产业发展都有着很大的促进作用。

——四川海特高新技术股份有限公司是目前国内唯一的一家"综合航空技术服务提供商"上市公司，在航空新技术研发与制造业务板块，成功自主研发某型航空动力控制系统，填补了国内空白。该公司由于技术创新实力雄厚，2016年获批建设国家企业技术中心，企业也因此可以享受科技开发用品免征进口税收等系列优惠政策，以及国家企业技术中心专项扶持计划项目扶持。2015年，"因为国家需要、行业需要、老百姓需要"，海特高新与中电科29所合资组建了海威华芯公司，进军高端芯片研制领域。2016年4月，海威华芯第一条6英寸第二代化合物半导体集成电路生产线贯通，该生产线同时具有砷化镓、氮化镓以及相关高端光电产品的生产能力（砷化镓是第二代半导体、氮化镓是第三代半导体，相比硅半导体，具有高频率、大功率等优异性能，是未来5G通信不可替代的核心技术，将在5G通信中大量使用）。2016年5月，海威华芯首次开发出砷化镓产品，成为国内首家掌握第二代半导体生产工艺的企业，为国家高端芯片供应安全提供了重要保障。

（二）科教学科优势加快形成

得益于"三线建设"以来的国家科技资源布局，成都成了全国知名的科教资源密集区，高校院所、优势学科、人才规模等多项指标位居全国前十和中西部前列。就高校数量而言，截至 2020 年，全市拥有普通高等教育学校 64 所，高等院所数量排名全国第 5，仅次于北京、上海等城市。此外，成都"双一流"建设全国领先。截至 2020 年底，全市入选"双一流"建设高校共计 8 所，排名全国第 4，中西部第 1，四川大学、电子科技大学成功入选教育部"世界一流大学"高校建设名单，西南交通大学、西南财经大学、成都中医药大学、四川农业大学、西南石油大学、成都理工大学成功进入教育部"世界一流学科"建设高校名单。在蓉高校学科建设亦突飞猛进，部分学科进入全球领先水平。Ranking GRAS 500 强排行榜最新数据显示，电子科技大学通信工程、四川大学生物医学工程等 5 个科学进入全球前 20 位，12 个学科进全球前 50 位。科睿唯安 2020 年 ESI 数据显示，全市 10 所高校的 46 个学科入选全球前 1%，上榜学科数居全国第 9 位、副省级城市第 6 位；全市 3 所高校 7 个学科入选全球 1‰，上榜学科数居全国前列。近年来，在蓉高校学术成果也迎来大爆发，屡屡登上国际顶级期刊。例如在 2020 年的 6 月，在蓉高校在世界顶级核心期刊发表了论文 4 篇，平均 7 天就有一篇。6 月 3 日，*Nature* 刊发了电子科技大学基础与前沿研究院邓旭教授团队最新研究成果 "Design of robust superhydrophobic surfaces" 并被选为当期封面。西南交通大学物理科学与技术学院雏鹰学者倪宇翔副教授课题组在纳米结构对材料声子热传导的调控机制研究方面取得一系列进展，连续在 *Physical Review B* 上发表 2 篇研究论文。5 月 15 日，西南交通大学力学学院张旭教授研究组在固体力学领域顶级期刊 *Journal of the Mechanics and Physics of Solids* 上在线发表论文 "Cyclic Plasticity of an Interstitial High-entropy Alloy: Experiments, Crystal Plasticity Modeling, and Simulations"，通过非对称应力控制的循环变形测试，首次获取了 iHEA 的循环应力应变曲线和棘轮应变演化曲线。

（三）科技创新人才加速会聚

习近平总书记强调："创新的事业呼唤创新的人才。实现中华民族伟大复兴，人才越多越好，本事越大越好。知识就是力量，人才就是未来。"创新之道，唯在得人，在推进科技创新中心建设的过程中，成都一直秉持"人才是第一资源"的理念，先后出台"成都人才新政12条""成都人才新政2.0版"等政策措施，率先推出新职业人才专项支持政策，大力实施"蓉漂计划"，招天下英才而用之。得益于政策措施、城市文化、工作机会等多因素加持，成都能够吸引四方人才集聚。数据显示，截至2020年，成都全市人才总量达529万人，已拥有两院院士31名，入选重点人才计划专家3145人，累计落户青年人才超47.6万人，每年吸引超50万人来蓉落户，人才需求量、人才吸引力均位居国内同等级城市前列，成为新一线城市中最受年轻人喜欢和中高端人才净流入率最高的城市，[①]几度入选外籍人才眼中最具吸引力的中国城市[②]，连续获评"中国最佳引才城市奖"。

> **专栏3-3　成都以人才兴产业助推高质量发展**
>
> 　　这些年来，为推动主导产业能级提升、培育战略性新兴产业，成都瞄准产业发展的人才缺口，大力招引高层次人才和国际顶尖团队，发挥高层次人才对产业创新发展的集聚和引领作用。通过系列人才政策，成都在"高精尖缺"人才引进上斩获颇丰，有这样一个案例，就让成都"引进一个人才，带来一个团队，兴办一个企业，形成一个产业"。2013年，成都联合炼石航空，成功引进世界某知名航空发动机生产商工程及技术执行总监王立之先生及其团队，并以此组建了成都航宇公司。为充分发挥团队优势，成都在双流区划出4平方公里，打

[①] 《2019年度人才资本趋势报告》《2020年城市人才安居吸引力报告》。
[②] 科技部（国家外专局）2019年"魅力中国—外籍人才眼中最具吸引力的中国城市"榜单。

造航空动力小镇，为王立之团队大展拳脚提供舞台。当然，成都在王立之团队上的投入也获得了相应回报，直接推动了总投资8亿元的新一代航空发动机叶片项目落户成都，2019年，该项目产值已达到5000万元。目前，航空动力小镇集聚了航宇超合金、中科航发、朗星无人机、加德纳航空科技4个航空制造类关联企业，形成了涵盖发动机核心材料生产、核心零部件制造、发动机整机装配、无人机整机生产及配套维修在内的全产业链条，带动了10余名海外顶尖航空制造领域专家入驻成都。因为王立之团队的到来，航空动力小镇应运而生，成为成都航空航天产业蓬勃发展的重要增长极和"助推器"。

三　提升企业能力，产业能级迈上新台阶

（一）企业主体创新能力加速提升

优秀企业是创新的中坚力量，市场主导的发展才是可持续、高质量的发展，企业主体的创新才是有活力、有竞争力的创新。龙头企业少、创新能力弱一直以来都是制约成都高质量发展的短板。在推进科技创新中心建设的过程中，成都更是将培育创新型企业，提升企业主体创新能力作为工作的重点之一。近年来，成都积极营造国际化营商环境，大力实施科技型企业梯度培育计划，建立科技型企业梯度培育库，开展"大课宣讲＋热线答疑＋定点培训＋企业巡诊＋线下追踪＋现场辅导"系列培训，出台了扶持企业创新发展的系列政策措施，科技型企业蓬勃发展。具体来说，呈现领军型科技企业加速集聚、高新技术企业倍增发展、科技型中小企业快速成长、新经济企业蓬勃发展四大特征。就科技型领军企业而言，以成飞、成发、中电科30所等代表的国资科技型企业成为提升我国国防科技水平的中坚力量，也培育了准时达、驹马物流等一大批"独角兽"企业、科创板上市及过会企业数量达到稳居中西部第一，一大批行业"隐形冠军"企业

开始涌现。对于高新技术企业和科技型中小企业，高新技术企业快速发展，到2020年全市高企数量突破6100家，[①]同比增幅超过40%，高新技术产业营收突破1万亿元，轨道交通装备、生物医药已入选国家首批战略性新兴产业集群。入库国家科技型中小企业6032家，规模居全国副省级城市第4位。新经济企业蓬勃发展，2020年全市新经济企业已达43.3万户，新经济指数连续半年位居全国第二。[②]成都新经济企业也是科技助防疫的"实力派"，迈克生物核酸检测试剂盒、光启医用智能头盔、三叶草生物"S-三聚体"新冠病毒蛋白亚基疫苗等抗疫新技术新产品展现成都科技企业的担当。

> **专栏3-4 政企携手实现"双赢"**
>
> ——先导药物成立之初，因公司知名度较低，签订的合同订单较少，前三年收入累计不到1000万元，发展并不顺利。但是，公司长期专注于专注于原创新药发现与开发，处于新药研发产业链的上游，其核心团队拥有数十年创新药物研发及合作服务经验，研发人员超过300人，是一家高度契合我市主导产业发展导向的企业。基于此，成都相关部门果断给予了累计超过8000万元的补贴，提供了减免部分租金、装修补贴、税收减免等扶持政策，并积极协调成都银行等金融机构提供资金。在成都的大力支持下，先导药物建成了分子结构超过4000亿种的DNA编码小分子实体化合物库，成为目前全球最大的DNA编码小分子实体化合物库研发服务公司之一，与强生、辉瑞、赛诺菲等全球顶级药企建立了合作伙伴关系。2016年到2019年，公司营收从1643万元增长到2.64亿元，从亏损2000多万元发展到净利1.2亿元，获得了资本市场的高度青睐。2020年4月16日，先导药物正式登陆科创板，成为四川乃至整个西南地区首家登陆科创板的企业。

---

① 数据来源：科技部火炬中心。
② 数据来源：成都市新经济委。

——极米科技是一家成立于2013年的新兴创业公司,主攻家用智能投影仪市场。在成立初期,公司面临芯片研发、画质调试等多方面挑战,由于大量资源投向了研发,在2016年销售规模快速增长的情况下,公司净利润仍为亏损。在发展困难时期,相关部门看中了极米科技"赛道选得准、创新投入狠"的潜质,多次开辟绿色通道,帮助极米科技利用信用、股权、知识产权等申请中国银行、华夏银行、成都银行金额高达2000万元的科创贷,加速了企业创新发展、储备人才、健全服务体系的发展进程。近年来,极米科技已经成长为一家备受瞩目的高成长性企业,从成立到2017年短短的4年发展中,就获得了国内家用投影市场70%、国外市场54%以上的市场份额,在中国投影机市场首次超越索尼、爱普生等国际巨头,终结了外资品牌在中国市场称霸15年的局面。极米科技不仅是国内的"投影一哥",其客户还覆盖了美国、日本等100多个国家和地区,2018年底,极米推出一款智能投影吸顶灯"阿拉丁",进军投影产业大本营日本,没想到半年多时间就销售1.2万台,"阿拉丁"成为日本家庭炙手可热的新品,被人民日报称为"做打动世界的科技产品"。2021年3月3日,极米科技成功登陆科创板。

(二)产业功能区建设加速产业发展壮大

产业功能区构建产业生态圈是打造区域经济增长极、形成产业比较竞争力、促进产城融合发展的重要空间组织形式和先进要素聚集平台。近两年来,成都全市上下凝心聚力、创新作为、大胆探索,坚持以产业功能区重塑产业经济地理,以产业生态圈创新生态链推进经济工作组织方式转变,为推动经济高质量发展、城市高效能治理、市民高品质生活探索出一条新路径。建设产业功能区构建产业生态圈已经成为践行新发展理念的重要载体、带动经济增长的重点区域、推动产业升级的有力支撑,产业功能区建设有效支撑了全市战略性新兴产业的大发展，按照产业门类划分，2020年全市电子信息产业规模达到10065.7亿元，成为全市首个产值破万亿元的产业，生物医药、航空航天、轨道交通等战略性新兴产业发展持续向好。

四　增加科技投入，创新产出实现新跨越

（一）研发经费支出稳步增长

R&D经费支出多少能够直接反映地区对科技创新的重视力、投入力以及经费支出对高质量发展的影响力、传导力，国际上通常采用R&D指标反映一个地区的科技实力与核心竞争力，一般认为，创新型国家和社会其R&D投入强度应在2%以上。"创新强则国运昌，创新弱则国运殆"，要提供高质量科技供给必然要求高水平科技投入支撑，要加速实现经济发展方式由要素与投资驱动"转轨"到创新驱动必然要求增加科技投入，要紧抓新一轮科技革命和产业变革的历史性机遇必然要求科技投入增加。因此，根据科技创新中心建设的战略要求，成都势必加大科技创新投入力度。根据数据统计，2020年R&D经费支出接近500亿元，规模较"十二五"实现翻番。

（二）技术交易市场蓬勃发展

技术交易市场作为生产要素市场，既是科技创新的重要支撑，也是科技创新成果转化应用的前沿阵地，技术市场的繁荣兴衰反映出制度创新、政策突破、体系完善、科研人员活力等要素市场化配置效率。加快建设和完善技术转移体系，发挥技术转移对提升科技创新能力、促进经济社会发展的重要作用，对建设创新型国家和世界科技强国具有重要支撑作用。成都在全国率先探索开展科技成果权属混合所有制改革试点，积极构建利益捆绑机制，形成校院企地融合发展新模式，围绕科技成果转化全链条承载

需求，构建一批科技成果转化载体和平台，聚焦财政投入和社会资金双重保障，实现了科技与金融高效融合发展。总的来看，成都技术交易市场蓬勃发展，专利量质双升，全市技术成交金额、发明专利授权量等数据稳居副省级城市前列。以数据为证，2020年成都技术交易额突破1665亿元，较"十二五"末增长超过309%。2020年拥有专利授权量65453件，每万人拥有发明专利30.2件，较"十二五"末分别增长132%和139%。

（三）重大创新产品不断涌现

成都在科技创新上的付出没有白费，巨大的投入也转化为现实生产力，新技术新成果不断转化为新产品，一批重大科技成果从"书架"搬到"货架"，2019年成都高技术制造业主营业务收入达到4145亿元，排名全国第6。从产业领域来看，各行各业涌现出一批具有影响力、代表性、开拓性的产业化商业化产品。例如在航空航天领域，成飞集团"成都造"我国首款第五代战斗机歼-20，成都航宇成功实现国产新型单晶涡轮叶片研发及量产；在医药健康领域，迈克生物成功获批西南首个新型冠状病毒检测试剂盒，四川大学华西医院生物治疗国家重点实验室研发的重组蛋白新冠病毒疫苗进入国家药监局批准临床试验阶段，康弘药业成功研发出我国第一个具有全球知识产权的单抗新药康柏西普眼用注射液，荣获中国知识产权领域的最高奖项——中国专利金奖；在电子信息领域，成都中电熊猫成功研发量产我国首条以金属氧化物为核心、面向8K以上超高分辨率电视市场的液晶面板生产线。成都海威华芯建成量产国内第一条自主可控的6英寸第二代、第三代国际领先、国内一流的化合物半导体集成电路芯片生产线，打破国外对中国高端射频芯片的封锁；在新经济领域，全球游戏标杆的王者荣耀、国内一流动画影视《哪吒之魔童降世》先后在成都诞生。

五　强化区域合作，创新协同打开新通道

（一）成渝携手开拓区域创新协同新模式

与重庆共建具有全国影响力的科技创新中心是国家给予成渝的核心使命之一。成渝地区双城经济圈建设启动以来，两地加强协同创新更加系统、精准和高效，共筑科技创新一座城，着力打造全国重要的科技创新和协同创新示范区，正在加快建设具有全国影响力的科技创新中心。成都正与重庆以"一城多园"模式合作共建西部科学城，共同举行联席会议，共同发起成立成渝地区双城经济圈高新技术产业开发区协同创新战略联盟等联盟共同体，共同实施重点研发项目等。此外，成都也推动成德眉资同城化区域协同创新合作，成功召开成德眉资同城化科技协同创新工作推进会，开展成德眉资科技创新一体化路径研究，推动"科创通"平台资源面向区域创新主体开放共享。

（二）积极融入全球创新网络

成都作为"一带一路"的核心节点和长江经济带的战略支点，西连陕西、新疆、中亚、中东、西欧等省份及区域，南衔粤港澳大湾区、缅甸、印度等地区和国家，东接重庆、武汉、上海等长江经济带区域及日韩，是距离中亚、中东、欧洲最近的中国特大中心城市和面向泛欧泛亚开放的前沿。同时，成都面向欧洲的互联互通交通网络逐渐成型，成都是继上海、北京之后国内第三个拥有双国际机场的城市，蓉欧快铁是全国首个开行达2000列的中欧班列。建构具有全国影响力的科技创新中心城市，成都充分利用地缘优势、交通优势，坚持"走出去"与"引进来"并举，积极融入全球创新网络。在政策面，先后制订出台《成都市融入"一带一路"建设三年行动计划（2019—2021年）》《成都市国际科技合作资助管理办法》《中日科学研究及技术服务规划》等政策措施，建立健全促进国际科

技合作的政策供给。在活动面，"2020国际双城链云对接"成都—东京站活动、成都全球创新创业交易会、"创业天府·菁蓉汇"海外专场、"中欧创新与合作大会"等形式多样、内容翔实的各类交流活动频繁举办。接下来，为积极响应中央关于成渝要建设"一带一路"科技创新合作区和"一带一路"科技交流大会的要求，成都将充分发挥成都的区位条件、创新实力、会展之都等优势，积极筹备首届"一带一路"科技交流大会。此外，成都正积极打造中法、中德、新川、中意、中韩、中日6个国别合作园区，将国别合作园区作为全省、全市利用外资高地和对外开放窗口，参与全球要素分配和世界经济循环，着力构建全球知名的国际合作生态体系，为成都高水平建设国际门户枢纽城市、高质量践行新发展理念的公园城市示范区提供更强开放动能。开放创新，成都一直在路上，以数据说话，截至2020年，已经进入成都的世界500强企业多达301家，华为、京东、诺基亚、赛诺菲等世界500强企业纷纷在成都设立全球研发中心或区域性研发总部，全球70%的iPad和近20%的笔记本电脑产自成都，成都正逐步成为全球创新分工体系的重要节点。

> **专栏3-5　六大国别园区助力成都加速融入全球产业链创新链**
>
> ——中法园区，着力塑造绿色低碳新典范。中法园区按照国际化和生态化发展思路，加快构建"一轴三片多板块"的空间规划体系，建设辐射欧洲的对外交往新窗口、绿色低碳新典范、赛事名城新引擎。在重点工作上，中法园区将加快编制园区总体发展规划、城市形态设计和综合交通、环境保护等专项规划，编制《成都中法生态园产业发展策划》；聚焦中德智能网联汽车四川试验基地建设，分阶段推进封闭测试场和创新中心、半开放式体验区、综合示范区建设；加快自动驾驶、智能交通等新技术的示范应用，将四川试验基地打造为成都智能网联新"硅谷"；大力推进智能网联创新中心科创空间3.9万平方米展示中心建设，积极探索"智能网联+"产业开发新模式；大力推动绿

色低碳试点示范建设，编制《中法生态园城市可持续发展指标体系优化项目》；植入碳足迹核算、碳中和理念，推广应用生态指标体系；聚焦"人工智能+""5G+"等重点领域发布园区建设机会清单；开拓多元化市场，持续加强与法国及泛欧洲重要贸易地区的交流，进一步推进与"一带一路"沿线国家的外贸建设；秉承"垂直城市+绿色建筑"的花园生态产业社区设计理念，打造低容积率、低密度、高绿化率的花园式办公场景。构建集人才公寓、商务酒店、餐饮购物、商超便利、体育文娱为一体的10分钟便利服务生活圈。

——中德园区，突出打造中小企业合作示范区。中德园区将以高质量建设适欧国际生态精工新城和全球中小企业合作示范区的目标建设。在工作重点上，按照"德风德味德韵"浓郁标准，将中德职教创新集聚区整体纳入园区，完善园区总体发展规划及交通、能源、产业等专项规划以及产业功能区"两图一表"加快建成中德中心规划馆，提升德国司代普西南中心（中德产教融合创新基地）、中德（成都）AHK职教培训中心等平台运营水平；加快推进以中德中心、工业4.0产教融合基地为载体的科创空间建设，在园区制造业企业中植入一批创新型基础设施，拓展5G、大数据、人工智能在生产领域应用；充分挖掘中德中小企业合作示范区品牌潜力，打造充分体现德国发展理念、德国工业技术、德企管理经验，具有国际竞争力的精工产业集群发展新城、国家级产教融合示范区；优化与德国先进工业科技研究院（IAIT）、德国联邦采购物流协会(BME)合作的"中欧（成都）跨国采购平台"，搭建集线上线下为一体的优质工业产品供需平台；筹办中德创新峰会、"天府工匠杯"工业技能和工业设计大赛等活动。

——新川园区，聚焦5G应用培植数字经济发展新优势。新川园区将按照"开放、融合、交流、创新"理念，构建南向极核和引擎。在工作重点上，健全园区发展规划，明晰园区建设面积、发展目标、产业定位及重点任务；将"芯火"双创基地打造为"1心+1院+2平台"，建成展厅、竞争性分析实验室、孵化器等；加快推动约49万平方米人工智能创新中心一期企业入驻，约50万平方米人工智能创新中心二期建设；建设新一代网络通信国家级重点实验室、网络安全与区块链国家级技术创新中心、工业互联网国家级工程技术中心等；形成5G智慧交通策划方案，建成智能驾驶示范应用场景，推动将成都5G智慧城（新川创新科技园）纳入中新第三个G2G国际合作项目，力争将新加坡创新中心建成"中新创新通道"；建设具有引领示范作用的产业社区，按照"标准化＋特色化"的公共服务配置标准，建成邻里中心、艺术馆、科技馆、学校、运动场等新加坡元素特色明显的配套设施，引进国际医疗机构、养老机构，打造生活生态示范区。

——中意园区，加速形成"文创之都"新标杆，加快形成具有国际影响力和区域特色的中意创意设计产业集群。在工作重点上，编制完成中意文化创新产业园"多规合一"空间发展战略规划、产业概念规划、中意"设计＋"产业发展行动计划；聚焦天府文创城（中意文化创新产业园规划展示厅）建设，尽快呈现以雁栖湿地示范段为核心的大美公园城市形态；规划建设5万平方米以片区楼宇集群为平台基础的高品质文创载体，在空间中植入5G、物联网等创新型基础设施；深化天府文创城品牌营销策划，加快形成品牌营城实施方案，构建品牌规划、设计、宣传等管理体系；签约引进清华大学中意设计创新基地、意大利波捷特功能性总部等支撑性项目，加快启动建设"金砖国家"大剧院等支撑性项目建设国际版权交易平台，开展艺术品等保税交易；聚焦文创园特色，建设商务洽谈空间、小型产业博物馆、微绿地等按需配置类项目；筹划举办"意大利之夜·湖畔音乐节"等文化交流活动。

——中韩园区，加快构建国际创新创业中心。聚焦孵化新技术、培育新业态、实现新价值，构建全链条的科技创业孵化体系。在工作重点上，完善孵化培育体系，明晰园区核心业态、未来发展方向、功能定位等要素；优化园区菁蓉汇2号楼、3号楼、7号楼中外技术交流中心、8号楼中韩文化交流中心功能布局，引入德国iF、中韩未来革新孵化器、紫荆谷成都创新发展中心等国际化孵化器，布局建设"韩国文化生活馆"，为中韩企业提供产品展示交易平台；在园区设置中文、韩语、英语三种文字标识系统，菁蓉汇外围吉泰路段引入韩国特色商家、咖啡吧等，打造韩国风情街，形成充满韩国元素的生活及创业氛围；在中韩两国组织召开技术交流会、创新创业大赛、行业及项目对接会、创新创业论坛、在线路演等创新创业活动。

——中日园区，致力于形成文创合作新样板。锚定新时代中日双向开放发展引领区、西部文创产业发展典范区、中日第三方市场联合拓展先行区定位。在工作重点上，进一步细化中日（成都）地方发展合作示范区总体方案，完善推进机制；瞪羚谷片区加快招引中日合作项目入驻，骑龙片区完成深度城市设计规划依托大数据、物联网、云计算等新技术，打造中日双边新型文化贸易促进和交易平台；积极扩大对日本动漫游戏、创意设计、信息服务等领域的服务进口，大力促进特色信息服务、数字媒体、动漫游戏、会展、文化旅游等领域的服务出口，筹备建设电竞赛事场馆；从项目促进、突破政策、载体运营、合作机制、金融服务等方面加快国家化、法制化、便利化园区服务体系建设；新建中日国际会客厅，打造对日宣传展示、项目推介、项目路演会谈接洽新平台，加快推进中日联合创新中心、日本中心、日本商业街等产城融合的载体空间建设。

六　优化创新环境，生态建设迎来新局面

（一）创新创业载体高效集成

科技创新中心的建设离不开创新创业范围的营造，成都正着力打造创新创业模式新业态，已初步构建了"3+M+N"双创载体布局，创新创业影

响力逐步攀升。国家大学科技园建设稳步前进，拥有国家大学科技园4家，位居全国第4、副省级城市第2。国家级孵化器及备案空间加速集聚，截至2020年底，全市拥有国家级科技企业孵化器21家，拥有国家备案众创空间49家，累计建成市级以上科技企业孵化器及众创空间251家，总量较2015年增长190%，孵化出极米科技、可可豆动画等发展势头强劲企业。国家备案众创空间及孵化器数量位居全国前列，2019年，国家级孵化器及备案众创空间数量均位居副省级城市第8。此外，为探索构建创新生态的新模式，成都启动建设了1000万平方米高品质科创空间，将科创空间作为产业基础能力和公共服务平台的主要承载区以及未来产业生态功能和新市民生活空间的集中展示区。

> **专栏3-6　成都高品质科创空间样板示范**
>
> ——成都芯谷高品质科创空间。成都芯谷高品质科创空间位于成都芯谷产业园，主要设立芯谷产业研发中心、重点实验室、工程技术中心等研发中试平台。成都芯谷已落地中国电子成都芯谷研创城、中国电科成都产业基地等重大产业化项目33个、协议总投资654亿元，建成银河·596科技园等科技创新孵化载体47.1万平方米，空港中央公园、体育中心等高品质生活配套设施同步推进。
>
> ——成都天府国际生物城。成都天府国际生物城科创空间计划建设200万平方米，目前已建成符合GMP标准设计要求的60万平方米生物产业孵化园，已成功引进先导药物DNA编码化合物筛选平台、华西海圻新药安全性评价中心、康诺亚抗体中试生产平台等18个共性技术平台。秉持将城市建在森林中，将实验室建在花园里理念，天府国际生物城生产空间集约高效、生活空间尺度宜人、生态空间山清水秀的"三生融合"空间体系已逐步呈现，小学、幼儿园已建成开学，校园风景雅致洁净，湖畔餐厅、711便利店、弥远咖啡等生活配套正式营业，为企业员工带来便利。同时，依托400亩永安湖生态绿心、锦江

优质水资源及植被繁茂为生态本底打造的中央森林公园2020年将投运，实现"开门见田、推窗见绿"；通过城市绿道系统，形成绿道慢行系统和生产生活空间的无缝连接。

——天府海创园。天府海创园总建筑面积70万平方米，项目分两期建设，一期总建筑面积约41.8万平方米，由5栋高层科研办公楼、8栋独栋办公楼、1栋展示中心以及4栋科研办公楼组成，目前项目主体结构已完工，预计2020年9月建成投运。二期为28万平方米园区商业配套，计划于2022年竣工。园区规划了VR体验中心、人才之家、无人超市、美食中心等。瞄准产学研一体化优势，天府新区将发挥中科院成都科学研究中心、中国科学院大学成都学院技术攻关和人才聚集作用，以海康威视等头部企业为引领，依托天府海创园搭建技术成果转移转化和企业孵化培育平台，助力打造共生开放的产业生态。

（二）创新"软"环境营造彰显成都魅力

创新"软"环境能够折射出城市或区域的创新制度环境，近年来，成都在创新环境打造上全面发力，2019年"国际化营商环境建设年"将创造一流营商环境作为"头号工程"，在市场投资环境、政务服务环境优化、科研创新环境培育、人才要素环境营造、法治保障环境构筑等方面取得积极进展，城市显示度和吸引力不断提升。此外，成都积极深化"创业天府"行动计划，举办"菁蓉汇""校企双进系列活动"170余场次，新办2020成都新经济"双千"发布会、2020成都全球创交会暨首届链博会、成都"智"造新技术新产品云对接专场等活动，成为公认的全国"双创"第四城，"双创"工作再获国务院表扬奖励。除硬件设施和制度环境外，一个城市的创新文化与创新氛围对催生创新活动也至关重要，我们相信"创新创造、优雅时尚、乐观包容、友善公益"的天府文化与"崇尚冒险、不甘失败、激励草根、开放包容"的创新精神也深度契合，二者相互渗透所形成的滋养创新的土壤和创新文化，大大激发了各类创新主体的创新热情。

（三）科技金融体系构建凸显成都特色

诺贝尔奖得主希克斯曾说，"工业革命不是技术创新的成果，或者至少不是直接的结果，而是金融革命的结果"。金融对科技创新发展至关重要，"社会进步的每一次产业革命，都是源于科技创新，而成于金融创新"。近年来，为切实解决科技型企业的"融资难""融资贵"问题，成都一直在努力，当前已经建立三大科技金融专项扶持政策+三个科技金融创新服务平台+多个科技金融服务产品的"3+3+N"科技金融服务模式，初步构建起具有成都特色的"创业投资+债权融资+上市融资"多层次科技金融投融资体系。在政策方面，先后出台了《成都市科技金融资助管理办法》《成都市促进创业投资发展若干政策措施》等政策措施。《成都市科技金融资助管理办法》是成都市首次成体系制定的推进科技金融的政策，从发布至今历经多次修改与完善。在创新财政科技投入方面，设立成都市科技创业天使投资引导资金、组建市级科技企业债权融资风险资金池等方式，将以往以"撒胡椒面"方式为主的直接补助，变为整合社会资源的"药引子"，打造撬动银行、担保、创投机构合力的支点。截至 2020 年 6 月，已联合社会资本引导组建天使投资基金达 14 只、总规模 16 亿元，已完成投资项目 106 个，投资总额 7.443 亿元，帮助了 1494 家科技型企业获得银行信用贷款 77.90 亿元。[①] 在推进创新企业与金融机构对接上，搭建了银企对接通道，建设"科创通"平台，帮助金融、投资机构在企业（项目）上把关，把有发展潜力、具有核心技术的优质企业（项目）推荐给金融机构。在知识产权运营新模式的探索方面，出台了《成都市知识产权运营基金暂行管理办法》，引导社会资本促进知识产权转移转化，支持产业创新链、价值链、资金链、服务链不断完善。截至 2020 年 6 月，知识产权运营母基金已参股组建知识产权运营子基金 3 只，基金总规模 12.13 亿元；完成

---

① 数据来源：科创通网站整理。

投资项目16个，投资总额为3.05亿元。

> **专栏3-7　盈创动力科技金融平台抒写成都科技金融工作亮点特色**
>
> 　　成都高新区作为首批促进科技与金融结合试点地区，不断加强科技金融创新，由管委会下属国有独资公司成都高新科技投资发展有限公司投资打造了盈创动力科技金融服务平台，为科技型中小微企业提供债权融资服务、股权融资服务和增值服务，着力缓解中小企业"融资难""融资贵"问题。作为成都市科技金融工作最具代表性的范例，盈创动力科技金融服务模式得到了国务院的认可，成为全国推广的科技金融改革创新经验之一。盈创动力从科技型中小企业的需求出发，同步建设物理和信息"两个服务载体"，依托"互联网+"延伸服务触角，实现了对资本供给侧和需求侧的快速精确匹配。截至2019年底，盈创动力已累计帮助企业获得债权融资超过535亿元，股权融资近86亿元，累计服务中小微企业超3万家，助推80余家企业改制上市。2020年新冠肺炎疫情期间，盈创动力也积极为企业纾困，例如，为成都润兴消毒公司通过"园保贷"紧急"输血"1000万元，为成都沈小福信息技术有限公司提供100万元的信贷资金，为成都凡米科技有限公司提供200万元纯信用贷款等，帮助这些企业度过了最困难的时期。

第四节

成都推进科技创新中心建设愿景规划

　　"十四五"时期，是成都建设具有全国影响力的科技创新中心的关键5年，面对百年未有之大变局，面对新一轮科技革命和产业变革的时代大势，面对迈向可持续发展的世界城市的宏伟目标，成都比以往任何时候都需要科技创新这一动力引擎，坚持创新在发展全局中的核心地位，以建设科技创新中心为引领是成都高质量发展的必由之路。成都建设国家科技创新中心既是国家赋予成都的光荣使命，也是成都践行科技自立自强增强战略科技力量的主动作为担当，只有立足自身资源禀赋，以增强科技创新中心功能为主线，发挥科教资源富集等比较优势，补齐企业创新能力不足等关键短板，才能化被动为主动，化挑战为机遇，化劣势为优势，才能为成都成为带动全国高质量发展增长极和动力源提供核心支撑，才能在全球城市竞争中奋勇向前。此外，成都建设具有全国影响力的科技创新中心要始终坚持以习近平新时代中国特色社会主义思想为指导，深入学习贯彻党的十九大和十九届三中、四中、五中全会精神和习近平总书记对四川及成都工作系列重要指示精神，立足成渝地区双城经济圈建设，紧紧围绕建设具有全国影响力的科技创新中心主题主线，聚焦打通科学发现、技术发明、产业发展一体贯通路径，着力提升创新基础能力、壮大创新主体、完善创新链条、构建创新生态，塑造城市核心竞争力和可持续发展能力，为建设践行新发展理念的公园城市示范区、建成具有全国影响力的科技创新中心提供强大支撑，为国家建设科技强国贡献成都力量。

一　着眼科技自立自强，铸就国家战略科技力量

科技创新中心建设的重要任务是体现使命担当，主动为国家科技强国建设服务，因此，要瞄准全球科技前沿研究动态和国家重大战略需求，围绕"四个面向"，加快推进西部（成都）科学城、综合性国家科学中心、天府实验室聚势赋能，整合全球顶尖创新资源，提升科技源头创新能级，构造高质量发展的核心动力源。

（一）高标准建设西部（成都）科学城

立足成都创新资源优势和城市发展战略，构建西部（成都）科学城"一核四区"为主的空间功能布局，辐射带动66个产业功能区，推动以城聚势，

实现创新赋能。在分区上，不同区域承载不同的功能与使命，成都科学城聚焦提升创新驱动和原始创新功能，着力基础研究和应用基础研究，打造具有全国重要影响力的原始创新高地。新经济活力区围绕新经济企业和创新型团队汇集区功能定位，以重大科技项目、载体为依托，引聚全球顶尖创新人才（团队）。生命科学创新区锚定全球医药健康创新创业要素汇集区的定位，聚焦生物技术药物、高性能医疗器械、精准医疗、智慧健康等领域，打造世界级生物产业创新与智造之都。东部新区未来科技城围绕国家创新型大学和创新型企业汇聚区的定位，聚焦产业链关键、缺失环节引进培育头部企业和重大创新平台，提升全国先进的研发设计、制造和系统集成技术水平。新一代信息技术创新基地锚定全球电子信息产业高端要素汇集区的定位，大力发展集成电路、新型显示、智能终端、网络通信等领域，打造国际知名的中国新"硅谷"。

（二）高水平争创国家综合性国家中心

按照综合性国家科学中心建设要求，未来几年，成都首先要做的事情是搭建一批高能级科学研究平台。具体来说，聚焦先进能源、空天科学、基础医学、光电信息等前沿领域，依托中科院、中物院、川大、电子科大等高校院所布局建设一批国家重大科技基础设施。围绕已建、在建和拟建的国家重大科技基础设施布局建设宇宙线物理研究与探测技术研究平台、国际深地科学研究中心、成都空间电磁探测研究中心、型光学红外望远镜科学研究中心等前沿学科交叉研究平台。加快建成成都超算中心，优化管理运营方式，打造全国重要的算力功能服务平台。

（三）构建以天府实验室为引领的优势创新资源体系

天府实验室建设是成都科技创新中心建设的重要抓手，工作推进的重中之重，要高起点建设天府实验室，建立天府实验室稳定支持专项机制，开展战略性、前瞻性、基础性研究，力争3—5年突破一批"卡脖子"关键核心技术。优化在蓉技术研发及转化平台布局，聚焦人工智能、新一代信息技术、智能制造、生物医药等重点产业技术领域和科技前沿方向，依托高校、科研院所和骨干企业等前瞻部署建设一批国家级技术创新平台。加强与中科院、工程院等高校院所合作，重点支持中国科学院大学成都学院等研究型大学建设。按照"一校一策"方式，重点支持四川大学、电子科技大学建立健全现代大学制度，全力冲刺世界一流大学。支持电子科学与技术、信息与通信工程、口腔医学、交通运输工程、石油与天然气工程等优势学科建设世界一流学科。

二 聚焦公园城市示范，打造科技赋能民生体系

公园城市建设是成都的特色，科技创新中心建设，要围绕建设践行新发展理念的公园城市示范区，坚持以科技创新保障人民生命健康、提升人民生活品质，满足人民日益增长的美好生活需要，加强人民生命健康、城市生态、城市治理等普惠公共科技供给，加快"新基建"赋能城市数字化、智能化发展，打造数字孪生、融合创新的城市级科技应用新场景，创建面向未来的智慧城市，实现科技进步、创新发展的社会价值。

（一）促进民生关键领域创新发展

针对人口老龄化和重大疾病防控，重点发展慢病诊疗、传染性疾病防控、康复重建等领域，研发广谱药物抗体、通用疫苗、照护机器人、健康状态监测等技术，加强人民生命健康保障。强化科技赋能超大城市治理，发展人工智能、大数据、云计算、物联网等前沿技术，推进城市治理工作数字化、网络化、智能化，推动城市治理系统化、精细化、动态化，提升城市治理能力和治理水平。打造可持续的公园城市生态，坚持城市绿色可持续发展，着力建设"无废城市"，提升水体综合治理修复与资源化、大气多污染物协同治理、固体废弃物处置和资源循环利用等技术设备研制水平，增强生态产品供给能力。

（二）推进新型智慧城市基础设施建设

建设"双网融合"基础设施，以工业互联网、城市物联网为牵引，加快推进"双网融合"，构建引领未来城市的数字基础设施和底层操作引擎，打造最具活力的新经济新业态新技术超级试验场，推动形成融合共生的城市内涵发展新模式。打造国际领先的算力中心，加强国家数字经济创新发展试验区核心区、国家新一代人工智能创新发展试验区建设，统筹布局建设一批数据中心，加快构建智能算力体系，引导数据中心向规模化、一体化、智能化方向发展，夯实算力中心数据、内容、算力承载平台功能。

（三）培育面向未来城市的新经济新场景

契合城市发展需要和人民对美好生活向往的需求，着力培育新经济应用场景，构建以应用需求为牵引的逆向创新模式，为源头创新提供方向指引，为企业"二次开发"提供试验空间，为创新成果应用提供市场接口，促进场景赋能、科技创新、产业发展良性互动，打造标志性的城市级科技应用新场景。大力支持创新型企业、新型研发机构等建设"创新应用实验室"、"未来场景实验室"、创新生态联盟，鼓励产业功能区建设行业数字技术及解决方案社区，构建产业互联网平台，汇聚技术、数据、人才、资本等关键要素赋能场景建设。支持场景创新生态联盟整合行业专家、投资机构、应用企业等多方力量，协同参与重大场景项目凝练、建设和运营，征集优秀解决方案，完善新经济产业生态，孵化新经济企业。

三 加快科技成果转化，贯通科技服务创新链条

科技创新尤为重要的一点是要与产业发展相结合，要将科技创新优势转化为城市发展优势，因此要深刻把握科技创新服务产业发展及城市发展的核心要求，挖掘成都科技资源富集优势，立足企业创新能动作用，聚焦体制机制改革，集聚"蝶变"势能，以高品质科创空间建设、科技型企业

集群培育、校园企地协同为重点，加快推进新技术新模式新业态转化为新竞争力，驱动产业链畅通、创新链贯通、价值链融通。

（一）加快建设高品质科创空间

按照打造全链条、全周期、全要素、全方位产业创新生态系统的设计标准，聚焦"11+2"重点区域搭建科创空间。加快提升高品质科创空间企业、人才、平台、专业服务机构等创新要素集聚能力，完善创新功能，打造城市产业创新的策源地和聚集地，切实建设具有比较优势的产业功能区创新功能核心承载地。加强科创空间运营管理服务，提高管理运营团队在研发服务、成果交易、创业融资等方面的专业化服务能力。建立以创新资源集聚、创新能力提升为主的考核指标体系，构建市区联动的综合考核机制、常态化的监测评估机制。

（二）培育壮大科技型企业集群

孵化培育高技术初创类企业，升级实施"创业天府"行动计划，市场化、常态化开展创业天府"菁蓉汇"系列活动，支持高校院所科研人员与企业家、投资人等社会主体开展联合创业，培育大批具有高技术含量的初创企业，培育成都企业体系的基础竞争优势。培育"高精尖"科技型中小企业，瞄准产业链核心环节和产业价值链高端，筛选一批"专精特新"、具有前沿创新技术的科技型中小企业，建立动态调整的细分行业领军企业培育库，在创业服务、融资担保、知识产权保护等方面给予支持。促进高新技术企业倍增发展，实施"小升高"培育行动，建立科技型中小企业备案制度，遴选一批"种子企业"，开展"一对一"挂钩帮扶机制，推动科技型中小企业快速成长为高新技术企业。

（三）推动校院企地协同创新

深化环高校知识经济圈创新建设发展，深化"政府＋科创空间＋高校院所＋企业"合作模式，促进科技成果转移转化，建设"基础研究＋技术攻关+成果产业化"全过程创新生态链。推进产业功能区链接高能级创新资源,支持产业功能区与高校院所建立利益联结机制,根据产业功能区产业发展和建设需求,精准定位合作高校和科研院所,搭建高校院所与产业功能区和企业精准对接平台,加强高校院所与产业支持企业与高校院所开展联合技术攻关、成果转移转化,鼓励在蓉企业牵头实施重大科技项目功能区对接。促进以企业为主体的"产学研"深度融合,支持龙头企业联合高校院所以及产业链上下游企业实施产业集群协同创新项目,开展重大关键技术联合攻关。

四 构建双循环新格局,筑造区域协同创新体系

紧紧围绕协同发展需求,加快推进成德眉资同城化科技协同发展、成渝科技创新协同发展、国内区域合作通道建设与"一带一路"科技创新合作,加快科技资源互联互通和开放共享,促进创新主体提升创新能级,推进创新平台建设与创新活动举办,构筑科技创新开放协同发展新局面。

(一)构建成德眉资同城化发展新格局

加速打破成德眉资科技创新资源配置边界,促进人才、资本、技术等创新资源要素同城化配置,推进科技创新资源的自由流动、开放共享。挖掘企业、高校院所等主体创新能动作用,以创新平台建设、高校院所联合为牵引,以顶尖高校院所、龙头企业为重点,促进成德眉资创新主体的协同联动发展,实现创新能级整体跃升。紧抓成德眉资同城化的核心与关键,强化产业创新协作制度设计,推进成德眉资产业协同发展、集群发展、错位发展,共建主导产业明确、错位分工协同的区域现代产业体系,不断提升都市圈在国际产业分工中的位势。

(二)深化成渝科技创新协同合作

深入推进成渝地区双城经济圈建设,在西部形成高质量发展的重要

增长极,打造内陆开放战略高地,共同争取更多国家重大科技基础设施等大科学装置在成渝落户。深化"先确权、后转化"的职务科技成果所有权和长期使用权改革试点,争取设立成渝职务科技成果权属混合所有制改革示范区,逐步扩大试点范围,使试点单位覆盖到整个成渝区域的高校院所。联合组建成渝地区高新区联盟、大学科技园联盟和"双创"示范基地联盟等创新联盟,支持联盟成员广泛开展协同创新、成果转化、人才培养等交流合作。

(三)拓展国内区域科技合作通道

深化贯彻落实新时代西部大开发战略,积极融入海南自由贸易港、陆海新通道等建设,发挥成都区域优势、通道优势,强化与西部重点省份、重点城市创新协同,共谱西部创新发展新篇章。积极对标学习国内先进地区、城市创新发展经验,与国家重大区域建设创新合作通道,吸引国内先进区域优质资源落地,承接先进区域产业转移。

(四)全面融入"一带一路"开放合作网络

以合作共建、开放共享为原则,推进成都高校院所、企业与"一带一路"沿线国家企业、科研院所合作,建设一批高能级创新平台,为技术研发、资源集聚扩散、成果转移转化提供支撑性平台。聚焦科技园区的强集聚、高产出、昭示性、指标性作用和国内国外市场的高效链接,强化与重点国家合作,推进科技园区建设与创新发展。围绕"一带一路"国际创新合作,以举办"一带一路"科技交流大会、建设"一带一路"人才自由港、推进高校院所国际科技交流合作为抓手,增强与"一带一路"国家的相互认识与了解,强化创新合作共识。

五 深化体制机制创新,建设科技制度改革高地

聚焦创新链关键环节,持续深化创新驱动体制机制改革,着力破除制

约创新创业的体制机制障碍，统筹推进成果转化权属改革、校院企地协同创新、重大科技体制机制改革试点，打通原始创新"最先一公里"和科技成果转化产业化应用"最后一公里"，助推创新型城市建设。

（一）打造科技成果转化机制改革示范区

深化科技成果转化权属改革，建立健全科技成果转化机制，全面深化职务科技成果所有权或长期使用权改革，构建完善的科技成果评价机制，发展培育专业技术经理人和经纪人队伍，以改革为成都发展提供强大动力。完善科技成果转化服务体系，建立健全科技成果转移转化常态化对接机制和市场化服务机制，推动科技成果与产业有效对接，全面提升科技成果转移转化效率。推进军民科技深度融合，支持央属军工单位在蓉发展，推动军工企业混合所有制改革，建立军工和民口企业双向参股机制，鼓励和支持在蓉符合条件的投资主体参与军工企业股份制改革。

（二）建设完善的科研管理体制机制

深化科研评价机制改革，全面贯彻落实国家和省关于项目评审、人才评价、机构评估改革要求，创新项目评审、人才评价和机构评估工作机制。推进科研机构管理体制机制改革，全面落实扩大科研相关自主权政策，建立科研机构不同于一般事业单位的"特区"管理机制，赋予科研事业单位自主独立管理权限，在机构编制、岗位聘用薪酬分配等方面实行更加灵活的管理机制。探索创新新兴产业监管容错机制，探索开展市场准入和监管体制机制改革，按照"非禁即入"的"负面清单"原则，建立更加具有弹性、包容的监管制度，促进创新产品的推广应用和新技术、新产业、新业态、新模式的发展。

（三）推进适应人才发展的体制机制改革

赋予科研事业单位和科研人员更大自主权，要加快推进科研院所改革，赋予高校、科研院所更大自主权，建立重大科技项目、重大关键核心技术"揭榜挂帅"制度,探索建立科研项目经费"包干制+负面清单制"。健全科技人才评价体系,建立正确的科技人才评价导向,建立健全以创新能力、质量、贡献为导向的科技人才评价体系,对从事科技成果转化、应用开发和基础研究的人员分类制定合理的评价标准。探索建立科技人才柔性流动机制,依托社会保障制度改革,破除身份壁垒,推动企事业单位科技人才双向流动。

六 优化高端要素配置,营造一流的创新生态圈

遵循创新发展、科学研究、人才发展等规律,加快创新人才发展制度建设,完善科技金融投融资体系,提供方便快捷的创新服务,提升城市创新创业吸引力,为创新发展营造良好环境。

(一)打造创新人才事业发展高地

加大人才引聚力度,发挥重大平台、重大设施等招引作用,大力招引科技领军人才,集聚城市产业发展所需,靶向引进"高精尖缺"人才,以人才的"智高点"抢占产业的"制高点",创新国际招才机制,积极探索"双向离岸"引才模式,招揽一批海外高端人才,形成八方英才集聚蓉城创新创业的良好态势。创新人才培养机制,深入实施以专业学科建设育才制度,聚焦成都市产业功能区和"5+5+1"现代产业发展需求,积极探索校院企地共培育才模式,加快推进产业科技人才培养,加强基础研究拔尖人才培养,积极探索具有国际水平的科技人才育才机制。优化人才发展环境,以国际化的视野和标准打造一批高品质国际化社区,持续提供人才优质服务,实行"一站式"综合受理服务,健全人性化服务系统,主动为各类优秀人才干事创业搭建平台、提供条件,大力营造有利于人才发展的优良环境。

(二)打造多元化科技金融体系

加快创投主体集聚发展,培育壮大本土创投机构和队伍,促进品牌创

投机构在蓉落户,着力引进投资规模大、管理规范、影响力强的国内外创投机构,培育壮大创业创新项目聚集区。提升政府引导基金运营效能,改进国有创投企业的投入机制和管理模式,强化引导和杠杆作用,由直接投入转为以组建基金间接投入为主。引导金融机构创新金融产品,逐步扩大债权融资风险资金池规模、积极争取国家投贷联动试点、布局多元化的融资产品,加大金融服务对创新发展支持力度。鼓励企业上市融资,积极应对科技型中小企"融资难""融资贵"等难题,激励企业科创板上市及资产证券化融资,鼓励企业利用多层次资本市场加快发展,拓宽融资渠道,增强融资能力。

(三)打造"双创"升级版

健全创新创业载体布局,布局建设创业苗圃、孵化器、硬核科技"二次开发"实验室、中试共享生产线以及重点产业垂直孵化器等载体,提供"科创交流+科创展示+科创传媒+科创培训+科创加速器"重点领域服务。夯实全国"双创第四城"品牌,升级实施"创业天府"行动计划,持续办好"创交会""菁蓉汇"系列活动和创新创业大赛,夯实全国"双创第四城"品牌。加强创新创业文化和科普能力建设,大力弘扬创新创业文化,开展科普活动,完善科普基础设施,在全社会营造敢为人先、宽容失败的创业氛围和学科学、用科学、爱科学的创新氛围,培养全民创新意识、学习能力和实践能力。

第四章

大力发展新经济培育新动能

创业者说（一）

2020年7月1日，哈尔滨地铁在全球首发"戴口罩刷脸乘车"系统。广大乘客进出地铁站时不用摘戴口罩，可以直接刷脸过闸机口并自动完成"先享后付"。在疫情常态化防控的当下，此举大大减少了乘客在地铁站停留时间，可有效保障市民的出行安全。主导研发这一系统的正是成都本土成长起来的新经济企业——成都智元汇。这家创建于2010年的企业，通过十年的发展，已成长为估值达数十亿元的"准独角兽"企业。公司CEO邓波认为，公司的发展和进步，主要得益于成都大力发展新经济培育新动能，持续出台的产业扶持政策；得益于科技的进步和消费的升级，大力推动人工智能、区块链、虚拟现实等新兴技术发展与应用；得益于日益变优的营商环境，从政策、资本、人才、技术、场景等方面构建起有利于新经济发展的要素生态和供给体系，为企业创新发展营造了良好的生长环境。

创业者说（二）

2015年，字节跳动进入成都，从最初只有20人的初创团队，发展到如今成为一个拥有员工超6000人的知名互联网科技企业。字节跳动向前奔跑的速度，也是成都这座城市向上生长，新动能加速起势的外在体现。在字节跳动副总裁张羽看来，近年来，成都大力发展新经济，培育新动能，持续深化稳定公平可及营商环境建设，全力打造最适宜新经济发展的城市，为新经济企业快速发展提供了强有力的支撑和保障。

在新一轮科技革命和产业变革浪潮中，这样的场景每天都在上演。越来越多的创业者选择了成都，越来越多的成功故事发生在成都。成都应时而谋、顺势而为，着眼建设践行新发展理念的公园城市示范区，打造新的动力引擎和现代化经济体系，把发展新经济培育新动能作为推动城市战略转型的重大抉择，作为重塑城市竞争优势的关键之举，推动新经济从创新走向应用、从概念走向实践，加快打造最适宜新经济发展的城市。在站稳优势赛道的同时，竞逐未来赛道；布局新赛道的同时，培育新赛手、建设新赛场。成都，正以新赛道突破自我，瞄准"险远之处"，闯出新路、创出新招、争做先锋。

第一节
成都发展新经济培育新动能的战略抉择

一 成都发展新经济培育新动能的时代背景

20世纪90年代，美国经济经历了长达118个月的景气周期。在此大背景下，"新经济"一词最早出现于美国著名刊物《商业周刊》1996年12月发表的一组文章中，文章对"新经济"进行了首次定义，用于描述信息技术革命所引发的新产业和新发展模式，是指在经济全球化背景下，信息技术革命以及由此带动的以高新科技产业为龙头的经济，具有低失业、低通货膨胀、低财政赤字、高增长的特点。习近平总书记在2014年国际工程科技大会上的主旨演讲中指出，"世界正在进入以信息产业为主导的新经济发展时期"[1]。在2015年12月举行的中央经济工作会议上，又进一步指出："新一轮科技革命和产业变革正在创造历史性机遇，催生智能制造、互联网+、分享经济等新科技、新经济、新业态，蕴含着巨大商机。"[2]新经济提出后，在全球迅速发展，不断地重塑世界经济结构、改变国际竞争格局。从全球范围来看，形成了以美国、德国、新加坡、以色列、中国等国家为主的新经济策源地和活跃区。具体来看，美国以"原创产业"为核心推动新经济发展，德国以"智能制造"为核心推进新经济发展，新加坡以"政府主导"为核心推进新经济发展，以色列以"创新创业"为核心推动新经济发展。从国内来看，目前我国已形成以北上深杭等城市为引领、部分区域中心城市奋力追赶的发展格局。具体来看，北京以"创新驱动"为核心推动新经济发展，上海以"四新"经济为核心推动新经济发展，深

---

[1] 习近平：《让工程科技造福人类、创造未来》，《人民日报》2014年6月4日。
[2] 《习近平关于科技创新论述摘编》，中央文献出版社2016年版，第31页。

圳以战略性新兴产业为核心助推新经济发展，杭州以"互联网+"为核心推动新经济发展，各地发展新经济各具特色、各有侧重。

随着新经济探索实践的不断深化，理论界形成了四种主流新经济观点：一是认为科技和知识成为最重要的生产要素的"新经济增长理论"；二是认为新经济的出现使经济的周期波动越来越平缓的"新经济周期理论"；三是认为随着新经济发展一些旧的经济准则即将失效的"新经济增长源泉论"；四是认为用新动能可带动新经济发展的"S曲线理论"。可以看出，新经济是以科技创新为核心支撑，以体制机制改革为根本保障，以新业态新模式为展现形式，强调实体经济与虚拟经济深度融合、科技创新与制度改革深度融合、资本投入与技术发展深度融合的全新经济形态。

2017年以来，成都牢牢把握新时代机遇，坚定将发展新经济作为贯彻落实习近平总书记新理念新思想新战略的重要抓手，将发展动能由低成本要素驱动，转向创新生态驱动，努力适应新常态、转换新动能、塑造新优势、实现新战略，加快建设最适宜新经济发育成长的城市，新经济正逐步成为经济高质量发展、市民高品质生活、城市高效能治理的重要支撑。

二 发展新经济培育新动能是贯彻习近平新时代中国特色社会主义经济思想的重要实践

（一）深刻领会习近平总书记关于经济发展新思想的重要论述

党的十八大以来，习近平总书记深刻把握经济发展趋势和规律，创立形成了习近平新时代中国特色社会主义经济思想。习近平总书记曾在2014年中央经济工作会议上提出"九大趋势性变化"，历史地、辩证地认识我国经济发展的阶段性特征，表明了我国经济发展正面临速度换挡、结构调整和动力转换节点。习近平总书记关于"世界正在进入以信息产业为主导的新经济发展时期"[①]，以及"新一轮科技革命和产业变革正在创造历史

---

① 习近平：《让工程科技造福人类、创造未来》，《人民日报》2014年6月4日。

性机遇，催生智能制造、'互联网+'、分享经济等新科技、新经济、新业态"①的重要论述，清晰地指出了中国经济发展的历史方位、发展阶段和努力方向，阐明了发展新经济的理论基础、历史背景和现实逻辑，是成都发展新经济遵循的基本认识论、方法论和实践论。

（二）深刻领会习近平总书记关于经济发展新战略的重要论述

习近平总书记指出："推动高质量发展，就要建设现代化经济体系，这是我国发展的战略目标。实现这一战略目标，必须牢牢把握高质量发展的要求，坚持质量第一、效益优先；牢牢把握工作主线，坚定推进供给侧结构性改革；牢牢把握基本路径，推动质量变革、效率变革、动力变革；牢牢把握着力点，加快建设实体经济、科技创新、现代金融、人力资源协同发展的产业体系；牢牢把握制度保障，构建市场机制有效、微观主体有活力、宏观调控有度的经济体制。"②这些战略谋划所蕴含的思想性、针对性和指导性，为成都发展新经济、推动高质量发展指明了总体方向和基本路径。

（三）深刻领会习近平总书记关于经济发展新动能的重要论述

中国经济发展进入新常态，正经历新旧动能转化的阵痛。习近平总书记还强调指出："创新是引领发展的第一动力，是建设现代化经济体系的战略支撑。"③要"通过创新、结构性改革、新工业革命、数字经济等新方式，为世界经济开辟新道路、拓展新边界、增添新动能"。要"推动互联网、大数据、人工智能和实体经济深度融合，在中高端消费、创新引领、绿色低碳、共享经济、现代供应链、人力资本服务等领域培育新增长点、形成新动能"④。这些重要论述，深刻阐明了加快形成新动能的迫切性和关键路径，指明了发展新经济是成都培育新动能的重要战略支撑。

---

① 《习近平关于科技创新论述摘编》，中央文献出版社 2016 年版，第 31 页。
② 《习近平谈治国理政》第 3 卷，外文出版社 2020 年版，第 239 页。
③ 《习近平谈治国理政》第 3 卷，外文出版社 2020 年版，第 24 页。
④ 《习近平谈治国理政》第 3 卷，外文出版社 2020 年版，第 24 页。

可以看出，发展新经济是培育新动能的基础支撑，培育新动能又为实施新战略提供核心依托，而实施新战略又是肩负新使命的根本保障。成都必须准确把握新经济、新动能、新战略之间的内在逻辑，积极抢抓新经济发展的历史性窗口期和战略机遇期，勇肩新使命、重塑新优势，积极构建现代化经济体系。

三 发展新经济培育新动能是推动城市战略转型的重大抉择

（一）民族复兴赋予的城市使命

为国家担当的力度，标定了一座城市未来发展的高度。借民族复兴引领城市的崛起之机，成都应勇担首位责任，更好地发挥国家中心城市辐射带动作用，聚焦高端产业和产业高端环节，大力发展新经济，不断提升产业价值链和产品附加值，推动经济规模优势加速向质量效益和层级领先优势转变，加快构建以成都为龙头引领的区域发展利益共同体，打造动力澎湃的区域协调发展的主引擎。

（二）创新驱动引领的城市转型

城市的市场主体结构，决定着一座城市发展的动能结构和经济发展质量。党的十九大报告指出，"我国经济已由高速增长阶段转向高质量发展阶段，正处在转变发展方式、优化经济结构、转换增长动力的攻关期"[①]。成都需将发展新经济与培育新动能有机结合，培育和壮大新经济市场主体，由单纯依靠生产要素低成本为主的竞争模式，转变为建设具有比较优势的产业生态圈和创新生态链，为新旧动能转换和城市转型提供强劲动力。

---

① 《习近平谈治国理政》第3卷，外文出版社2020年版，第23页。

（三）对外开放带来的城市机会

得益于"一带一路"建设所形成的全面开放新格局，成都改变了在国家对外开放版图中的位置，由"内陆腹地"跃升为"开放前沿"。在新一轮开放中，成都需立足国家对外开放大局，抢抓建设国际门户枢纽和成为"未来之城"的时代机遇，突出重点，深度融入全球产业链高端和创新链核心，大力发展新经济，加速推进新经济产业培育和场景应用，不断发展新业态、新模式，努力实现由跟跑承接到创新引领的角色转变。

（四）城市特性形成的特有优势

成都素有"天府之国""休闲之都"的美誉，正加快建设践行新发展理念的公园城市示范区，全力建设世界上最长的城市绿道系统和最大的城市森林公园，生活成本优势、人才获取优势、创业创新环境优势和城市宜居宜业宜商优势突出，成都需将城市产业生态和宜居宜业宜商优势深度融合，推动新经济"百花齐放"，如此才能使经济高质量发展更加行稳致远、底气十足。

第二节
成都发展新经济培育新动能的顶层设计

一　成都发展新经济的总体思路及目标

2017年是成都新经济元年。成都以新发展理念为指导，在全国率先成立了全国首个新经济发展委员会，将"发展新经济、培育新动能"作为提升城市能级、树立城市核心竞争力、把握历史机遇的城市战略，通过新技术研发、新组织培育、新产业发展、新业态创造和新模式探索，着力新经济形态发展和应用场景培育,以良好的制度环境和发展氛围推进新经济高质量发展,并提出"到 2022 年,基本形成具有全球竞争力和区域带动力的新经济产业体系,成为新经济的话语引领者、场景培育地、要素集聚地和生态创新区,建成最适宜新经济发育成长的新型城市"[①]。为此,成都通过不断探索,系统构建了"1234567"的工作理念,即"一个定义、二维世界、三个转变、四个特征、五条路径、六大形态、七大应用场景"(见图 4-1)。"1234567"是引领成都新经济发展方向的理论基础,是赋能经济高质量发展、市民高品质生活、城市高效能治理的核心。

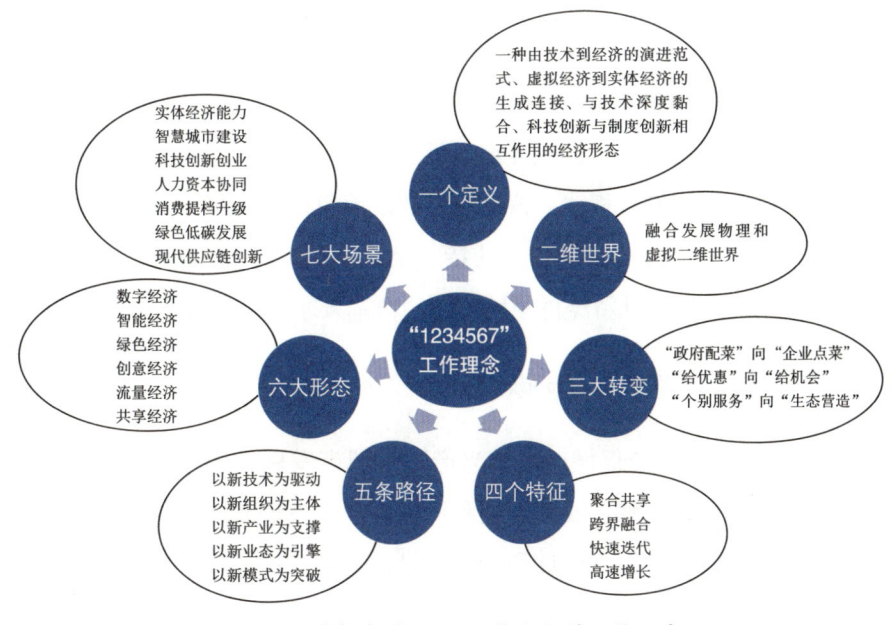

图 4-1 成都市"1234567"新经济工作理念

二 明晰"五条路径"加速创新驱动发展

成都积极践行党的十九大报告"创新是引领发展的第一动力,是建设

---

① 《关于营造新生态发展新经济培育新动能的意见》(成委发〔2017〕32 号),2017 年 11 月 30 日。

现代化经济体系的战略支撑"[①],结合成都的要素禀赋、人文环境提出了新经济发展的五条路径(见图4-2)。

(一)坚持以新技术为驱动

关键核心技术的突破和前瞻有潜力的产业是新经济发展的关键。只有遵循新技术驱动新经济发展的客观规律,在关键核心技术领域实现创新突破,才能握紧在价值链上的主动权。成都紧抓新经济发展的核心要素,提出要聚焦前沿技术,打破转化壁垒,加快推进科技成果向现实生产力转化。

(二)坚持以新组织为主体

组织是实现新经济发展目标的强力保障。经济范式的转变带动生产模式和企业组织模式的变革,在客观上要求与其相对应的组织模式创新。成都顺应和把握变革发展规律,营造良好的发展氛围,积极推动创新企业和创新组织等主体加快成长,培育扶持一批行业领军、"独角兽"和"准独角兽"企业,聚集一批新经济领域的高端领军人才。

(三)坚持以新产业为支撑

"产城融合、以产促城、以城兴产"是城市发展的大势所趋,也是推进城市跃进的强力引擎。成都顺应和把握新产业发展新趋势,组合再造生产要素、工艺流程、创意设计和产业场景,着力发展高新技术产业,持续壮大新经济发展的主导产业,全力打造一批新经济产业聚集区。

(四)坚持以新业态为引擎

新业态是基于不同产业间的组合、企业内部价值链和外部资产链环节的分化、融合、跨界整合所形成的新型企业、商业模式乃至产业组织形态。技术裂变催生新业态、新模式,成为产业转型升级的新引擎。成都推

---

① 《习近平谈治国理政》第3卷,外文出版社2020年版,第24页。

进信息技术与工业化、城镇化、农业现代化深度融合，创新发展互联网金融、互联网教育、IP 经济、精准医疗等新业态，建立"互联网+"创新联盟，开拓经济发展新蓝海。

（五）坚持以新模式为突破

新技术的发展带来商业模式的转变，P2P、O2O 等新模式的大量涌现带来了企业经营理念、运作方式的大幅度变化。保持对新模式的持续探索能够有效帮助组织在发展新经济的过程中不断发挥新技术潜力，保持竞争优势。成都创新发展平台服务模式和共享服务模式，积极引导知名共享经济企业在蓉设立分支机构，持续为新经济发展注入鲜活力量。

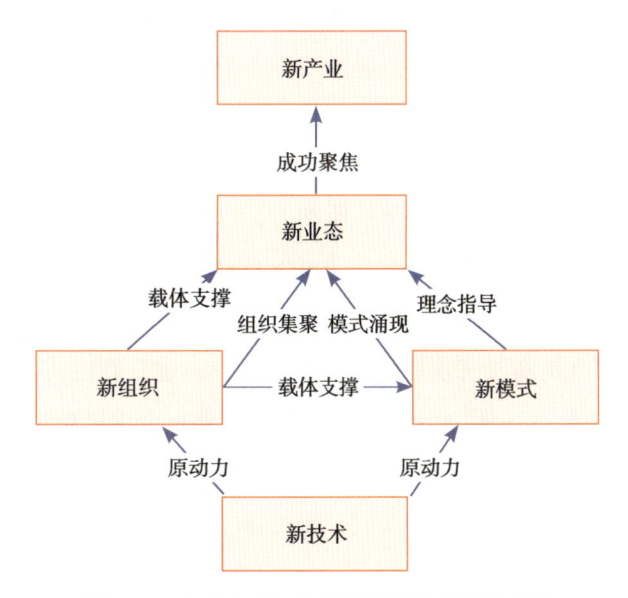

图 4-2　成都市新经济发展基本路径相互关系

三　聚焦"六大形态"构建新经济产业体系

新经济具有四个明显特征，即聚合共享、跨界融合、快速迭代和高速增长，在其发展的不同阶段呈现不同的内涵。成都基于要素禀赋、产业发展基础以及对未来发展方向的科学判断，提出聚焦发展数字经济、智能经济、绿色经济、创意经济、流量经济、共享经济六大新经济产业形态，着力构建具有全球竞争力和区域带动力的新经济产业体系。

（一）重点发展数字经济

数字经济是以数字化的知识信息作为关键要素，以数字技术为核心驱动力，以现代信息网络为重要载体，通过数字技术与实体经济的深度融合，加速重构经济发展与治理模式的新型经济形态。作为新经济的重要组成部分，数字经济既包括以人工智能、大数据、云计算、区块链等新技术为基础的增量市场，也包括传统产业应用数字技术盘活的存量市场。成都聚焦新一代信息技术基础、信息技术软件和硬件领域，大力发展数字经济核心产业，紧紧牵住了新经济发展的"牛鼻子"。

（二）重点发展智能经济

智能经济是以人工智能为核心驱动力，以5G、物联网、云计算、大数据、区块链、边缘计算等新一代信息和智能技术为支撑，通过智能产业化和产业智能化，推动生产生活和社会治理方式产生智能化变革的新型经济形态。智能制造是新经济发展的主要方向之一，也是新经济高质量发展的有力支撑。当前，新一代人工智能技术加速在各行业深度融合和落地应用，推动各领域从数字化、网络化向智能化加速跃升。成都大力发展人工智能、智能制造、卫星及应用服务等领域，实现新经济发展破局。

（三）重点发展绿色经济

绿色经济是以市场为导向、以传统产业经济为基础，以促进经济、社会与环境和谐发展的一种经济形态。党的十九大报告指出：要"推进绿色发展，加快建立绿色生产和消费的法律制度和政策导向，建立健全绿色低碳循环发展的经济体系"[①]。成都聚焦绿色能源生成转换，着力发展绿色产

[①]《习近平谈治国理政》第3卷，外文出版社2020年版，第40页。

业、大力推动绿色生活，既是全面贯彻新发展理念的重要实践，也是新经济发展的内在要求。

（四）重点发展创意经济

创意经济基于智慧性创造，是数字技术、人工智能技术等在文化创意产业领域的广泛应用，是推动文化、科技、经济与社会相互融合所形成的经济形态。文化创意产业已成为全球现代经济体系中最活跃、增长最快、最具发展潜力的产业之一。成都着力发展创意产业、创意设计、创意体验，重点培育具有"蜀"味的原创 IP 经济，推进新经济加速跨界融合，实现多元化发展，构建富有蓉城特色的创意产业体系。

（五）重点发展流量经济

流量经济，是指依靠要素或生产物的流动而带来经济效益与发展的经济形态，其要素包括物流、人流、商品流、现代信息流、商人流、人力资源流、资金流、技术流。在未来发展中，控制流量和入口是赢得发展主导权、占领竞争制高点的关键。成都高度重视流量经济发展，聚焦新金融服务、生产流通、经贸合作、网络社交领域，着力提升流量承载力、流量控制力和流量运作力，为新经济的可持续发展积累动能、运送养料。

（六）重点发展共享经济

共享经济是以信息化技术为支撑，以互联网等技术为依托，整合、共享社会分散化的闲置资源，连接、配置供需资源的新型经济形态。成都聚焦生产服务、流通服务以及消费服务模式创新，发展生产性、生活性和公共性服务共享经济，大力提高生产服务供给能力和资源利用率，实现经济和社会价值最大化，建设共享经济发展的策源地和领先城市。

四 构建"七大场景"厚植新经济发展沃土

成都基于新经济发展特点,以应用示范工程为抓手,着力构建与"六大经济形态"相契合的"七大应用场景",促进新技术推广应用、新业态衍生发展、新模式融合创新、新产业裂变催生,为形成独具成都特色和比较优势的新经济体系提供土壤。

(一)着力提升服务实体经济能力

实体经济是新经济的基础,服务实体经济,是发展新经济的重要出发点和落脚点。党的十九大报告指出:"建设现代化经济体系,必须把发展经济的着力点放在实体经济上,把提高供给体系质量作为主攻方向,显著增强我国经济质量优势。"[①] 发展新经济既要增强创新的引领动力作用,也要注重产业发展的传承和延续;既要依靠科技创新塑造新经济发展优势,也要加速推动新一代信息技术与实体经济的融合应用,加速推动传统产业转型升级。成都明确要重点提升新技术、新模式和新金融服务实体经济能力,推动实体经济在理念、要素、模式等方面进行变革,切实增强经济的创新力、竞争力。

(二)着力推进智慧城市建设

智慧城市既是一座城市未来发展的重要方向,也是新经济最为集中的应用场景,其对新经济发展带动作用明显。成都着力推进智慧政务、智慧城市治理以及智慧民生示范,大力推动智慧产业发展,不断推进大数据、物联网、云计算、传感测控、人工智能与政务、城市管理、产业和民生等领域深度融合,提升经济创新力和城市综合竞争力,驱动新经济和谐、智慧、可持续发展。

---

① 《习近平谈治国理政》第3卷,外文出版社2020年版,第24页。

（三）着力推进科技创新创业

新经济是基于创新链的经济形态，新经济的发展和创新创业环境的优化是互相促进、互为因果的共生关系，良好的创新创业孵化环境是培育新经济的重要手段。成都深入实施创新驱动发展战略，优化创新要素供给渠道，促进创新成果汇聚交易，提升"双创"载体服务效能，推进创新链、产业链、资本链深度融合，加快构建全要素、全链条、全周期的创新创业生态，让创新创业成为成都持续发展的不竭动力。

（四）着力推进人力资本协同

国以才立，业以才兴，新经济作为创新和知识驱动的经济形态，需要把人才作为第一资源和第一支撑要素。成都牢牢把握人是生产力中最活跃、最根本因素的深刻内涵，深入实施人才优先发展战略，积极推进"蓉漂计划"，大力推进人力资本结构优化、精准匹配和跨界融合，持续优化人力资本服务，加速建立符合城市发展需要的人力资本协同机制，使人口资源优势加快向人力资本优势转变。

（五）重点推进消费提档升级

消费是拉动经济增长的内生动力，"消费城市""生活城市""休闲之都"是成都的鲜明特质和独特印记。当前，成都已实现了从"千年商都"到"中国新时尚之都"的进阶。成都依托国际消费中心城市建设，紧盯消费新需求、新热点、新模式，下大功夫拉动消费，着力发展个性消费、多元化消费业态，优化消费环境，提升消费层级，塑造互联网时代的"成都服务"和"成都消费"品牌，以新消费引领新经济发展。

（六）重点推进绿色低碳发展

绿色低碳发展既是当今世界发展潮流，也是一场深刻的革命。成都牢固树立绿色发展理念，把绿色发展贯穿城市建设管理全过程和各方面，培育绿色低碳文化，推动生产、生活和城市绿色化，开展循环经济试点，推动生产方式和生活方式变革，让绿色消费、绿色出行、绿色居住成为新风尚，既是经济发展方式转变的内在要求，也是新经济发展的基本遵循。

（七）重点推进现代供应链创新应用

现代供应链既是一个新型组织形态，也是一个开放平台，其发展的核心价值就是全球协同、高度整合，从而实现商流、物流、信息流、资金流"四流合一"。成都高标准推进国家供应链体系建设综合试点，围绕制造、农业、流通、金融领域，着力打造供应链服务平台，推动智慧供应链发展，积极构建现代化全球供应链体系，是"赋能"新经济发展的创新之举、有力之举。

第三节 成都发展新经济培育新动能的创新实践

成都围绕成为新经济的话语引领者、场景培育地、要素集聚地和生态创新区的发展目标，着力创造新场景、发展新要素、形成新产业、营造新生态，系统推进发展新经济培育新动能的实践。建设"最适宜新经济发展的城市"，成都正以行动书写答卷。

一 创新体制机制，下好引领发展"先手棋"

（一）建立"一委一院一俱乐部"

发展新经济，离不开完整的服务组织体系。成都以新一轮机构改革为契机，在全国范围内率先成立协调服务新经济发展的专门机构——成都市新经济发展委员会，总体谋划和统筹推进成都新经济发展。2017年9月，成都新经济发展研究院成立，为成都新经济发展提供态势感知、趋势预测、政策设计、决策判断、平台运营、对外合作、生态建设等方面的服务和支撑，打造新经济发展的专业智库，助力成都率先探索并进入新经济"无人区"。由成都新经济发展研究院牵头组织成立全国首个城市级新经济企业俱乐部，汇聚各类专业机构、领军企业、产业联盟和行业协会，定期或不定期开展政府和企业深度对话，为新经济企业搭建集政、产、学、研为一体的资源合作交流复合平台，建立了"政府+智库+企业家组织"的完整的新经济发展服务组织体系。

（二）系统完善政策扶持体系

2021年3月3日，极米科技在科创板上市，是成都第6家科创板挂牌上市企业。"在极米的成长过程中，如果没有成都市的大力支持，包括给予租金减免、政策扶持和宣传资源等方面的帮助，极米也不会发展得这么快。"极米科技董事长钟波表示。好经济需要好环境助力，从"无人超市"到阿里巴巴，都需要科学的政策顶层设计，企业的发展离不开政策扶持。成都着力制定精准政策体系，出台《关于营造新生态发展新经济培育新动能的意见》，其作为指导新经济发展工作的纲领性文件，明确了新经济发展的具体目标及18条具体支持措施，并分别出台"六大形态""七大应用场景"实施方案；同时，围绕政府治理方式转变和创新、创业、创投等领域，出台科技创新、企业引培、资本支持、人才引育、税收优惠等配套政策，形成"1+6+7+N"的政策体系并统筹推进，向市场主体精准推送政策福利包，推动新经济政策由"配菜"向"点菜"转变，为新经济发展提供强有力的政策支撑。（见表4-1）

表4-1　　　　　成都市发展新经济培育新动能的重点政策

序号	类别	政策名称
1	主体文件	《关于营造新生态发展新经济培育新动能的意见》（成委发〔2017〕32号）

续表

序号	类别	政策名称
2	六大形态	《成都市推进数字经济发展实施方案》（成经信发〔2018〕6号）
3		《成都市推进智能经济发展实施方案》（成经信发〔2018〕5号）
4		《成都市推进绿色经济发展实施方案》（成发改环资〔2018〕244号）
5		《成都市推动创意经济发展的实施方案》（成文广新发〔2018〕119号）
6		《成都市推进流量经济发展的实施方案》（成商务发〔2018〕14号）
7		《成都市推进共享经济发展的实施方案》（成新经济〔2018〕7号）
8	七大应用场景	《成都市"互联网＋城市"行动方案（2017-2020）》（成府函〔2017〕200号）
9		《成都市推进双创平台提能增效实施方案》（成科字〔2018〕102号）
10		《成都市推进人力资源协同示范工程的实施方案》（成组通〔2018〕90号）
11		《成都市创新发展生活性服务业建设高品质和谐宜居生活城市的意见》（成委发〔2018〕6号）
12		《成都市打造社区商业消费新场景构建社区优质生活服务圈工作方案》（2018-2022）（成生活性服领办〔2018〕10号）
13		《成都市关于推进现代供应链创新应用的实施方案》（成口岸物流办发〔2018〕7号）
14		《成都市关于推动新一代人工智能发展的实施意见》（成办发〔2018〕18号）
15		《成都市虚拟现实产业发展推进工作方案》（成经信函〔2018〕338号）
16		《关于供场景给机会加快新经济发展若干政策措施的通知》（成办发〔2020〕34号）
17	人才	《关于深化人才发展体制机制改革 加快推进国家中心城市建设的实施意见》（成委发〔2017〕1号）
18		《成都实施人才优先发展战略行动计划》（成委办〔2017〕23号）
19		《成都市引进培育急需紧缺技能人才实施办法》（成人社发〔2017〕37号）
20		《成都市鼓励企业引进培育急需紧缺专业技术人才实施办法》（成人社发〔2017〕38号）
21		《关于创新要素供给培育产业生态 提升国家中心城市产业能级的人才安居工程的实施细则》（成房发〔2017〕101号）
22		《成都市引进培育大数据人才实施办法》（成办函〔2019〕59号）
23	技术	《成都市促进科技成果转移转化行动方案（2017—2020年）》（成办发〔2017〕5号）
24		《关于创新要素供给培育产业生态 提升国家中心城市产业能级科技成果转化政策措施的实施细则》（成科字〔2017〕114号）

续表

序号	类别	政策名称
25	技术	《关于大力发展高新技术服务业支撑产业技术功能区及园区建设增强西部科技中心功能的实施意见》（成办发〔2018〕15号）
26		《成都市关于鼓励知识产权成果进场交易的若干措施》（成科字〔2019〕61号）
27	资本	《成都国家中心城市经济证券化行动计划》（成办函〔2017〕146号）
28		《关于进一步加快建设国家西部金融中心的若干意见》（成委发〔2018〕10号）
29		《成都市科技创业天使投资引导资金管理办法》（成科字〔2018〕201号）
30	数据	《成都市公共数据管理应用规定》（成都市人民政府令第197号）
31		《成都市政务云建设规划（2017—2020年）》（成大数据办〔2017〕60号）
32		《成都市大数据产业发展规划（2017—2025年）》（成信领办〔2017〕10号）
33		《成都市促进大数据产业发展专项政策》（成办发〔2017〕30号）
34		《成都市促进大数据发展工作方案》（成新经济〔2019〕11号）
35	营商环境	《成都市工商行政管理局关于支持服务新经济发展的指导意见（试行）》（成工商发〔2017〕67号）
36		《成都市加快推进"互联网+政务服务"工作方案》（成府发〔2018〕2号）
37		《成都市创新管理优化服务 培育壮大经济发展新动能 加快新旧动能接续转换工作实施方案》（成办发〔2018〕6号）
38		《成都市推进政务服务"仅跑一次"改革工作方案》（成办函〔2018〕14号）
39		《关于对新经济实行包容审慎监管的指导意见》（成依法行政办〔2018〕5号）
40	企业培育	《成都市新经济企业梯度培育若干政策措施》（成府函〔2018〕74号）
41		《成都市新经济梯度培育企业认定办法（2020修订）》（成新经济领办〔2020〕6号）
42		《关于培育平台企业的实施意见》（成办函〔2018〕49号）
43		《关于加快新经济企业引进的工作措施》（成投促发〔2018〕3号）
44		《关于深化"互联网+先进制造业"发展工业互联网的实施意见》（成府函〔2018〕131号）

（三）建立健全新经济工作机制

完善的工作机制是发展新经济的重要保障。针对新经济新业态跨界融合、难以统计的问题，成都抢抓"三新"统计试点机遇，建立新经济指标体系，创新制定成都特色新经济行业分类目录，开展统计普查，摸清全市新经济发展的"家底"。建立成都新经济大数据监测平台，实时监测新经济总体发展态势、企业情况、区域发展情况等；针对新经济新业态快速迭代、高速增长的特点，建立全国重点城市新经济发展水平动态监测机制，形成新经济"行为预测""横向对比"体系。创新建立适应新经济发展需求的政府考核体系，将新经济营收、企业增长、获得风投、场景培育、创新产品推广应用等纳入考核指标，切实压实新经济重点工作任务。

> **专栏 4-1 成都新经济大数据监测平台助力新经济快速发展**
>
> 　　为推动新经济研究从"结果分析"到"趋势预测"，成都市新经济发展委员会牵头建立了"成都新经济大数据监测平台"。成都新经济大数据监测平台从 2018 年 12 月开始试运行，于每季度末抓取互联网公开数据并生成监测报告。
>
> 　　作为成都市发展新经济培育新动能工作的数字化决策辅助系统，该监测平台主要通过采集分析新经济关键量化指标有关数据，对全市及各区（市）新经济发展水平进行动态监测，开展成都市与国内新经济代表性城市的对标分析，对成都新经济企业进行全息画像、发掘未来的"独角兽"企业，提供国内外新经济发展最新资讯查询。
>
> 　　"整个系统所有功能的数据都会自动更新，可以为我市新经济发展提供态势感知和决策参考。"数联铭品相关负责人表示，监测平台运用大数据、云计算、可视化分析等先进技术，对成都新经济发展相关的资讯、企业互联网行为等数据进行采集、分析并提供查询功能，数据实时自动更新，定期生成报表和报告，从而实现全市新经济发展情况的动态监测。"随着成都市发展新经济培育新动能工作的展开与深入，整个系统的功能将会根据需求进行迭代升级。"

二 聚焦市场主体，打好梯度培育主动仗

（一）因企施策梯度培育企业

发展新经济，培育是核心。企业是科技创新的主体，孵化载体是产业培育的土壤。成都深入实施新经济企业梯度培育计划，出台《成都市新经济企业梯度培育若干政策措施》，针对新经济企业全生命周期的不同"痛点"与"需求"，分层分级、精准施策，提出加强人才保障、拓宽融资渠道、建立企业交流圈、强化企业品牌宣传等7条普惠政策，以及针对种子企业、"准独角兽"企业、"独角兽"或行业领军企业的5条个性化支持政策，全力打造"独角兽/行业领军＋准独角兽＋种子企业"新经济企业发展梯队。建立市、区（市）县两级新经济企业梯度培育库，设立5000万元新经济发展专项资金，帮助种子企业降低成本，提升"准独角兽"企业行业显示度，建立"独角兽"企业发展的良好生态。一批成长性高、爆发力强、潜力大的优质新经济企业加速培育，截至2020年底，已累计培育新经济梯度企业1318家，企业营收从1138亿元增至2087亿元，年均增长率达35%。（见表4-2）

表4-2　　　　　成都市新经济梯度培育企业认定标准[①]

类别	特点	分类标准
"种子"企业	处于创业期，具有较好发展前景、商业模式得到资本和市场初步认可的新经济企业	满足下列条件之一： （1）获得过投资（含个人或机构，下同），未上市，且估值1000万美元至1亿美元（含1000万美元）； （2）未上市，上一年度主营业务收入1000万元至1亿元（含1000万元），连续2年主营业务收入增长率均超过20%； （3）对于成立不到三年，未对外融资，以上两条均不满足，但技术确有领先性、创新性、潜力性的硬核科技企业，经专家组认定，可纳入种子企业。

---

① 《成都市新经济梯度培育企业认定办法（2020修订）》（成新经济领办〔2020〕6号），2020年5月28日。

续表

类别	特点	分类标准
"准独角兽"企业	呈爆发式增长趋势的新经济企业	满足下列条件之一： （1）获得过投资，未上市，且估值1亿美元至10亿美元（含1亿美元）； （2）未上市，上一年度主营业务收入1亿元至10亿元（含1亿元），连续2年主营业务收入增长率均超过20%。
"独角兽"或行业领军企业	具有发展速度快、创新能力强、具备一定规模等特性的新经济企业	（1）"独角兽"企业条件：获得过投资，未上市，且企业估值超过10亿美元（含10亿美元）； （2）行业领军企业条件：未上市，上一年度主营业务收入超过10亿元（含10亿元），连续2年主营业务收入增长率均超过20%。

（二）实施新经济"双百"工程

新经济企业是城市新经济发展最稀缺的战略性资源和最重要的竞争力。2018年5月，成都启动"发展新经济培育新动能"新经济企业梯度培育计划暨"双百"工程，重点聚焦5G、大数据、区块链、网络与信息安全、集成电路、人工智能、生物制药等16个新经济优势赛道，按照"市场认可、资本认可、行业认可"的原则，综合考虑企业规模实力、经营能力、创新能力、行业发展前景、社会贡献、团队竞争力和人才基础条件、产业洞见力、管理能力、创新能力、所在企业综合发展能力等因素，在梯度培育企业中每年遴选出百家重点企业和百名优秀人才给予重点支持、重点培育，打造新经济"主力部队"。墙内开花遍地香，截至2020年底，已累计培育新经济"双百"企业224家，其中，连续两年营业收入增速超过50%的企业达121家，利润增速超过100%的企业达30家，估值翻番的企业达12家。

（三）鼓励创新产品研发投用

发展新经济，离不开技术、产品的突破和应用。成都围绕新经济创新产品全生命周期，针对导入期、成长期、成熟期的创新产品开展差异化政策支持。大力支持新经济企业研发创新，制定"成都新经济创新产品目录",搭建成都新经济创新产品交易平台和创新产品"线上发布大厅",增加中小企业在政府采购中的份额,探索开展创新产品推广应用保险补偿,用市场化机制支持新经济创新产品推广应用。2020年"线上发布大厅"共发布创新产品超1000个。复工复产期间,通过机会清单的匹配和链接,体温监测系统、无人机、机器人等100余家新经济企业创新产品和服务在产业园区、办公楼宇、医院车站等场所,投入规模化使用,为市民提供了便利、优质的感知体验。

> **专栏 4-2　成都市新经济创新产品（服务）交易平台**
>
> 　　2020 年 9 月 25 日,成都新经济创新产品（服务）交易平台于 2020 成都新经济"双千"发布会公园社区专场发布活动上首次亮相。该平台由成都市新经济发展委员会、成都市公共资源交易服务中心联合搭建。平台围绕"场景营城,产品赋能"的核心理念,构建城市新场景提供企业发展新舞台,强化对新经济企业的支持与服务,推动新技术新产品新模式应用推广,通过交易、服务、管理三大功能,实现供方在线发布信息、需方在线采购新经济创新产品、全过程信息化统计管理,如图 4-3 所示。
>
> 图 4-3　成都市新经济创新产品（服务）交易平台
>
> （图片来源：https://portal.cdggzy.com/nep/homepage.html#/homepage。）

> 企业可通过平台发布新经济创新产品信息，采购人通过查阅网站获取新经济创新产品信息，并进行站内实时联系，从而撮合交易，采购人也可发布需求供潜在供给企业查询。截至2020年底，平台已发布500余个新经济创新产品，覆盖实体经济服务、智慧城市建设、科技创新创业、人力资源协同、消费提档升级、绿色低碳城市、现代供应链创新应用、公园城市等十大场景。
>
> 未来平台将打造为成都新经济创新产品重要的宣传推广、交易撮合、企业交流平台，持续发布新经济创新产品，推动新技术新产品新模式应用推广，助力消费升级，释放市场需求，为企业引领经济创新发展提供更多的城市新机会和新场景，为人民群众提供更多美好生活的新感受，为新经济企业发展提供更多赋能渠道。

（四）精准招引新经济重点企业

发展新经济，招引是关键。成都坚持以构建产业生态圈创新生态链为核心，坚持"吸引供应链新机遇、构建产业链新生态、部署创新链新格局"，探索出一条建链强链补链开展新经济企业精准招引，推动新经济产业链、价值链、人才链在成都集聚的全新路径。前瞻研判未来技术趋势和产业变革方向，结合新经济发展战略和66个产业功能区主导产业，基于国内外多种权威榜单，筛选形成新经济高能级500强企业库，重点围绕强链补链，运用展会平台招商、校友资源招商、以商招商等多种渠道，精准招引"生态型""功能型""前沿技术型"企业。开展新经济项目招引攻坚行动，建立起"线上线下招商推介＋定期集中签约"招商机制，利用"双千"发布会平台、构建专业机构平台提升招引专业化水平，推动实现"新经济头部企业＋新经济500强企业＋杭州（宁波）重点目标企业＋区（市）县驻点""四个全覆盖"招引体系。市场用脚投票，2020年6月以来，包括阿里巴巴数字经济产业生态基地、腾讯新文创总部项目、百度智能驾驶项目、字节跳动创新业务中心、网易数字产业基地、快手直播电商总部、滴滴西部创新中心在内的一系列新经济高能级企业和隐形冠军在蓉落地。

三 强化要素供给,培育新经济发展生态

(一)强化人才要素供给

人才是创新之源、发展之基,人才聚则产业兴,人才是新经济发展的核心要素,是最为宝贵的战略资源。新经济跨界、互联互通的特征,更强调以创新为核心、以智力为支撑,需要更多的创新企业家和复合型人才。成都坚持人才优先,突出人才在新经济发展中的核心作用,建立了涵盖引才、育才、用才、留才等全过程的人才政策体系。2017年7月,发布"成都人才新政12条",针对高层次人才、急需紧缺人才、青年人才、高技能人才、外籍人才等不同人才群体构建体系、分类施策,解决引才难、育才难、留才难等问题,并将每年4月的最后一个星期六设为"蓉漂人才日"(见图4-4),开展系列活动,打造国际一流的人才会聚之地、事业发展之

图4-4 蓉漂人才日

(图片来源:https://t.cj.sina.com.cn/articles/view/5387498818/1411eb542001006dtj?display=0&retcode=0。)

地和价值实现之地。实施"精准引才计划",重点引进资源集聚能力强的创业人才和行业影响力强的创新人才;实施"专业人才计划",解决企业家关心的户籍办理、安居保障、子女入学和医疗保障等方面的服务问题;在伦敦、法兰克福、多伦多等地建立了31个海外人才工作站,支持海外人才离岸创新创业,积极举办"菁融汇海外行""成都海外创新创业大赛"等活动,实现人才、项目、资本有效对接,大幅度吸引海外高层次人才来蓉创新创业。发布成都人才白皮书,全面释放城市就业创新创业机会,将城市人才需求精细化、具体化、标准化,打造"黄金眼"全球人才搜索系统2.0版;通过"城市猎头"行动,大量紧缺人才被迅速引入蓉城;截至2020年底,累计吸引超过45万名青年人才在蓉落户。

(二)强化技术要素供给

新一轮科技革命和产业变革正在重塑世界经济格局,以大数据、云计算、人工智能等为代表的新技术成为新经济发展的澎湃动力。成都大力实施"科技成果转化计划",深入推进建设西南高校知识产权交易中心、中国西部信息中心、四川移动中国(西部)云计算中心、华为技术有限公司成都研究所等一批国际领先的知识创新平台、技术创新平台、成果转化平台和公共服务平台,推动技术的落地应用和商业化。着力破除科技成果转移转化的制度障碍,完善成果转化服务体系,深入开展科研院所、高校职务科技成果权属混合所有制改革,并在全国率先开展了技术经纪职称评定,促进各类科技成果和知识产权转化应用,让更多科技成果转化为现实生产力,形成新经济企业技术创新的持续竞争优势。探索建立知识产权交易中心,推动知识产权进场交易,实现知识产权咨询、申报、评估、交易、保护等"一站式"服务。建设西部首个国家科技成果转移转化示范区——成德绵国家科技成果转移转化示范区,探索国家重大科技专项成果在地方转移转化、高校院所和企业科技成果转移转化等。

> **专栏 4-3 职务科技成果改革"成都经验"推向全国**

成都对"三权改革"的探索由来已久，2016 年 6 月，成都出台了推动科技成果转移转化的"成都新十条"，在全国率先实施职务科技成果所有权改革等多项改革，更大程度上打破了束缚高校院所科技成果在蓉转移转化的制度障碍，极大地激励了科技人员创新创业，深度融入经济发展"主阵地"。

成都依托西南交通大学积极探索"早确权、早分割、共享制"的职务科技成果混合所有制改革，将发明人收益与成果转移转化效果紧密结合，其核心是实现了"两个改变"：一是将职务科技成果的所有权由原来的国家所有，变成国家、职务发明人混合所有，改变了职务科技成果单一权属，职务发明人拥有了产权后，既可以交易，也可以继承，大幅提高了职务发明人深度参与科技成果转化的积极性；二是将科技成果"三权改革"的"先转化、后奖励"，变为"先确权、后转化"，这一激励顺序的改变，既将职务发明人在科技成果转化中的作用前移，将事后股权奖励改变为事前所有权激励，又简化了科技成果转化审批程序，只需要高等院校一枚印章便可直接到国家知识产权局完成专利分割确权手续，许可或转让后即可按比例获得收益，作价入股后职务发明人就拥有了公司的股权，可更好地激发职务发明人实施科技成果转化的主观能动性，有效提升了科技成果转化率。

成都职务科技成果混合所有制改革，得到了全国的高度关注。2016 年 5 月 21 日，中央电视台《新闻联播》头条，以"科技成果确权自主创新提速"为题，用时近 5 分钟，对成都在加速科技成果转化中的新尝试和新实践进行了专题报道；同年 7 月 22 日，中央电视台《经济半小时》以"全面深化改革进行时：西南交大的'小岗村试验'"为题，深度报道了成都"职务科技成果混合所有制"改革。目前，试点经验已在 8 个全面创新改革试验区推广，得到国务院第六次大督查通报表扬，入选科技部全国征集的科技体制改革案例库典型案例清单。

（三）强化资本要素供给

资本是新经济发展的核心要素。成都充分发挥金融创新对发展新经济形态的助推作用，培育壮大创业投资和资本市场。创新推出科创投、科创贷、科创贴、科创保、科创券的"五科联动"金融服务模式，构建起全方位、多层次金融支持服务体系。实施"上市倍增行动计划"，2019年4月，设立了2亿元新经济天使投资基金，支持新经济企业发展，截至2020年底累计投资初创新经济企业16个，放款金额总计2750万元；组建子基金3只，放款金额6500万元；2020年上半年，设立100亿元新经济产业投资基金，基金首期规模15亿元，引导社会资金跟进投资，加快构建涵盖企业发展初创、成长、爆发阶段全过程的融资服务体系。实施"创投环境提升行动"，发展创投机构，大力支持国内外知名风投机构在蓉设立法人机构，支持培育一批本土投资机构，鼓励本地创投机构支持新经济创新创业项目，创建良好的创投生态圈，将成都打造为具有全国乃至全球影响力的高质量资本集聚地。

> **专栏4-4　成都市新经济创投基金助力新经济企业发展**
>
> 2020年2月28日，由成都交子金融控股集团发起设立的"成都新经济创投基金"正式落地，总规模3亿元，首次募集规模2亿元。该基金由国内TOP10的创投管理机构德同资本旗下成都德同西部投资管理有限公司管理，成都市产业引导基金认缴出资资金占总认缴规模的20%且不超过5000万元。
>
> "成都新经济创投基金"将资本引入创新链前端，围绕新经济产业链部署创新链，围绕创新链完善资金链，实现产业链与资源整合的协同效应，为发展势头良好的新经济企业提供精准服务，发挥创投类基金的"造血"作用。据相关负责人介绍，该基金投资范围包括优先投资受到疫情冲击面临困难的优秀成都新经济企业，已获批的"独角

兽""准独角兽""瞪羚"企业，与疫情防控及技术相关的企业和项目。同时，还将重点投资国家重点支持的先进设备制造（军民融合）、人工智能及新一代信息技术等新经济或战略性新兴产业领域。投资方式包括股权投资、定向增发、可转债投资、企业并购、闲置资金理财投资等在内的各种符合我国法律法规的对外投资活动，为新经济企业提供全过程的融资服务，提高新经济企业融资能力和效率。

作为成都市专项扶持新经济企业的创投基金，"成都新经济创投基金"将坚持以扶持新经济产业发展为导向，提高成都市新经济企业成长起点，为其后续发展带来更加丰富的产业合作资源和更广阔的产业对接平台，打造"资本＋服务＋资源"的新经济企业生态闭环，成为支持成都新经济发展的"生力军"。

（四）强化数据要素供给

数据是国家基础性战略资源，是 21 世纪的新能源，也是当今时代创新发展和抢占未来全球竞争高地的战略主题。杭州数梦工场科技有限公司董事长兼 CEO 吴敬传曾言："数字赋能对于提升城市治理体系和治理能力现代化水平具有重要作用。我们要深耕产业，发挥数据要素的能力，更好实现大数据的场景化落地。"近年来，成都持续优化数据资源开发利用方式，构建了"1 个云资源管理中心、N 个云服务平台、1 个云安全支撑（1+N+1）"架构的全市统一政务云平台，推进数据合法有序共享开放。实施"公共数据资源运营行动"，建设网络理政中心（城市大脑），建立公共数据开放平台，按照市场化机制优先开放社会公众、市场主体关注度和需求度较高的公共数据，引导企业和个人围绕政府数据开展创新运用，充分释放公共数据资源价值，推动数据要素流通增值和市场化运营，加快形成数字城市基础框架。

四 谋划场景建设，释放新经济发展机遇

（一）探索应用场景供给路径

场景是新技术"实验室"和"聚合器"，是未来城市发展的新竞争点。2017年成都率先在全国提出城市场景理论，着力构建与新经济发展高度契合的"7大应用场景+N个延伸场景"，通过供给应用场景培育新技术、新模式落地的市场。规划应用场景，充分考虑前沿技术和颠覆性技术对城市交通、教育、医疗、环境等未来生产生活的影响，在城市规划中充分留白，超前谋划、前瞻布局如充电桩、无人驾驶道路等应用场景空间，建设人工智能测试场、游戏测试实验区、科技街区等测试用场所，为前沿场景提供充分的发展机遇与空间。创造应用场景，积极对接生产生活新需求，运用移动互联网、大数据、人工智能、物联网等新技术，创造新产业、新业态，鼓励企业围绕高质量发展、高品质生活提供解决方案，如开展共享停车试点，启动社区消费场景打造计划等。包容应用场景，大胆包容城市管理中出现的新生业态，积极推进规制、管理流程等与新场景相融合，主动释放公共资源，对经过市场考验、发展前景好的优秀创新项目，通过试点示范、政府首购、牌照优先发放等方式给予推广支持。

（二）首创"城市机会清单"发布机制

城市机会是应用场景的基础和源泉，是成都发展新经济、推进应用场景落地的创新探索，有助于新经济从创新走向应用、从概念走向实践。成都秉持"企业与城市相互赋能"的理念，把城市机会清单作为应用场景供给的重要途径，通过将应用场景以项目化、指标化、清单化的展示方式，向社会集中定期发布供需信息，将新经济与城市发展需求有机链接，推动城市机会由政府单边驱动向政府市场双向供给转变、机会清单由闭合自生向开源共享转变，助力城市之间、企业之间及时掌握发展与合作

机遇，打造一个"遍地都是机会、随时充满机遇"的"机会之城"。截至2020年底，共发布10批次城市机会清单2800余条供需信息，已成功对接1400余条信息，涵盖规划编制、企业配套、人才需求、解决方案等方面，涉及投资金额达140亿元。2020年，成都的城市机会清单工作入选国务院办公厅深化"放管服"改革优化营商环境首批拟推广的十大典型经验做法；国务院官网、中央电视台、芬兰国家商务促进局、雅虎等进行了专题报道。

> **专栏 4-5　成都市"城市机会清单"助力新业态发展**
>
> 　　成都市新经济发展委员会聚焦企业"堵点""痛点"问题，创新推出"城市机会清单"（见图4-5），释放政府、企业两端的供需信息，从机会分类供给、发布推广、对接落地、机制保障四个维度着力构建全景式市场主体服务体系，为投资者、企业和人才提供共享城市发展机遇的接入端口，进一步激发市场主体活力，增强新经济发展内生动力。
>
> 图 4-5　城市机会清单发布厅
>
> （图片来源：http://www.chengdu.gov.cn/chengdu/c128551/zt_jhqb.shtml。）

一是分类编制"四张清单",助力企业找市场。以项目化、指标化、清单化的编制方式,制定政府公共服务、政府需求、企业能力、企业协同"四张清单",将抽象的城市机会转换成具体的供需信息,为城市和企业资源共享共用搭建统一开放平台。二是强化机会清单运用,帮助企业抓机会。建设"城市机会清单发布厅",推动清单信息线上线下同步发布、在线实时更新;持续举办新场景新产品发布会,扩大投资进入项目、产品进入市场的渠道;组织多维度多层次清单推介会,先后赴海外、沿海以及省内有关城市进行机会清单交流和推广;建立机会清单精准对接机制,组织开展产品供需对接会、场景建设沙龙等政企对接活动,推动供需资源精准匹配。三是建立健全保障机制,围绕企业促发展。健全清单工作机制,建立以企业服务为中心、覆盖政府部门、产业园区、行业协会、科研院所、投资机构的信息征集渠道;出台《供场景给机会加快新经济发展若干政策措施》,制定《关于建立城市机会清单工作机制的实施方案》,建立常态化、制度化的企业服务机制,为企业发展提供制度保障。

2020年2月,聚焦应对疫情防控形势的新经济企业创新产品(服务),成都市新经济发展委员会发布了首批《成都新经济企业能力清单》,获得社会各界广泛关注,助力疫情防控工作和经济社会运行稳定。一是助推新经济产品在市场广泛应用。老肯医疗生产的医用空气消毒设备全国订单超过35000台,分发至全国各地;四方伟业在北京、广东、四川等地建设的疫情大数据平台,为当地政府提供疫情追踪、物资调配等服务;由越凡科技研发的服务机器人在成都市公共卫生医疗临床中心上岗工作,其承担了物资配送、便民查询、防疫宣传等工作;由成都智元汇开发的"智惠行助手"App在西安地铁投入使用,可快速实现身份信息扫描登记及溯源功能。二是畅通新经济企业供应链渠道。四川凤生纸业科技公司主动对接清单上的铁投广润等6家物流相关企业,商讨合作运送百万元物资到湖北事宜。成都市委宣传部通过清单信息主动联系准时达国际供应链公司帮忙对接拓展哥伦比亚市场事宜；成都市新经济发展委员会、成都高新区新经济发展局主动与广软科技联系，就制作抗击疫情清单发布小程序进行合作。三是助力企业获取金融支持。通过《能力清单》，50 余家有融资需求的新经济企业实现与多家银行精准对接，成都美益达医疗科技有限公司、成都极企科技有限公司、成都明日蔚蓝科技有限公司等 12 家企业成功获得银行预授信 600 余万元。

（三）加速推进"场景营城"

场景营城是场景在城市中的运用，是一个从城市场景向场景城市演进的过程，是一个场景的识别和收集、场景的分析和聚类、场景的发布和应用、场景的迭代和创造过程，其通过流程再造实现整个系统增值。成都正构建以场景为导向的城市战略，推动城市从"城市场景"到"场景城市"的全方位跃迁。出台《供场景给机会加快新经济发展若干政策措施》，举办"场景营城　产品赋能——新经济创造美好生活"系列发布会，每月发布 100 个新场景和 100 个新产品，激活供给潜能，释放市场需求，助力消费升级，场景营城、产品赋能新经济为人民创造美好生活，成为成都应对疫情防控常态化和宏观经济不确定性双重挑战的重要方法。实施"十百千"场景示范工程，评选十大场景示范区，树立 100 个示范场景，推出 1000 个示范产品（服务），推动打造应用场景 IP。组建创新应用实验室，开展市场化应用攻关，为场景突破提供技术支撑。组建城市未来场景实验室，推动新技术、新模式、新业态融合创新、验证落地。建设"场景城市"，正在成为新时代条件下践行新发展理念的公园城市示范区的建设路径和营城模式。截至 2020 年底，已累计举办 10 场活动，共计发布 1000 个新场景、1000 个新产品，释放城市场景建设项目投资约 6400 亿元，吸引社会资本约 626.7 亿元。（见图 4-6）

图 4-6 2020 年成都新经济首场"双千"发布会

（图片来源：https://www.sohu.com/na/429340184_100144854。）

五 打造平台载体，夯实新经济发展支撑基础

（一）争取国家重大创新平台布局

以国家功能布局为重点抢占城市未来发展战略主动权，有利于在"城市卡位战"中抢占先机。成都围绕中国（四川）自由贸易试验区、国家数字经济创新发展试验区、国家新一代人工智能创新发展试验区、践行新发展理念的公园城市示范区、成渝地区双城经济圈等重大战略机遇，积极向上争取具有基础性、面向前沿、引领未来的国家重大项目战略布局，推动国家级工程研究中心、工业互联网平台等重大功能性平台落户。同时，聚焦新一代信息技术设施领域，抢抓 IPV6 协议在全球普及的历史机遇，争取根服务器部署在成都，积极对接移动、联动和电信运营商，推进 5G 在传统行业的创新应用，带动新技术新产业新模式快速发展。如四川大学华西医院构建了四川省 5G 诊疗"一张网"，疫情期间对省内外多例新冠肺炎急重症患者进行了远程会诊、远程 CT 等。（见表 4-3）

表 4-3　　　　　　　　成都市部分大数据创新平台

序号	类别	名称
1	国家级工程研究中心	综合交通大数据应用技术国家工程实验室
2		工业大数据应用技术国家工程实验室
3	国地联合共建工程实验室	下一代互联网数据处理技术国家地方联合工程实验室
4	省级工程中心（实验室）	可信云计算与大数据四川省重点实验室
5		四川省网络大数据认知分析工程实验室
6		四川省大数据共享与安全工程实验室
7	省级工程技术研究中心	四川省大数据智能建模与分析工程技术研究中心
8		四川省智能卫星星座及数据应用工程研究中心
9		四川省遥感大数据应用工程技术研究中心
10		四川省医学大数据应用工程技术研究中心
11		四川省文化和旅游大数据工程技术研究中心
12		四川省数据资产评估工程技术研究中心
13	省级 2011 协同创新中心	大数据与智慧信息系统协同创新中心
14		大数据分析协同创新中心
15		经济大数据管理协同创新中心
16		基于大数据的服务与战略协同创新中心
17		教育大数据协同创新中心
18	大数据创新平台	电子科技大学大数据研究中心
19		西南交通大学行为大数据研究院
20		西南财经大学大数据研究中心

（二）推动"双创"平台提能增效

成都雄厚的研发实力在开放包容的环境之下，迸发出新的力量。加快构建校院地企合作平台，强化与四川大学、电子科大、西南交大、西南财大、四川农大、成都理工和中科院成都分院等高校院所的战略合作，支持校院地企共建产业技术研发、转化平台和共享公共技术服务平台，建设一批产学研紧密结合的新型产业技术研究院；已打造成都医学城三医创新中心、清华四川能源互联网研究院（见图 4-7）、上海交通大学四川研究院、北航成都航空动力创新研究院等一批产学研紧密结合的新型研发机构和协同创新平台。加快构建"双创"产业孵化平台,推进创新链、产业链、资本链深度融合,构建全要素、全链条、全周期的创新创业生态。截至2020年底,已建成19家国家级科技企业孵化器,其中4家在科技部火炬中心公布的2019年度评价结果中被评为优秀(A类)。加快构建"双创"公共服务平台,截至2020年底,科创通累计服务企业近3万家,科创贷贷款资金量近100亿元。

图4-7 清华四川能源互联网研究院

(图片来源:http://fuhua.scppc.org.cn/show-97-388-1.html。)

(三)引导主导产业集聚发展

在新发展理念的指引下,成都全方位变革经济组织方式和城市发展方式,以产业生态圈和产业功能区构筑城市比较优势和重塑城市经济地理,根据全市产业布局和各地比较优势,将原有112个产业园、开发区优化调整为66个产业功能区①,在每个产业功能区中确定1—2个主导产业,大力推进企业项目集聚、错位协同发展。其中,划定9个新经济产业功能区(见表4-4),加快促进新经济产业集聚发展、汇聚成势。如成都新经济活力区新引进字节跳动创新业务中心、腾讯新文创总部、快手直播电商总部等新

---

① 《成都市产业功能区名录》(成委厅〔2020〕5号),2020年1月19日。

经济重点项目49个，总投资约790亿元；电子信息产业功能区已形成以华为、京东方等企业为代表的"芯、屏、端、网"优势主导企业，实现产业链式集群发展。

表4-4　　　　　　　　成都市9个新经济产业功能区

序号	产业功能区	主导产业方向	发展情况
1	成都科学城	新一代人工智能、5G通信、区块链等高新技术服务	截至2020年底，累计引进重大产业化项目30余个，聚集新经济企业3600余家；围绕技术研发、国际交流、阐释产权、产业孵化、科技金融等领域，累计引进高新技术服务机构50余个，孵化科技型企业152家，培育高新技术企业300家。
2	成都新经济活力区（新川创新科技园，中韩创新创业园）	5G通信与人工智能、网络视听与数字文创、大数据与网络安全、区块链应用创新	截至2020年10月，新经济企业累计存量超8.8万家，占成都市的21.5%，注册资本金总计达9905亿元，同比增长16.3%；具有新经济属性的上市企业25家，新经济活力区正加速形成区域经济增长极和动力源。
3	成都电子信息产业功能区	集成电路、新型显示、5G通信	聚焦产业社区产业基础设施促生产，截至2020年底，完成总建筑面积约8500平方米的英特尔标准厂房建设；新型显示标准厂房建设项目进入主体施工阶段，总建筑面积约5.4万平方米。
4	武侯电商产业功能区	电子商务总部经济	截至2020年底，聚集电商企业3600余家，其中成都京东等平台企业175家，顺丰速运等支撑企业463家，国药集团等应用层企业3032家。获评国家电子商务示范基地。
5	白鹭湾新经济总部功能区	数字生活、金融安全、5G应用	推进功能区片区化，打造白鹭湾片区（新经济小镇）、锦江区工业园区（锦江数字城）、皇经楼一楼片区（58数字生活社区）、生研所片区（生命健康产业园）、琉璃场片区（琉璃·数字文创港）五大产业片区。
6	锦江新兴传媒功能区	数字传媒、数字设计、数字娱乐	优化提升高品质科创空间的城市规划、产业规划，构建"一楼一街一社区"（锦江文创中心产业楼宇、华熙528数字娱乐街区、数字传媒产业社区）的发展格局。聚焦数字传媒产业链"微笑曲线"两端企业，精准招引签约入驻时代美术馆、云图电竞馆等25个主导产业项目和37个配套项目。

续表

序号	产业功能区	主导产业方向	发展情况
7	成都龙潭新经济产业功能区	检验检测、数字通信、智能机器人	2017年以来，先后引进芯片银行、中石油共享中心等重大产业化项目43个，新增新经济企业530家。挂牌成立西南首个检验检测创新科技园，落户专业检测机构28家，北理同创、大学生创业园等近万平方米专业孵化器高效运营。
8	成都智能应用产业功能区	消费电子、智能家居、大数据产业	遵循"人城产"逻辑加快推进城市功能复合、发展动能转换，推动电子信息、智能家居、大数据和人工智能主导产业集约集群发展。2020年1—10月，功能区137家规上企业实现工业总产值285.9亿元，同比增长8.5%。
9	西部电商物流产业功能区	跨境电商、垂直电商	功能区电商物流产业集聚融合发展。截至2020年底，已入驻重大项目34个，总投资约415亿元，已入驻企业1067家，完成固定资产投资13.3亿元。

六　优化营商环境，激发新经济创新活力

（一）优化政务服务方式

面对越来越多的市场需求，成都持续深化"放管服"改革，进一步推动"互联网+"等信息技术与政府治理深度融合，全面推进政务信息公开，加快实现政务服务从线下拓展到线上，从单向管理转向双向互动；增强政府透明度，主动及时公开新经济重点领域发展方向、扶持政策等相关信息，提供公开透明、高效便捷、公平可及的政务服务和公共服务，切实降低新企业的信息成本和交易成本。推进政务服务马上办、就近办，截至2020年底，全市当日办结事项1.6万余项，占比56.9%，实现全市仅自然人办理的政务服务事项可在乡镇（街道）便民服务中心或村（社区）便民服务室"就近办"比例达50.20%。成都凭借良好的营商环境，获评2019年中国招

商引资最具国际竞争力城市、2019年中国最具投资吸引力城市，[①]并蝉联2019年、2020年"中国国际化营商环境建设标杆城市"奖（见图4-8）[②]。

图4-8　成都市创新创业"一站式"政务服务大厅

（图片来源：https://www.sohu.com/a/141914807_246495。）

（二）实施包容审慎监管

新经济有别于传统经济形态，有着其特有的治理路径和治理方式。成都制定出台《支持服务新经济发展的指导意见（试行）》，探索对新经济企业实行包容性管理和审慎性执法，对处于初创期的新经济企业试行"包容期"监管执法制度，从"事前设限"转变为"事中划线""事后监管"，从重管理向重服务转变、重处罚向重行政指导转变，防止简单化"一刀切"式监管，强化政策引导，更加包容处于发展初期的新生业态。积极适应新经济发展需要，持续放宽市场准入，多领域精减投资准入负面清单，减少投资限制，定期发布投资白皮书；深化新经济企业标识制度，优化新经济企业登记服务机制，实行"容缺登记"，放宽企业名称登记限制，探索实

[①] 2019中国国际化招商引资合作与发展论坛暨"第九届环球总评榜"。
[②] 《环球时报》社发布的《2019年中国城市营商环境投资评估报告》《2020年中国城市营商环境投资评估报告》。

行"包容期"管理。出台《成都市市场监督管理局关于推行柔性执法的实施意见》《关于推进包容审慎监管支持市场主体健康发展的指导意见》，推行柔性执法，探索"三张清单"制度，鼓励和引导违法行为当事人改正轻微违法行为，推动政府管理向政府治理转变。

（三）打造新经济城市品牌

城市品牌的建设能够增强人们的凝聚力、认同感和荣誉感，从而增强城市的竞争力。成都围绕"最适宜新经济发展的城市"，打造资源链接平台，营造推动新经济发展的良好氛围。举办"全球创新创业交易会""成都新经济发展论坛""兴隆湖畔·新经济高峰论坛""成渝新经济论坛""普华永道·成都新经济创新加速营"等一批具有高显示度的新经济活动（见图4-9），导流国内、国际资源，推动新经济产业链价值链人才链在成都集聚，强化新经济领域的话语引领。搭建新经济宣传展示平台，建成"成都新经济发展研究院展厅""新经济活力区展厅"，展示成都新经济发展过程中的探索与阶段成果。同时，面向国际化和新经济发展未来，持续强化战略性和前瞻性分析，持续优化新经济发展环境。

图4-9 2020年成都全球创新创业交易会暨首届国际区块链产业博览会

（图片来源：http://scnews.newssc.org/system/20201029/001119926.html。）

第四节
成都发展新经济培育新动能的主要成效

一 经济高质量发展的蓬勃动力

（一）激发经济发展新动能

历经四年的创新与开拓，成都新经济从量到质实现全方位突破。截至 2020 年底，成都实现新经济增加值 3655.3 亿元，占地区生产总值（地区 GDP）比重的 21.5%，成都新经济总量指数居全国第二。[①] 从数量上看，新经济企业数量持续增加，全市新经济企业注册数量达 45.8 万户，累计注册资本达 48335.08 亿元，同比分别增长 32.64%、21.79%，累计培育"双百"企业 224 家、新经济梯度企业 1318 家。从质量上看，新潮传媒、医云科技、1919、驹马物流等 7 家企业达到"独角兽"标准，培育了 159 家"准独角兽"企业，成都先导、盟升电子、苑东生物等 8 家新经济企业完成科创板上市及过会。在创新能力方面，新经济企业专利申请数突破十万件，同比增长 35.9%，企业融资金额 546.5 亿元，同比增长 30.9%。在人才方面，新经济高级人才需求总量达 10.8 万人，同比增长 9.5%；新职业人群规模达 63.7 万人，位居全国第三。[②] 新经济新动能释放出强大创造力驱动力，"最适宜新经济发展的城市"品牌效应凸显。（见图 4-10）

[①] 财新智库和 BBD（数联铭品）联合发布的《万事达卡财新 BBD 中国新经济指数》，2021 年 1 月 2 日。

[②] 58 同城招聘研究院、成都新经济发展研究院联合发布的《成都市新职业人群发展报告 2019》，2019 年 12 月 23 日。

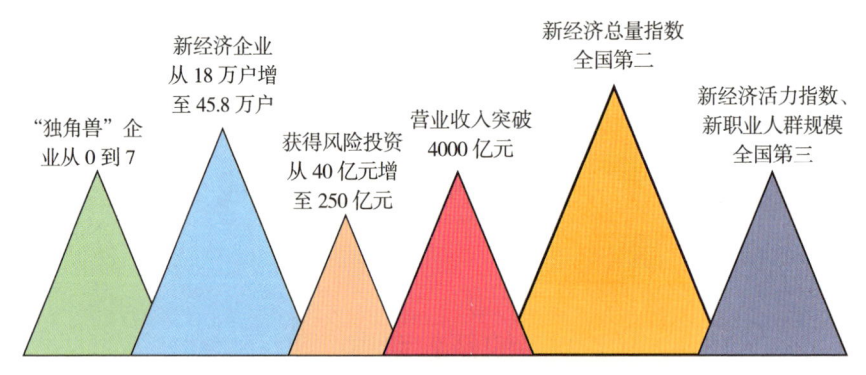

图中标注（从左至右）：
- "独角兽"企业从0到7
- 新经济企业从18万户增至45.8万户
- 获得风险投资从40亿元增至250亿元
- 营业收入突破4000亿元
- 新经济总量指数全国第二
- 新经济活力指数、新职业人群规模全国第三

图 4-10　2017—2020 年成都市新经济发展成效

（二）推动经济结构持续优化

以聚合共享、跨界融合、快速迭代、高速增长为特征的新经济，彰显出成都现代化产业体系的完备度、适应力和创造性。大数据、人工智能、云计算等数字技术为支撑的新技术、新业态，其作用不仅在于自身的创新创造，更在于其对经济社会其他领域所产生的强大渗透性和溢出效应，以及由此所发挥出的牵引作用，促进更多从无到有、从有到优的升级转型。成都通过实施"上云用数赋智"行动，支持新经济赋能传统产业，加快新技术在制造业全要素、全产业链、全价值链的融合，推动产业数字化、智能化、网络化发展，构建产业链协同发展的"高速路"。2020年，成都新登记新经济企业占全市新登记企业比重达42.6%，较上年提高6个百分点；新增注册资本占全市企业新增注册资本的52.1%，较上年提高7.7个百分点，均创历史新高。新经济赋能城市转型发展的引力场作用持续彰显，正成为产业结构转型升级输出的强劲动力，引领产业向价值链高端衍生，推动经济高质量发展加速成势。

（三）助力经济平稳复苏韧性强

新冠肺炎疫情是对城市治理能力的一场重大考验，也在倒逼城市治理体系的加快转型。疫情暴发之初，繁忙的城市被按下了"暂停键"。成都新经济企业积极投身战"疫"前沿阵地，不断涌现出一批新技术、新业态、新模式，病毒检测设备快速上岗，医疗机器人部分替代护士工作，在线问诊平台"隔空把脉"，同乘查询系统开展疫情实时追踪，为疫情的科学精准防控做出了特殊贡献。疫情得到有效控制，寂然的城市按下"重启键"。经济社会发展的停滞惯性，叠加产业链供应链的阻滞效应，企业复工复产困难重重。传统企业主动运用大数据、人工智能等新技术赋能重生，"云端"会议、移动产品、远程办公助力"停班不停工"；智能施工、智能工厂、智能制造支撑"人休机不休"；"云"端购物、无人配送，互联网平台满足"居家宅生活"；订单共享、规模化私人定制，以个性体验适应市民多元化消费新需求；工业互联网平台承接企业需求，以泛在互联、协同交互重构产业发展新格局，复苏的城市按下了"快进键"。成都成为全国复工复产复市最快、经济社会秩序活力恢复最好的城市之一，2020年第一季度GDP回落幅度在7座新一线城市中最低，展现出强大的城市经济韧性。（见表4-5）

表4-5　成都市新经济企业助力疫情防控及复工复产案例

应用领域	企业	具体做法
疫情防控	边界元	上线四川省疫情数据分析图、成都市疫情数据分析图
	四方伟业	上线成都市疫情防御监控大数据平台
	数联铭品	研发智慧城市疫情事件监测管控平台
	成电大为	开发疫情防控信息化管理系统
	星时代宇航	推出区域新型冠状病毒肺炎疫情数据地图系统
	成都智元汇	开发"智惠行助手"App
	天府市民云	上线社区战"疫"工具包
	无糖科技	上线"肺炎确诊患者相同行程查询系统"
	英博格	研发"网约房智能监管系统"
	创意信息	上线可视化疫情防控监测分析系统
	博彦科技	上线博彦疫情信息监控平台
复工复产	天府健康通	"天府健康码"统一个人信息数据采集标准，对小区及公共场所进行分类管控
	哈啰出行	联合"天府健康通"上线"共享单车健康码"，是全国省会城市首例
	数联铭品	联合云上贵州、腾讯等企业，上线"贵州健康码"和贵州省新冠肺炎疫情重点人群社会防控支持平台

续表

应用领域	企业	具体做法
复工复产	中兴智慧（成都）	研发并上线"管控通"新冠智慧防控管理平台
	积微物联	上线"新冠肺炎疫情跟踪排查服务平台"
	迈普通信	推出迈普免费电话会议系统、居家呼叫中心解决方案、疫情呼叫统计及协同办公解决方案等
	亚信科技（成都）	上线安全移动办公平台，完善安全办公需求
	东软教育	上线东软慕课平台、东软课程实践平台、东软软件开发项目实训平台三大在线教学平台
	国网成都供电公司	利用电力大数据动态监测、精准分析各区域、各行业由点及面的复工复产情况
物资调配	工行四川省分行	上线新冠肺炎防控应急物资管理系统，实现对应急物资分发下拨、上报、统计分析等信息化管理
	四川省医疗大数据产业有限责任公司	上线新型肺炎防控应急物资管理系统，面向各级防疫应级指挥部及医疗卫生部门、机构、医院、企业，汇总物资入库、调度、审批、库存、日常消耗需求等情况
公共服务	荣之联	为中国疾控中心提供大数据计算和存储资源，为中科院微生物研究所提供技术支持
	骏逸富顿	旗下"微问诊"平台开启"防范新型肺炎·微问诊在线发热咨询医生通道"
	久远银海	联合华西医院研发了心理健康促进服务平台——华西赛泊（公众号、小程序）
	医云科技（医联）	推出线上 7×24 小时免费问诊咨询服务
	睡呗科技	旗下桃子互联网医院上线新型冠状病毒远程诊疗中心
	美尔贝科技	开启"美呗+好大夫"网上诊室，提供免费在线义诊
	企鹅杏仁	推出企业家庭医生 7×24 小时居家隔离在线陪护服务

二 市民高品质生活的耀眼名片

（一）助力公园城市示范区建设

建设践行新发展理念的公园城市示范区，既是成都面向未来的历史发展机遇，也是成都走向世界的鲜明标志。以新经济引领的高品质生活圈则鲜明诠释了成都公园城市的人本逻辑和生活导向。成都是全国副省级城市中第一个获批创建国家生态文明建设示范市的城市，公园城市是成都最大的城市级场景之一，也是成都打造城市级场景的重要表现。作为"公园城市"首提地和全面体现新发展理念城市的首倡地，成都以新发展理念为指引，突出生态型、高质量、人本化、有韧性的公园城市可持续发展特性，创造出"公园+""绿道+"的新消费场景、新产品，由绿道串联生态区、公园、微绿地形成城乡一体、全域覆盖的绿化体系，以天府绿道、龙泉山城森林公园、兴隆湖水生态治理、"三治一增"等作为重要支撑和抓手已成为建设公园城市的"成都模板"，城市生态品质实现突破性提高。新技术、新业态、新模式不断植入民生领域，满足市民对美好生活的需要，是成都践行新发展理念的真实写照。2020年，成都市绿色经济新登记企业2.29万户，同比增长66.82%，增幅位居六大形态第一位；GaWC全球城市、全球创新指数、全球金融中心指数排名分别跃升至第59位、第47位、第43位，[1]连续5年稳居新一线城市榜首，连续12年蝉联中国最具幸福感城市榜首。[2]（见图4-11）

> **专栏4-6　功能叠加文体旅商农融合发展　绿道上的新经济业态**
>
> 　　江滩公园北起世纪城东路、南至桂林大桥、东临锦江，是天府绿道锦江绿轴上的重要节点。一到周末，江滩公园便吸引大批市民前往休闲娱乐，人气很旺。2019年元旦期间，改造后的江滩公园一期全新亮相，在景观绿化、配套服务设施、体育游乐设施等方面实现了全面升级。按照"公园+"的思路，江滩公园的改造建设致力于推进绿道功能的复合叠加，将其打造为文、体、商、旅多功能合一的复合型活动场

---

[1] 全球化与世界城市研究机构（Globalization and World Cities Study Group and Network，GaWC）《世界城市名册2020》。

[2] 国家统计局与中央电视台联合主办的《中国经济生活大调查》。

地，打造为高品质的旅游目的地及新经济消费场景。

升级改造后的江滩公园与普通的城市绿化公园相比有较大的不同，公园里建设了各式各样的文创咖啡馆、皮划艇体验项目、智能体育设施、无人超市、"王者荣耀"主题沙雕展等一批商业项目。作为锦江绿道上的重要节点之一，按照"公园+"的建设思路，江滩公园的改造升级创造性地加入了一批新经济业态和场景；新业态的注入，未来会平衡每年政府为维护公园所支出的费用，在业态成熟后还能持续"造血"，将生态价值高效转化，不仅实现了"绿水青山"的生态价值，更是实现了"金山银山"的经济价值转化，给市民提供一个美丽宜居的绿色空间。

图 4-11　江滩公园是一个高品质旅游场景及新经济消费场景
（图片来源：https://www.sohu.com/a/298873275_100011338。）

城市绿道在本质上属于绿色经济范畴，是产业融合发展与宜业宜居的典型体现。事实上，正是通过绿道的复合型功能叠加，使绿道超出了作为城市慢行系统的单一功能作用，并逐步演变为绿色经济带，不仅有效带动了文、体、商、旅、农融合发展，更是为新兴消费市场的培育提供了载体支撑，为新经济的发展提供了具体的应用场景。

（二）助力国际消费中心城市建设

新经济不仅是新消费的组成部分，更是在供给端发挥着输出消费新动能的重要作用。从历史深处走来的成都，素有"千年商都"美誉，站在新时代的新起点，成都通过持续打造美好生活消费新场景、创新在线消费新模式、发展消费新业态、培育消费新热点，为提振消费信心、引领消费潮流、壮大消费能级以及促进经济发展发挥着新动能作用。经过四年渗透与融合，成都作为西部消费中心、西南生活中心和中国特色消费型城市的地位进一步得到巩固提升，呈现出不一样的金色"蓉"颜。2020年，成都累计实现电子商务交易额22637.49亿元，[①]同比增长2.79%；其中，网络零售额4129.47亿元，同比增长达13.39%，持续领跑中西部城市，消费潜力不断释放；直播交易额实现112.98亿元，累计观看达5.63亿人次；网约车、共享单车等新消费指标全国领先；引入386家各类型首店，[②]仅次于上海、北京，位居全国第三，继续领跑新一线城市。持续打造本土品牌，构建夜游锦江、天府沸腾小镇、芳华微马公园等多元化社区商业消费新场景。在成都从"城市场景"向"场景城市"的全方位多层次跃升过程中，这些文化、旅游、美食、体育等消费新场景融合互动、相得益彰，成为成都独特的标签与特质。由曹操出行大数据研究院发布的《2020中国都市夜间"出行+消费"分析报告》中，成都都市夜间经济排名全国第一；由第一财经、新一线城市研究所联合发布《2021城市商业魅力排行榜》，成都再次位居新一线城市榜首。（见图4-12）

---

① 成都市商务局。
② 中商数据和成都零售商协会联合发布的《成都2020首入品牌研究》，2021年1月13日。

图 4-12　夜游锦江

（图片来源：https://baijiahao.baidu.com/s?id=1691673263727279376&wfr=spider&for=pc。）

（三）助力西部文创中心建设

当创意渗透融合至经济社会生活的各领域时，突飞猛进的工业生产和高楼林立的大厦便不再是城市发展水平的唯一评判标准。成都把传承创新天府文化作为发展创意经济的滋养和源泉，以"文创+"激发传统企业转型、文创企业实现跨越式发展，实现了生产力从"物质要素主导"向"智力要素主导"的转变，为城市发展赋能。近年来，以"崇州竹里""蓝顶艺术村""明月国际陶艺村""东林艺术村"等为代表的"文创+农创+旅游"模式成为全国发展的典范；以历史古迹、工业遗产为基础重新改建的远洋太古里、东郊记忆音乐公园、红星路三十五号文创产业园、U37 等是国内备受关注的文化创意街区；"王者荣耀""哪吒之魔童降世"等"成都造"ACG（Anime, Comics and Games）新文娱产品引爆全国乃至全球，数字文博、国风绘本、黑科技等各类文创产品妙趣横生，"文创+"为城市发展赋能，为成都打造世界文创名城助力。2020 年，成都创意经济新登记企业数 8.11 万户，新增注册资本 4880.12 亿元，位居六大经济形态第二。《今日头条》大数据统计显示，成都文创关注度仅次于北京、上海，文创增势位居全国第一，成为"中国文创第三城"。

专栏 4-7　文创 + 农旅——成都崇州市道明镇竹艺村"竹里建筑"

"竹里房栊一径深",1170 年前,南宋诗人陆游旅居四川时,写下了这首《太平时》。1170 年后,竹编故里——崇州市道明镇竹艺村(见图 4-13)以此诗句为引,打造了"竹里",传承"非遗"之美、竹韵匠心。

崇州市道明镇巧借老旧院落融入林盘景致设计的"竹里建筑",以竹里建筑、竹编产业和竹文化为依托,竹艺村衍生了住宿、旅游、文化手工体验等相关业态,文旅契合,多方联动,融合打造区域性品牌,吸引了众多新村民纷纷加入。竹艺村以"非遗 + 乡村旅游 + 公共文化服务"的形式,为这座川西平坝村子添加了更为丰富的文化魅力与旅游体验感。

图 4-13　崇州市道明镇竹艺村
(图片来源:http://www.scdfz.org.cn/zzfw/zzts/content_24336。)

竹艺村除了网红建筑"竹里"外,还集合了遵生小院、三径书院、竹编博物馆、来去酒馆等各类丰富的旅游业态。在传统竹文化的基础上,竹艺村还将当地特色竹编文化深度融合在旅游项目的打造中。随着人才、资源和新业态的不断涌入,竹艺村不断扩展壮大,影响力逐步辐射至周边村镇。其中,作为新村民创办的三径书院,做图书阅读,

> 办公益课，放翁讲堂，通过书院这个平台，形成文化的交融，这种生活方式和社交场景的搭建作为去精英化的大众传播，让更多人有机会在大自然中、在诗书里，满足内心和精神层面的需求。"竹里建筑"还获得了国际空间设计艾特奖，并代表中国农村参加威尼斯建筑"双年展"。

三 城市高效能治理的有力支撑

（一）数据资源体系持续完善

成都通过深入开展数据大会战，推进区（市）县智慧治理中心建设，政务数据共享开放稳步推进。数据汇聚方面，截至2020年底，市网络理政中心共接入系统266个，汇聚数据724类56.2亿条，打造指挥决策和综合管理的智慧应用场景43个。数据交换共享方面，持续推进市、区（市）县两级政务系统上云，累计上云系统1196个。加强数据资源目录体系建设，市共享平台发布数据资源目录13451项、挂接数据资源12501项。加强市共享平台建设应用，累计交换数据242亿条、日均交换量3600万条，支撑51个单位居住证积分入户办理、惠民惠农补贴"一卡通"、不动产登记"一窗受理"等128项业务应用。数据开放方面，推动各级各部门依法依规向社会开放数据1.21亿条，为成都银行"优易贷"、新网银行"好人贷"、金控征信"农贷通"等业务提供数据共享。2020年下半年，成都政务数据开放指数排名全国重点城市第七。[①]（见图4-14）

---

① 复旦大学、国家信息中心数字中国研究院：《2020中国开放数林指数》。

图 4-14　成都市公共数据开放平台

（图片来源：http://www.cddata.gov.cn/。）

（二）政务服务水平大幅提升

近年来，成都创新政务服务方式，深入推进"互联网＋政务服务"，营商环境建设水平持续提升。成都以市民需求为导向，搭建智能高效的"天府市民云"平台，集成61个部门（单位）市民服务项目241项，22个区（市）县特色门户全覆盖，运行442项服务；截至2021年7月8日，平台注册用户超过1000万；平台荣获"中国网络理政十大创新案例（2019）"[①]、"2019中国数字经济与智慧社会优秀服务"[②]。聚焦广大市民和企业关注的痛点难点焦点问题，搭建了"天府蓉易办"在线政府服务平台，平台充分利用省一体化平台提供的基础和共性支撑能力以及市大数据中心汇聚的海量数据资源，集"一网受理、协同办理、综合管理"功能于一体，实现群众和企业办事"上一张网，办所有事，最多跑一次，一次能办成"。截至2020年底，已对接国家、省、市、区四级系统接入63个部门290项行政

---

① 由人民日报社、《民生周刊》杂志社与复旦发展研究院联合主办的"2019年中国网络理政十大创新案例"榜单上，天府市民云平台位列榜单第一位。

② 由中国信息协会主办的"2019年第二届智慧社会发展大会暨首届中国数字经济高质量发展论坛"上，天府市民云获"2019中国数字经济与智慧社会优秀案例奖"。

许可事项、97项公共服务事项、226项便民服务事项,覆盖从企业社保用工、特种设备申请许可到个人公积金查询等613项服务事项,成为成都政务服务和营商环境建设的亮丽名片。

> **专栏4-8 "天府市民云"平台开创城市智慧服务新局面**
>
> 　　足不出户查询社保、公积金,购房登记,预约挂号,教育缴费……过去两年多,这些成都市民日常所需的城市服务,都被集成到了天府市民云App上,市民仅需一个账号就可以实现600多项城市生活服务掌上办理。(见图4-15)
>
> **图4-15 天府市民云为市民提供城市生活服务**
>
> (图片来源:天府市民云APP截图)
>
> 　　天府市民云平台于2018年10月17日正式上线,平台以市民需求为核心驱动,通过打通政务信息和数据"孤岛",实现不同部门之间数据互联互通,为广发市民提供了一个政务服务、社区服务、生活服务等分类市民服务的"总入口"。作为一个汇聚了成都市各部门的跨平台一站式"互联网+"城市服务平台,"天府市民云"App可以帮助成都市民享受到覆盖"衣食住行、生老病死、安居乐业"全生命周期的市

民服务。自上线以来,"天府市民云"为市民提供了民生服务、交通出行、文体教育、就业创业、家庭生活、交通旅游、健康医疗、养老服务、环境气象、法律服务等120多项服务。用户在平台进行实名认证后,利用一个账号,就能享受实现"查、约、办、缴"等全方位的市民服务,市民无须记住多个卡号、账号,无须多套密码,便可使用多项服务,获取各类信息。

天府市民云至今已为成都市民提供公积金服务约4854万余次、社保服务624万余次、在线教育缴费约571万余次、生活缴费约579万余次、挂号就医295万余次……累计为成都市民提供掌上服务几亿次。天府市民云还吸引了企业的广泛参与。2021年6月,首批成都社会企业集体入驻,让天府市民云"互联网+"的"+"号后面的服务范围再次扩大。

平台正在向区域一体化发展,在过去一年里,天府市民云上线资阳、眉山等城市频道,实现一个入口享受多地服务,向资阳和眉山市民开放共享省级医院挂号、学历查询等公共生活服务。目前,天府市民云眉山频道已上线公交"扫码乘车"功能,而天府市民云资阳频道即将全面覆盖教育缴费服务,眉山、资阳市民还可以选择成都市内医院进行在线挂号就医。未来,围绕市民需求,天府市民云还将打造全周期、全链条的生活服务生态圈,成都市民可通过天府市民云"生活圈"频道第一时间分享、了解发生在自己周围的身边事。

(三)智慧韧性安全城市建设成效显著

智慧韧性安全城市建设工程是成都幸福美好生活十大工程的重要组成部分,成都用"聪明的大脑"全天候管理城市运行,用基础设施筑牢安全防线,用信息化平台感知城市风险隐患,使智慧韧性安全成为城市鲜明的底色。在智慧治理体系建设方面,成都充分利用5G、人工智能、大数据、物联网等新一代信息技术，系统推进治安防控、安全生产、气象监测、生态环境等智能感知网络建设，构建"全网共享、全程可控、全时可用"的城市感知系统；迭代完善"城市大脑"系统，做强通达各市、县、镇、村的"末端神经网络"，丰富城市管理智能应用场景，使城市运行实现"一屏观、一网管"，提升城市智慧治理水平。在自然灾害预警方面，通过建设自然灾害预警发布平台，有效提高灾害预报预警、风险早期识别和综合监测能力；通过加速推进城市防内涝能力提升工程和江河控制性工程和建设，最大限度减少"水淹停车场"和"城市看海"现象，实现城市"韧性"提升。从食品及药品重大风险防范、火灾安全防控、能源安全稳定保供等方面，建立全流程、全链条式的监管体系，让人民满意、安心，让城市发展成果可感可及。由新华三集团数字经济研究院发布的《中国城市数字经济指数白皮书（2019）》显示，成都在城市治理排名中位列全国第一。

> **专栏4-9 基于大数据的城市多部门联动智慧治理平台**
>
> 　　基于大数据的城市多部门联动智慧治理平台由成都派沃特科技股份有限公司开发建设，平台从专网内各委办局业务系统、互联网、三方平台和物联网传感设备采集各类数据，对各类异构数据开展数据治理工作，确保数据质量和一致性；依托大数据平台，利用算法、算子服务引擎，围绕联动治理各类相关应用开展数据挖掘分析；分析挖掘结果，通过大数据应用方式，服务于城市治理、民生服务、企业服务和平安建设，实现了多部门、多类城市状态数据融合共享，建立了城市治理风险决策模型，支撑多部门协同的综合城市联动治理。该平台获得2019年四川省科学技术进步奖三等奖。

第五节

成都发展新经济培育新动能的愿景规划

"十四五"时期，成都将"加快发展新经济培育新动能，以新经济新动能构筑城市发展新优势，重点发展新产业，创新营造新场景，深化培育新主体，加快建设新载体，协同构建新生态"[①]。大力将新经济发展深度融入和服务唱好"双城记"、服务新格局、建好示范区、办好大运会等重大战略，创新支撑幸福美好生活十大工程建设。

一是聚焦发展新产业。重点布局数字经济、智能经济、绿色经济、创意经济、流量经济、共享经济六大形态，加快发展"人工智能+""大数据+""5G+""清洁能源+""现代供应链+"五大重点产业。围绕产业链创新链供应链打造工业无人机、数字文创、量子通信、区块链、氢能等成都新经济特色新赛道。二是聚焦营造新场景。围绕创新提能加大场景供给力度，完善"创新应用实验室+城市未来场景实验室+城市机会清单"机制，持续开展"场景营城产品赋能"行动。三是聚焦培育新主体。打造新经济企业发展梯队，深化新经济头部企业落地计划，推动头部企业平台潜力释放与城市能级提升互动强化。四是聚焦建设新载体。推动成都新经济活力区、白鹭湾新经济总部功能区等空间载体建设，打造具有全球影响力的新经济创新策源地和活力区。五是聚焦构建新生态。创新高端要素供给，持续营建创交会、兴隆湖高端论坛等展示平台，开展企业"走出去"、创新加速营、企业交流圈等活动，打造"最适宜新经济发展的城市"品牌。[②]

---

① 《成都市国民经济和社会发展第十四个五年规划和二〇三五年远景目标纲要》。
② 《成都市国民经济和社会发展第十四个五年规划和二〇三五年远景目标纲要》。

第五章

以五项制度改革为核心厚植高质量发展优势

所当乘者势也，不可失者时也。构建新发展格局是一项系统工程，既要"择其要于上"加强战略谋划和顶层设计，又要"分其详于下"找准突破关键和着力重点。

2017年12月29日，中共成都市委经济工作会议召开。会议谋定"一个总目标、两个重点、三大载体、四项重点工程、五项制度改革"的清晰路径，第一次明确地提出具有标志性、引领性、突破性的五项制度改革——推进以绩效为导向的财政预算制度改革、推进以效率为导向的国资经营评价制度改革、推进以产出为导向的土地资源配置制度改革、推进以利民为导向的基本公共服务清单管理和动态调整制度改革、推进以成长为导向的企业扶持激励制度改革。

三年多以来，成都市紧扣新时代成都"三步走"战略目标和人民群众美好生活需要，聚焦制约城市发展的体制性障碍、机制性梗阻、政策性难题，坚持以"五项制度改革"构建高质量发展的政策体系，推动体制机制创新。实施国际化营商环境3.0版，深化营商环境综合改革，提升营商环境市场化、法治化、国际化水平，加快建设国际化营商环境标杆城市。全面启动新一轮五项制度改革和全面创新改革试验，有效降低制度性交易成本，进一步激发市场主体活力、维护市场公平竞争、保障市场主体权益和增强市场预期信心。推进要素市场化配置改革，在深入推动土地、劳动力、资本等传统要素市场化配置改革基础上，加快培育技术、数据等新兴要素市场，建强成德绵国家科技成果转移转化示范区，组建数字资产交易中心，探索数字资产确权、交易、流通等规则，持续释放数据红利。五项制度改革已成为全市引领高质量发展的关键，是确保成都在高质量发展轨道上行稳致远的动力和活力源泉。

第一节

五项制度改革的设计考量

一 五项制度改革的着眼点

当前国内经济已转入高质量发展阶段，与过去发展模式相适宜的体制机制必须主动变革和创新才能充分激活经济发展的活力，为经济增长新动能的形成提供支撑。五项制度改革既是成都市推动质量变革、效率变革和动力变革的主抓手，也是全市打造高质量发展增长极和动力源的制度基础，它坚持以人民为中心的发展思想，正确处理政府与市场的关系，充分激发市场主体活力，以优质的制度供给、服务供给、要素供给，增强高质量发展环境的吸引力和竞争力。

（一）着眼全面提高政府效能

转变政府职能，建设法治政府和服务型政府，既是改革要达到的目标之一，也是推进各项改革的有效保障。近年来，中央出台了一系列政策推动政府职能范围从全能政府到有限政府转变；政府职能重心从政治职能到经济职能和社会职能转变；政府职能履行方式从管制型政府到监管型政府和服务型政府转变。五项制度改革坚持"政府主导、市场主体、商业化逻辑"，立足于有为政府的建设，用好土地和财政两种政策工具，突出国资国企和公共服务两个政策抓手，以市场化的手段持续提升资源配置的效率、效益，激发全社会创造力和市场活力。

> **专栏5-1 我国政府职能转变的四个阶段**
>
> 第一阶段：政治职能（1950—1977年）。新中国成立初期，出于

对巩固新生政权和消灭敌对分子的考虑，政府的职能主要是政治职能，尤其是专政职能，强调"以阶级斗争为纲"。

第二阶段：探索政府和市场的关系（1978—1997年）。1978年，党的十一届三中全会做出了把全党全国的工作重点转移到社会主义现代化建设上来和实行改革开放的战略决策，基本明确了"政企分开"的改革思路；1982年，党的十二大提出"建设有中国特色的社会主义"理论，确立"计划经济为主、市场调节为辅"的原则；党的十三大进一步明确，"社会主义有计划商品经济的体制应该是计划与市场内在统一的体制"；党的十四大提出"建立社会主义市场经济体制"的经济体制改革目标，强调要使市场在社会主义国家宏观调控下对资源配置起基础性作用。

第三阶段：由经济建设型政府向监管型政府和服务型政府转变（1998—2012年）。这一时期我国政府职能转变的重点是在建立和完善社会主义市场经济体制的基础上，理顺政府与市场、社会的关系。在此基础上，形成了以经济职能和社会职能为主的政府职能结构，以行政审批改革为职能转变的突破口逐步确定下来。

第四阶段：经济调节、市场监管、社会管理、公共服务、生态环境保护（2013年至今）。这一时期政府职能转变的导向更加清晰，党的十八届三中全会提出政府的职责和作用是保持宏观经济稳定，加强和优化公共服务，保障公平竞争，加强市场监管，维护市场秩序，推动可持续发展，促进共同富裕，弥补市场失灵。2018年3月中共中央印发的《深化党和国家机构改革方案》着眼政府职能转变，明确提出以经济调节、市场监管、社会管理、公共服务、生态环境保护为主要内容的政府职能构成。

资料来源：《持续深化五项制度改革　加快构建完善城市高质量发展政策体系》。

（二）着眼充分激发市场主体活力

市场主体是市场上从事交易活动的组织和个人，企业作为市场主体的重要组成部分，不仅对推动城市高质量发展起着基础性、决定性作用，同时，企业的数量、规模及其在产业链、创新链、价值链中所处的地位，也是衡量城市综合竞争实力和可持续发展能力的重要标志。因此，现代城市政府更加注重提高企业扶持政策的精准化、精细化水平，致力于为企业发展提供全生命周期政策体系和优良的生态环境。五项制度改革紧扣激发企业创新创造活力，通过为初创型企业、成长型企业、跨越型企业量身定制扶持政策，更好地满足各类企业对资源要素匹配的需求，推动形成领军企业"顶天立地"、中小企业"专精特新"、"双创"企业"铺天盖地"的局面。

> **专栏 5-2　企业扶持激励政策演进趋势**
>
> 改革开放以来，我国对企业的扶持大体有以下三个阶段。
>
> 1978—1984 年，我国经济处于"计划经济为主、市场调节为辅"的阶段，国家对个体工商户的发展采取放宽政策，但私营企业还处于不被承认的范围。
>
> 1985—1992 年，政府明确了私营企业的合法地位，支持政策范围持续扩大。
>
> 1993 年至今，中小企业成为社会主义市场经济的重要组成部分，从多方面、多维度来鼓励和支持企业积极参与社会主义事业建设。
>
> 从发达城市的实践来看，"大水漫灌""烧钱砸钱"式企业支持方式已经逐步淡出，企业政策导向由"招大引强外延发展"向"全生命周期引培并重"转变；政策设计理念由"点状分散思维"向"生态系统思维"转变；政策激励方式正由"资金支持"向"服务支撑"和"公平机会"转变；政策受惠主体正由"聚焦大企业"向"扶持大中小企业"并重转变。
>
> 资料来源：《持续深化五项制度改革　加快构建完善城市高质量发展政策体系》。

（三）着眼满足群众对美好生活的向往

城市是人类社会生产力及社会分工发展到一定阶段的产物，也是民众美好生活的主要场域和支撑力量。随着城市功能和公共服务配套的逐步完善，促使向往美好生活的人们不断地向城市聚集，同时，民众的需求也逐步提档升级。为了不断满足人民美好生活需要，增强人民的获得感、幸福感、安全感，城市政府必须加快完善公共服务体系，提供更多样化、更高品质的公共服务。五项制度改革紧扣市民关心关注的公共服务难点热点痛点进行政策设计，通过构建适应公共需求多样化、差异化、动态化的基本公共服务清单制度，探索由"工作任务导向"到"公共价值导向"转型的新路径，不断提高公共服务效能，让全体市民能更好地共享改革发展的成果。

> **专栏5-3　我国公共服务体系发展与改革经历的四个阶段**
>
> 第一阶段：1949—1979年，在公有制基础上建立起苏联式的公共服务体系。
>
> 第二阶段：1980—1994年，经济体制改革的优先性使政府忽略了公共服务供给，同时旧的公共服务体系开始瓦解。
>
> 第三阶段：1995—2002年，伴随着国企改革的深化，政府着手在城市建立新型社会保障制度。
>
> 第四阶段：2003年至今，在"以人为本""科学发展""以人民为中心"的新理念指导下，政府努力建立现代化的公共服务体系，让全体人民共享改革发展成果。
>
> 资料来源：《持续深化五项制度改革　加快构建完善城市高质量发展政策体系》。

二　五项制度改革的基本原则

五项制度改革是成都市实现高质量发展的制度保障，是提升现代政府治理效能的关键抓手，是激发市场主体活力的政策支撑，是增进市民民生福祉的有效途径，是破解体制机制障碍的治本之策，在推进改革的过程中，只有把握好"三个坚持"，才能切实增强改革的系统性、整体性、协同性、科学性，确保改革推进蹄疾步稳。

（一）坚持把"摸着石头过河"与顶层设计相结合

"摸着石头过河"，是在勇敢实践中不断总结经验的一种形象的说法。成都市率先探索推进五项制度改革，既没有系统的上位改革部署，也没有成熟的先发城市改革经验，而是"摸着石头过河"，从实际出发不断探索服务战略目标、服务基层实践的改革策略设计。推进五项制度改革是一项系统工程，只有更加注重整体谋划，才能有效防止政策过于"碎片化"和顾此失彼，不断提高政策体系的适配性。成都市在探索推进五项制度改革中，要做到"摸着石头过河"与顶层设计的结合，既要通过顶层设计实现总揽全局、协调各方的目标，把握好改革的总目标、总基调和总布局，抓住改革的重点和难点；又要坚持"摸着石头过河"，提倡大胆探索、勇于创新的精神，为顶层设计提供丰富的实践经验。

（二）坚持把问题导向与目标导向相结合

解决问题是推进改革的目的所在，在推进改革的过程中，很多问题都是交织的，坚持问题导向有助于找准改革的突破口，有针对性地破除现行体制机制的弊端。完成目标是推进改革最重要的牵引，在推进改革的过程中，必须要有规划、有目标，并通过不断地对照目标，才能更好地检验改革成效。成都市在探索推进五项制度改革中，只有坚持把问题导向和目标导向统一起来，才能有效解决现行体制机制中存在的突出问题和难点问题，抓住改革的主要矛盾，以重点领域的突破带动改革的整体推进，从而更好地释放改革效能。

（三）坚持把效益优先与动态优化相结合

五项制度改革坚持效益优先就是要坚持以市场主体的获得感、市民的幸福感为第一标尺，紧扣企业发展、市民生活中的现实问题和突出矛盾来进行政策设计和效果评估，着力破解体制性障碍、机制性梗阻、政策性问题，不断提高政策的可及性和有效性。坚持动态优化就是要加强对各项改革效果的系统评估，及时发现和解决政策实施中存在的问题，明确下一步改革思路、路径和着力重点，确保改革总体方向不变、道路不偏、力度不减。

三　五项制度改革的总架构

市第十三次党代会以来，成都坚定以习近平新时代中国特色社会主义思想为指导，坚决贯彻落实中央和省委改革决策部署，立足建设全面体现新发展理念的城市和新时代成都"三步走"战略目标，聚焦人民群众美好生活需要，紧扣支撑高质量发展的生产要素、市场主体、发展目的等重点领域和关键环节，探索推进以绩效为导向的财政预算制度改革、以效率为导向的国资经营评价制度改革、以产出为导向的土地资源配置制度改革、以利民便民为导向的基本公共服务清单管理和动态调整制度改革、以成长为导向的企业扶持激励制度改革——五项制度改革（见图5-1），构建形成

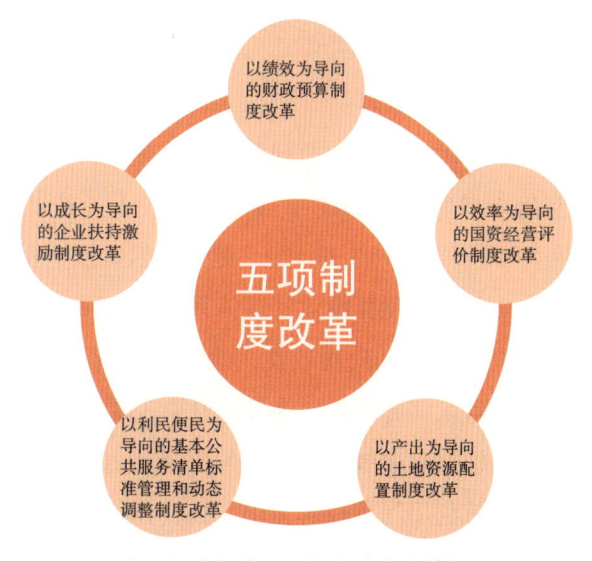

图 5-1　成都市五项制度改革总体框架

具有时代特点、成都特色，互为支撑、整体联动的政策体系，实现财政资金使用效益最大化，加速国资国企向现代企业转型，提升有限空间的经济密度，充分满足人民美好生活需求，全面激发微观经济市场主体活力，厚植发展优势，为全市经济社会发展注入强劲动能。

第二节

财源提质：以绩效为导向的财政预算制度改革

市委、市政府做出推进以绩效为导向的财政预算制度改革重点部署以来，成都市始终坚持绩效导向、战略导向、问题导向，聚焦高质量发展，不断强化财政的效益属性，探索构建涵盖各类支出、符合目标导向、突出绩效特色的多元评价标准，加强正向激励和反向惩戒，有效提升了财政资源配置效率、使用效益和放大效应。

一　以建立全过程绩效管理体系为重点推进财政绩效管理改革

党的十九大明确提出，建立全面规范透明、标准科学、约束有力的预算制度，全面实施绩效管理。2018年国务院印发了《关于全面实施预算绩效管理的意见》（中发〔2018〕34号），提出要创新预算管理方式，建成全方位、全过程、全覆盖的预算绩效管理体系，实现预算和绩效管理一体化，提高财政资源配置效率和使用效益，改变预算资金分配的固化格局，提高预算管理水平和政策实施效果，为经济社会发展提供有力保障，并从中央到地方形成了实施财政绩效管理改革的广泛共识。成都市由于近年来财政资源的无效和低效利用问题较为突出，杠杆作用未能充分发挥，影响了财政资金的放大效应，加快财政预算制度改革的需求日益迫切。在此背景下,成都创新提出了以绩效为导向的财政预算制度改革,重点通过建立"预算编制有目标、预算执行有监控、预算完成有评价、评价结果有应用、绩效缺失有问责"的全过程绩效管理体系,形成环环相扣、闭环运行的预算绩效链,消除"要钱有动力、花钱无压力"现象,有效提升财政资金配置效率、使用效益和杠杆效应,撬动各类资源要素合理流动、高效聚集,努力实现财政资金政治效益、经济效益和社会效益的高度统一。

二 成都市加快构建全面规范、标准科学、约束有力的财政预算绩效管理制度的探索

(一)健全完善财政预算管理制度机制

一是建立三全预算绩效改革体系。深刻领会全面实施预算绩效管理的政策精神与改革要求,在中央、省构建"全方位、全过程、全覆盖"预算绩效管理体系总体要求的基础上,结合发展实际和体制机制弊端,创新深化了成都模式的新"三全"预算绩效管理体系,即全方位推进预算制度改革、全领域优化财政资源配置、全系统实施预算绩效管理。二是搭建"四梁八柱"预算绩效制度框架。以《关于推进以绩效为导向的财政预算制度改革的意见》(成委发〔2019〕11号)为顶层制度指引,围绕财源建设、绩效管理、国资管理等重点领域,构建了层次清晰、要素完备、功能明确的"1+6+N"制度体系。三是打好实施预算绩效管理"组合拳"。建立财政部门牵头,预算单位具体实施,人大、纪检监察、审计监督指导,社会公众广泛参与的工作推进机制,形成齐抓共管的工作格局;建立分年度改革任务清单,有力有序推进各项任务落地落实;多层次大规模组织业务培训和政策宣传,不断强化深化各级各部门绩效理念。

(二)加快重塑预算管理格局

一是初步建立零基预算模式。着力破解预算安排基数和利益固化藩篱,

建立"能进能出、有保有压"的零基预算格局,将收回和压减的资金全部腾挪用于支持重大战略、重要领域和重点项目资金需要,实现财政支出结构优化。二是改进预算控制。严把预算支出关口,强化预算执行监管,坚持按月进行预算执行情况分析,对执行不力、绩效不佳的部门进行定期通报。建立一年2次的预算中期评估制度,实现预算刚性约束与动态修正统筹兼顾。三是提升预算管理水平。对预算综合管理信息系统进行全面优化升级,打通预算编制、指标管理、预算调整、国库支付全过程各环节,实现人员、资产、财务、绩效等信息互联互通。夯实数据支撑、技术支撑、标准支撑,有效提升预算管理科学化、智能化、精细化水平。

(三)构建了全过程绩效管理体系

推进绩效理念方法深度融入预算编制、执行、监督全过程,建立健全事前、事中、事后绩效管理闭环系统。在事前绩效评估环节,推动绩效管理关口前移,在预算编制环节强化绩效目标前置引领作用,建立"部门自评估+财政重点评估"的事前绩效评估机制,构建量化绩效指标体系。在预算执行阶段,坚持绩效目标贯穿全程,在预算执行中将单一的支出进度监控转变为预算执行、绩效目标双维度跟踪,充分发挥绩效监控的预警、纠偏功能。在事后绩效评价阶段,以提质扩面为总体目标,完善部门自评与财政重点评价相结合、第三方机构有序参与的绩效评价机制;强化绩效结果运用,建立信息报告制度;硬化绩效责任约束,将绩效管理工作情况纳入市委、市政府目标绩效考评体系;推进结果与预算挂钩,将绩效评价结果作为预算安排的重要依据。

> **专栏5-4 双流区聚力"五步工作法"深入推进预算绩效管理**
>
> 为深入贯彻落实中央、省、市关于全面实施预算绩效管理的工作部署,双流区坚持"以绩效为导向"的财政预算工作思路,聚力"五步工作法",构建全过程预算绩效管理闭环系统。2019年被成都市财政局评选为绩效管理优秀区(县),2020年预算绩效改革经验先后被央级

主流媒体刊载,向全国推广。

聚力系列制度建设,走好"保障步"。加强顶层设计,将规矩立在首,构建完善预算绩效管理"1+1+N"制度体系。两个"1"分别是《成都市双流区全过程预算绩效管理实施办法》和"成都市双流区预算绩效管理信息系统","N"即配套出台《成都市双流区预算绩效管理工作推进方案》《成都市双流区区级项目支出绩效管理办法》《成都市双流区预算绩效管理工作考核暂行办法》等绩效管理制度,确保财政资金花在刀刃上,用在关键处。

聚力绩效目标编审,走准"审核步"。采取绩效目标线上管理模式,将绩效目标编报作为预算安排的前置条件,强化绩效目标引领作用;将年初预算绩效目标随预算草案提请区人大会审查,实现与部门预算同步批复、同步公开;创新预算审查,邀请区人大预算委、区政协办、第三方专业机构现场参与重点项目绩效目标及绩效评估会审,对2021年66个重点预算项目进行"体检",预算单位"一上"申报项目资金176908.20万元,审减资金54283.13万元,审减率达30.68%。

聚力绩效运行监控,走严"监督步"。2020年,率先在预算绩效管理信息系统完成1—6月和1—8月项目绩效自运行"双监控"工作,实现项目监控全覆盖。在自运行监控的基础上,重点对30个项目进行了"双监控",涉及金额29983.66万元。其中对进度滞后的10个项目进行调减,调减项目经费1081.30万元,调减比例3.6%;对绩效目标偏离等16个项目调整完善绩效目标;对执行进行较慢的7个项目加快实施进度。

聚力绩效结果运用,走实"评价步"。以"单位自评+财政重点评价"的方式,首次实现项目评价全覆盖,并建立评价结果与预算安排和政策调整挂钩机制,真正解决预算与绩效"两张皮"的问题,提高财政资源绩效管理效率。2020年先后对19个项目、8个部门整体、3个财政政策开展财政重点评价,涵盖产业发展、政府购买服务和专项债券等项目，涉及资金 666113.94 万元，对综合评价得分较低的单位扣减 10% 的预算经费。

聚力绩效管理工作，走紧"考核步"。压紧压实预算单位在项目绩效目标申报、项目执行、项目监管等各环节主体责任，将单位预算绩效管理工作完成情况纳入全区目标考核，坚持"控成本、增效益"考核原则，拓宽考核范围、细化考核指标、量化考核分值，奖惩结合，充分调动和激发预算绩效管理工作积极性，使"花钱必问效，无效必问责"的绩效管理理念落到实处。

资料来源：2020 年 12 月 1 日搜狐新闻（https://www.sohu.com/a/435550832_362042）。

三 财政支出引导效益和杠杆效应有效放大

（一）财政资源的配置绩效有效提升

一是财政要素保障能力进一步提高。通过统筹安排自身财力、政府债券和上级补助，清理盘活国有资产资源，政府综合财力运筹能力显著提升。2019 年成都市获批新增地方政府债券资金 414.3 亿元，较上年增长 97%；获得上级补助 312.9 亿元，较上年增长 14.6%；2020 年市级国有独资企业利润上缴比例和国有资本收益调入一般公共预算比例双双提高到 30%。二是财政资金引导作用进一步提高。推广运用政府投资基金、PPP、政府采购等多种市场化渠道，将财政硬投入转变为项目资本金、项目未来收益等，引导和吸引更多社会资本参与市委、市政府重大战略、重要领域和重点项目。2019 年，全市已设立 4 只一级政府投资基金，财政资金到位 92 亿元，累计投资 65 个项目约 176 亿元；全市共计 64 个项目纳入财政部 PPP 项目库，涉及总投资 2587 亿元。三是财政资金乘数效应进一步提高。通过不断完善融资风险机制、拓展财政奖补政策，撬动更多信贷资金投放，加强对涉农、中小微、科技型企业的金融支持。截至 2019 年，全市组建了规模50亿元的市再担保公司;"科创贷""农贷通""文创通"等政策性金融产品已为2237家企业提供贷款164.2亿元;探索推动资产证券化,成都市智慧停车费收益权ABS已在上交所成功发行,融资达8.6亿元,成为金融创新助力实体经济和"新基建"发展的成功案例。

(二)财政预算安排绩效显著提高

一方面,一般性支出明显压减。成都市以"艰苦奋斗、勤俭节约"为原则严格一般性支出管理,2020年市级部门"三公"经费预算压缩了3%,一般性支出预算压缩了20%,共腾挪财力11.5亿元。以"全面清理、科学评审"为抓手严格项目预算管理,清理项目3136个,统筹资金13.9亿元;创制12项评审指标,重点审核项目75个,审减资金6.4亿元。以"强化问题导向,狠抓专项整治"为重点优化专项资金管理,累计取消专项资金26项、整合归并35项、调整优化5项。另一方面,预算支出效率明显提高。持续加强预算支出控制,2019年全市共形成预算执行分析报告12份,完成6次预算执行进度考评通报;及时清理盘活资金71.5亿元,用于东部新区建设发展、新增安排中心城区公共服务设施补短板、市属国有企业赋能等领域。

(三)财政资金使用绩效明显提升

在事前评估环节,全市通过加强事前预算绩效评估,2019年财政重点评估审减率达35%,从源头上将低效、无效的项目挤出财政预算"盘子"。在财政预算资金执行环节,通过持续加强财政预算绩效的动态化、规范化、常态化管理,不断提高财政预算执行质效。2019年全市组织98个市级部门全面开展了绩效运行跟踪,累计监控项目618个,督促整改项目65个,涉及财政资金4.2亿元。在事后评价环节,成都市以融合预算管理为手段,加大绩效结构和预算安排挂钩力度,根据2019年财政重点绩效评价结果,相应调减预算、调整政策,共调减资金7.6亿元,进一步优化提升财政资金使用质效。

四 成都市持续纵深推进财政预算制度改革的方向

未来，成都市将继续坚持大财政、大杠杆、大发展，鲜明理财为人、理财为城、理财为境、理财为业的财政价值取向，推行"一切收入归财政、一切支出进预算"，推进预算与绩效深度融合，提升财政资金配置效率和使用效益。

（一）突出结构调整，大力促进预算管理提质增效

深入推进零基预算改革，根据实际需要科学核定预算，健全完善基本支出和项目支出定额标准体系和项目库建设，完善能增能减、有保有压的分配机制，打破支出固化格局，将有限的财政资源用到刀刃上。坚持以收定支、量入为出，坚持先有预算、后有支出原则，从严从紧审批财政支出，严格预算执行刚性约束，杜绝超越财力安排支出。强化"政府过紧日子"思想，大力压缩一般性支出和非刚性、非重点支出，加大存量资金和资产盘活力度，调整优化财政专项资金，集中财力加大对重点产业、重点项目和基本民生的保障力度。完善市对下财政转移支付制度，提高市对区（市）县一般性转移支付占比和规模，推动市与区（市）县财政事权和支出责任划分改革，推进建立权责清晰、财力协调、区域均衡的政府间财政关系。

（二）突出政策机遇，借势借力整合更大政策资源

严格落实中央、省、市支持企业发展的税收减免、行政事业性收费减免、社会保险费减免、财政贴息等一系列财政金融政策，统筹各方面资金支持常态化疫情防控和稳定经济运行。围绕成渝地区双城经济圈建设、东部新区发展、公园城市建设等市委市政府重大战略，做好优质项目储备、遴选、策划和申报，加强对国家宏观政策和中央部委、省级部门行业政策的分析研判，力争更多资金、项目、政策、试点落地成都。抢抓中央增

专项债券额度的宏观政策机遇，深入研究专项债券配套市场化融资和专项债券资金作为项目资本金等利好政策，探索发行地方政府专项债券新品种，力争新增政府债券规模持续增长。

（三）突出杠杆效应，着力提升财政金融组合运作能力

完善政府投资基金体系，建立私募投资基金生态圈，在产业发展、城市基础设施、创业创新等领域设立政府投资子基金群，做强做大成都产业引导股权投资基金，争取扩大与国家集成电路产业投资基金、国家新兴产业创业投资引导基金和四川省区域协调发展投资引导基金等中央、省基金的合作领域和范围，发挥政府投资基金对重要产业、重点企业支持的杠杆撬动作用。动态平衡PPP年度支出责任规模，整合市和区（市）县财政承受能力空间，探索社会资本和国有企业组建PPP项目投标联合体等新付费途径，提高财政承受能力空间利用率，引导更多社会资本实施跨区域PPP重大项目建设。落实财政金融互动奖补政策，设立支持中小微企业风险资金池，打造以政府信用为核心、多层次广覆盖的政策性金融产品体系，引导金融机构增加信贷投放、优化信贷结构，加大对产业发展、科技创新的支持力度。

（四）突出质效提升，全力推动企业资金补贴和城市贡献有效结合

聚焦政府投资项目、重大项目招引、总部成都建设等重点领域，进一步完善机制、优化政策、加强监测、提升服务，强化财税评估、税收管控和激励约束，推动实现政府资源配置效率和财政收入质量效益双提升。提高产业政策的精准性、可及性，加强招商引资税收评估，建立企业地方贡献与政府资金支持良性互动的政策体系，实现企业资金补贴与城市贡献有效结合。强化政策引导和支付管控，建立跨部门的政府投资信息共享机制，避免政府投资项目优质税源流失。开展总部企业科学认定，精细化动态化管理，优化政策提升政策精准性，促进企业"分转子、子升总、总升级"，促进形成总部企业良性发展态势，实现总部经济质效提升。

（五）突出资金效益，全面促进预算和绩效管理一体化融合

加快构建部门整体绩效管理体系，压实部门绩效主体责任，建立健全部门整体绩效与部门预算总额挂钩、部门绩效"主动报账"、部门绩效激励约束"三项机制"，推进部门由"要我有绩效"向"我要有绩效"转变。以预算资金管理为主线，将事前评估、目标管理、运行监控、绩效评价、结果应用等各项绩效工具，全面融入预算管理相关环节，全面实行以"成本效益"为核心的事前绩效评估，建立完善重大政策和项目预算执行全程动态跟踪机制，建立"识别、反馈、提升"的绩效优化循环政策评价体系，推进预算和绩效深度融合。实施覆盖预算管理全过程的结果应用机制，加强绩效与预算管理事前、事中、事后全过程衔接，强化绩效评价结果在政策优化、改进管理、预算安排、问题整改等方面的应用，探索实施绩效评价结果"分档分级预算挂钩机制"，改变预算分配固化格局。

第三节

强基赋能：以效率为导向的国资经营评价制度改革

近年来，成都市围绕加快推进以效率为导向的国资经营评价制度改革，不断加强对国企发展规律和方向的研判把握，从"深化、明势、提能、固本"着手，抓重点、补短板、强弱项，形成了"经营评价—问题诊断—改革突破"工作闭环，带动国资国企改革发展整体效能提升，推动国资国企加速抢占"服务蓝海"，发掘民生经济"市场富矿"。

一 以构建国资经营评价体系为核心助推国资国企加快转型

国有企业是推进国家现代化、保障人民共同利益的重要力量，是党和

国家事业发展的重要物质基础和政治基础。党的十九大报告对推动国有资产保值增值、国企做强做优做出重大部署，2020年7月国办印发的《国企改革三年行动方案（2020—2022年）》进一步聚焦国有企业管理制度改革、国企市场化经营机制改革、国有资产监管体制改革等领域提出了更具体的要求。在此背景下，成都市针对国有企业存在服务城市发展战略功能结构性失衡、市场化改革与功能性项目行政化管理方式矛盾突出等问题，结合中央改革要求，提出了推进以效率为导向的国资经营评价制度改革，重点是要围绕服务城市战略、服务社会民生、参与市场竞争"三大定位"，科学构建以战略支撑、社会服务、资本运营、市场经营、专业运作、现代治理"六大效率"为核心内容的国资经营评价体系，探索效率评价倒逼"经营评价、问题争端、改革突破"的改革路径，着力实现"两提两降"，推动国有企业由功能平台型企业向专业化、专业型现代化企业转型，由"政府的企业"向"市场的企业"根本转变。

二 成都市推动国资国企加快向产业化、专业化、市场化、全球化方向转型的探索

（一）创新设立国资经营评价体系

成都市紧密对接国资国企改革对市属国企功能的"三大定位"和提升"六大能力"要求，出台了《关于以效率为导向推进国资经营评价制度改革的试行意见》；制定了《成都市国资经营评价操作规程》，构建了目标清晰、责任明确、流程规范、环节闭合的国资经营评价工作机制，创新构建了成都市国资经营评价指标体系，不仅结合各企业的主业、行业等特点，"一企一策"细化分解成每户企业约200项评价指标，还从评价导向、主体、内容、程序、成果运用等方面入手，形成了由44项评价指引构成的评价规则。由此，构成了成都市"1+1+6"国资经营评价体系（即1个试行意见、1个操作规程、"六大效率"实施细则）（见图5-2）。

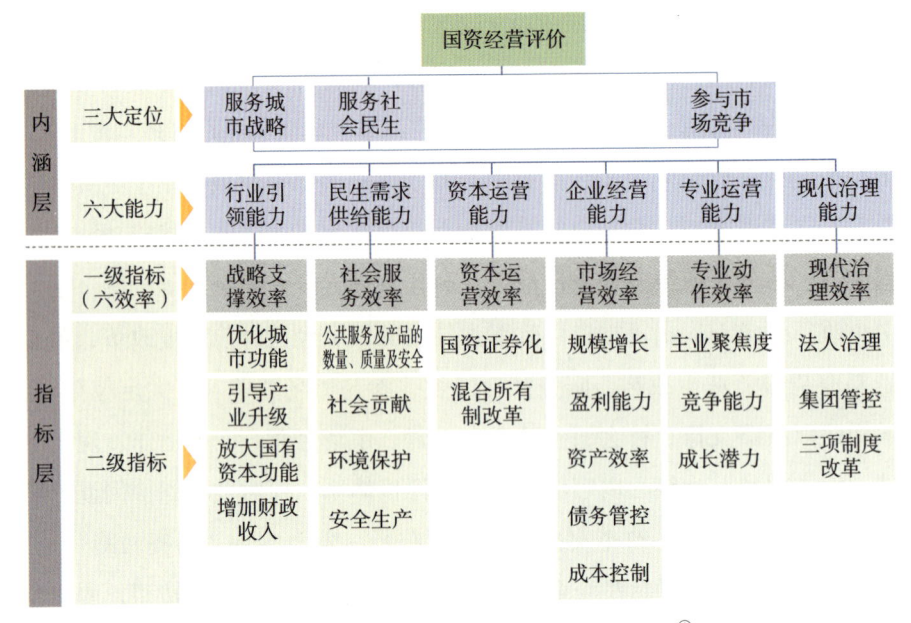

		国资经营评价					
内涵层	三大定位	服务城市战略	服务社会民生		参与市场竞争		
	六大能力	行业引领能力	民生需求供给能力	资本运营能力	企业经营能力	专业运营能力	现代治理能力
指标层	一级指标（六效率）	战略支撑效率	社会服务效率	资本运营效率	市场经营效率	专业动作效率	现代治理效率
	二级指标	优化城市功能；引导产业升级；放大国有资本功能；增加财政收入	公共服务及产品的数量、质量及安全；社会贡献；环境保护；安全生产	国资证券化；混合所有制改革	规模增长；盈利能力；资产效率；债务管控；成本控制	主业聚焦度；竞争能力；成长潜力	法人治理；集团管控；三项制度改革

图 5-2 成都市国资经营评价指标体系框架①

（二）探索建立多元协同的评价机制

立足用评价指挥棒引导各方相向而行的改革初衷，按照"出资人、行业、社会共同认可"的原则，引入了多家第三方专业咨询机构，统筹协调市级行业主管部门共同参与，同时面向社会公众开展调查，形成了由市国资委牵头组织、第三方咨询机构具体实施、相关市级部门和社会公众共同参与的多元化评价工作机制。

（三）推动评价成果分类转化运用

对照 2019 年版评价报告指出的差距和不足，成都市国资委和 12 户企业研究形成了"1+12"改进提升方案，针对评价发现的国企外部的体制机制性障碍、国资布局结构不合理以及国企存在的普遍共性问题，市国资委提出了 23 条改进措施，拟修订或新出台制度或方案 32 项；针对企业自身

---

① 《五项制度改革前期评估报告》。

改革发展和经营管理问题，12户企业共计提出400余条改进措施。

（四）扎实开展对市属国有企业的全覆盖评价

为检验评价体系及工作机制的科学性和有效性，2019年，市国资委组织上海华彩咨询等第三方专业机构，对12户企业"六大效率"首次开展全面评价。在评价工作中，按照"一企一策"制定评价方案，开展现场评价，并撰写了国资经营评价报告，对12户市属国企逐一画像查找短板，从资本布局、国资监管、企业发展等不同层面诊断问题。

三 国有资本新时代"改革尖兵"形象逐渐突显

（一）国有资本对城市发展的支撑功能持续增强

近年来，成都市国资国企改革工作均结合经营评价制度改革进行安排和推进，促进了国有资本加快向关系城市发展和社会民生的关键领域集中，增强了国有资本对城市发展的支撑作用。2019年，市属国企实施功能性项目457个、完成固定资产投资1341.8亿元；发起设立11只、首期规模80亿元的产业子基金群，建设标准化厂房257万平方米、人才公寓259万平方米；开展对央企、省企、其他城市国企投资促进108次，签署合作协议52个，涉及投资1700亿元；五大专业化公司完成投资119亿元；加快推进17个重点民生项目、新增10所幼儿园2460个学位、建成30余个直采直销蔬菜基地和10余个粮源收储基地。

（二）国有资本经营效率明显提高

经过近3年的努力，国资经营评价制度改革引领国资国企的发展成效不断显现。2017—2019年，市属国企资产总额增长43.3%、所有者权益增长51%、营业收入增长52.4%、利润总额增长43%；固定资产投资额增长166.1%，上市企业户数从2017年底的2户提高至2019年底的8户；证券化率从 2017 年底的 6.6% 提高至 2019 年底的 50.5%。

（三）国资系统主动服务城市发展的底气和信心不断增强

改革启动以来，市属国资系统进一步提升了对服务城市发展、服务社会民生、参与市场竞争"三大定位"的理解，不断深化对坚持"四个转型"、实现"三个转变"、提升"六大能力"改革路径的认识，并按照"党委决策、政府主导、企业主体、商业化逻辑"的原则，探索实践了区域综合开发、"综合平衡算大账"等新运营模式，避免了国企改革走向抛开企业本质单纯强调公益性或抛开社会责任单纯追求营利性的两个极端，进一步增强了市属国企主动作为，在服务城市发展中做强做优做大和实现可持续高质量发展的信心和底气。2019 年成都市公交和地铁年载客量约 28 亿乘次，燃气服务居民 289.4 万户，自来水公司日均供水量达到 275.4 万立方米，农副产品销售量达 885 万吨，开工建设绿道 245 公里、建成 132 公里。

四　成都市持续纵深推进国资经营评价制度改革的方向

下一阶段，成都市将深入贯彻落实中央及四川省推进国有企业改革的要求，在继续巩固前一阶段理论研究、体系构建和首次评价的阶段性成果基础上，坚持以提升国资国企战略支撑力、社会服务能力、市场竞争能力为改革目标，从解决国资经营中影响效率的突出矛盾出发来推动改革，努力形成牵引国资国企变革的根本性制度体系，倒逼国资国企改革走深走实。

（一）突出效率导向，提升评价体系精准性

持续优化评价体系，贯彻落实中央、省、市关于国资国企改革的新政策、新要求，聚焦引导企业更好发挥在成都市高质量发展，特别是成渝双城经济圈建设等战略中的示范带动作用，动态优化评价指标设置和标准确定，不断丰富健全具有成都特色、契合发展需要、标准化精细化的评价指标体系。推动经营评价与国资监管工作的内嵌融合，以效率为导向对国资监管各项政策开展评估，进一步建立完善体现高质量发展要求、适应市属国企发展阶段的政策体系；探索建立功能性项目分类统计、分类核算、分类考核的工作机制，"一企一策"研究细化评价指引，将效率导向贯穿国资监管各项业务工作；加快国资监管大数据平台建设，加速国资监管和国企改革发展数字化转型步伐。建立完善经营评价成果运用机制，强化评价成果运用的刚性制度约束，从加强经营评价与企业改革发展具体业务工作，以及战略规划、审计检查、考核分配等国资监管业务的有机衔接上，就评价成果的分类转化运用进行规范化的制度性安排。

（二）着力效率跃升，推动评价诊断问题分类改进提升

针对评价发现的突出问题开展专项审计检查，在评价发现问题的基础上，针对企业法人治理运行情况、亏损企业经营情况、重大股权投资情况开展专项审计检查，深入挖掘问题背后的原因和症结，对因相关人员未履职或未正确履职造成的国有资产损失进行严肃问责。建立问题改进情况动态监测机制，督促市国资委和各市属国企认真落实《2019年国资经营评价发现问题改进方案》，对存在的问题及其改进措施实行台账管理，建立每月监测工作机制，定期汇总市国资委及各企业在问题改进中存在的困难和体制机制障碍，及时向市国资委国资经营评价制度改革推进小组汇报，必要时向市委、市政府提出相关工作建议。加强经营评价与考核分配的高效联动，修订企业负责人经营业绩考核办法，将评价发现的关键问题和突出短板纳入业绩考核，建立与考核结果紧密挂钩的差异化薪酬制度，以考核手段倒逼企业能力提升。协调解决企业自身无法突破的外部体制机制障碍，会同相关市级部门共同研究，对功能性项目进行规范管理，理顺政府与企业的法律关系、经济关系、支付关系，同时建立健全国资国企赋能机制。

（三）固化效率约束，推进经营评价改革纵向延伸

建立市属国企内部经营评价制度体系，推动市属国企"因企制宜"建

立各企业集团自身的国资经营评价体系，对所属重点二级企业开展评价试点，诊断发现企业内部业务布局、市场竞争、经营管理等方面存在的问题，推动企业进一步提升发展内涵质量。开展区（市）县国资经营评价制度改革试点，按照"大国资、一盘棋"的改革理念，着眼于更好发挥国资整体功能，指导有条件的区（市）县国资监管机构开展国资经营评价制度改革试点，促进全市国资系统能力整体提升。

第四节
效率提升：以产出为导向的土地资源配置制度改革

2017年以来，成都市坚持以产出为目标导向，在国土空间规划、土地集约利用、产业用地保障、存量低效整治、加强供后监管等方面积极探索研究，制定了一系列政策举措，深入推进以产出为导向的土地资源配置制度改革，不断提升土地为主体功能区战略服务、为提高人民生活品质服务、为实现高质量发展服务的能力和水平。

一 以实行土地资源差异化配置为抓手提升土地资源配置效率

土地资源是生存之基、生产之要、生态之本，是实现高质量发展的核心要素。党的十八届五中全会提出要坚持最严的节约用地制度，实行建设用地总量和强度"双控"行动；2020年4月国务院出台《关于构建更加完善的要素市场化配置体制机制的意见》，明确要求建立健全城乡统一的建设用地市场、深化产业用地市场化配置改革、盘活存量建设用地、完善土地管理制度，不断提高土地要素的配置效率。国家"十四五"规划也提出要构建高质量发展的国土空间布局和支撑体系。总体来看，在国家建设用地总量紧约束和实现高质量发展硬要求的双重挤压下，优化土地资源配置成为有限土地空间实现高质量发展的必然选择。成都市为破解严守耕地"红线"和城市发展的矛盾，也提出了以产出为导向的土地资源配置制度改革，着力在国土空间规划、土地集约利用、产业用地保障、存量低效整治、加强供后监管等方面积极探索研究，通过实行土地资源差异化配置提高土地资源配置效率，促进土地开发利用与城市空间调整、经济地理优化相互匹配，实现土地资源在保护中利用、在利用中发展。

二 成都市推进土地资源差异化配置的探索

（一）强化规划引领管控机制

紧紧围绕主体功能区战略，优化国土空间开发保护格局，以三个做优做强为导向，聚焦推动形成多中心、网络化、组团式的空间功能结构，实行差异化土地资源配置。同时，对开发强度超过40%的地区，强化项目监管，将项目准入条件、考核评估、退出约定、违约责任等纳入供地范畴，不断提升城市功能品质。

（二）制定完善基准地价体系

完善土地价格供应机制，结合不同产业类型的生命周期、投资回报、发展要求、市场需求等实行差异化的土地供给，给予产业项目用地具有比较优势和竞争优势的土地供应价格支持，实现对产业发展的精准保障。制定细分用途、级别的土地价格供应体系，在原有工业、商服、住宅3大类用地类别基础上，增加公共管理与公共服务用地类别，并细分至12小类，切实降低产业用地成本，提升土地供给的准度和效率。同时，结合产业发展新需求新导向、土地供需现状、地价变动等，定期更新基准地价成果，不断加强土地的精细化管理。

（三）创新实施新型产业用地（M0）制度

2020年4月，成都市政府办公厅印发了《关于加强新型产业用地（M0）管理的指导意见》（成办发〔2020〕37号），在全市66个产业功能区内推行实施新型产业用地（M0），用于满足研发、设计、检测、中试、新经济和无污染生产等创新性产业用地需求，可兼容一定比例满足职住平衡、产业配套服务等需求的配套用房。存量工业用地经批准调整为M0的，配套用房不得整体或分割转让，产业用房可依据规定按一定比例进行分割转让，加强用地功能复合，推动产业转型升级和提质增效。

（四）实施"指标双下"奖惩激励机制

对已核实的低效存量工业工地按照10%的比例下达区（市）县盘活利用指标，实行存量低效工业用地盘活利用指标与新增工业用地年度计划指标相挂钩的"指标双下"奖惩机制。建立以"一图一表"为核心的项目准入审查、考核和退出机制，加强产业项目"一图一表"准入审查，强化项目监管，将项目准入条件、考核评估、退出约定、违约责任等纳入供地方案，土地成交后，在签订土地出让合同前先行签订项目履约协议，严格实行达产、到期考核评估，落实项目用地供前供后精细化管理；允许农村集体经营性建设用地出让、租赁、入股，加快推进已立项的城乡建设用地增减挂钩项目，合理安排增减挂钩指标。

> **专栏5-5 天府新区成都直管区实施土地资源配置"双挂钩"制度**
>
> 一是开展土地价格梯度管控。细化完善土地价格引导机制，按用途分类别开展土地定级和基准地价动态更新工作，形成5个等级、4大类、13小类的差异化土地价格，相同区位不同产业类型土地价差扩大到27%，促进土地资源与产业生态圈的重点领域、新兴业态精准匹配。
>
> 二是严格执行项目投入产出标准。严格项目评审机制，实行项目

组、功能区、管委会三级评审，坚持把业态能级、建设规模、投资强度、自持比例和亩均产出效益 5 项关键指标作为产业准入和土地供应的重要衡量标尺，对项目建设实行动态监管，对 36 个未充分履约项目分类处置，动真碰硬收回 3300 亩闲置土地。

三是开展城市资源合理保护利用。助力政府投资平台公司加大城市运营调控力度，完成定制化产业载体开发 140 万平方米，引入成都产投等国有企业实施 1076 万平方米安居工程建设。近三年来，出让土地 63% 用于产业功能区建设，预期年均税收达 91 万元/亩，生态投入按照约 1∶20 比例放大社会投资效应，为加快建设践行新发展理念的公园城市示范区提供有力支撑。

资料来源：《持续深化五项制度改革　加快构建完善城市高质量发展政策体系》。

三　土地集约高效利用的优势加快构筑

（一）工业用地节约集约利用水平显著提高

通过全面实行工业用地弹性供应制度，截至 2020 年 6 月，全市按 20 年短期出让的工业用地占工业用地总量的 80% 以上；企业按照年均工业用地出让指导价计算出让价款或租金，初期入驻成本下降 60% 以上。同时，通过鼓励区（市）县采取协议出让方式将工业用地供应给政府国有企业，建设并持有工业标准厂房，全市供应标准厂房工业用地 40 宗、面积约 4300 亩，建成标准厂房 1000 万平方米，有效保障了小微型企业发展空间。

（二）存量低效工业用地加快盘活

2018 年以来，全市通过全面实行盘活存量指标与新增年度计划"指标双下"奖惩机制，大幅加快了存量低效工业用地的盘活利用。2018 年，成都市下达存量低效工业用地盘活利用指标为 4910 亩，经核查实际盘活 1.1

万亩，超额完成 3326 亩，按标准对超额完成部分实施挂钩奖励 3945 亩。

（三）土地资源产出效益明显改善

近年来，通过推进以产出为导向的土地资源配置改革，不仅有效提高了土地资源的利用效率，也提升了土地资源的产出效益。2019 年，全市工业用地亩均税收实现了正增长，其中高新区工业用地地均税收达 761.6 万元 / 公顷，同比增长 20.9%。

（四）产业用地保障能力有效提升

近年来，全市通过建立健全国土空间规划管控机制，推进土地资源差异化配置，有效提升了重大产业化项目的用地保障能力。2020 年上半年，全市追加省市预留新增建设用地指标 5100 亩，全部用于保障东部新区重点项目；实施土地规划局部调整 17 批，涉及规划指标调整 1.5 万亩，有效保障了中电科小镇、吉利学院等重点项目用地需求。

四　成都市持续纵深推进土地资源配置制度改革的方向

坚持"人城境业"和谐统一，顺应产业融合、功能复合趋势，创新土地保护开发利用、集约节约高效利用和分类管理差异化供给机制，持续用好增量、盘活存量、优化流量，为高质量发展和公园城市建设提供土地要素保障。

（一）致力于低效用地提质增效，强化土地资源优化配置

充分衔接成渝双城经济圈规划纲要、践行新发展理念的公园城市示范区总体规划，优化完善国土空间总体规划，为差异化的土地开发利用与城市空间调整、经济地理优化策略实施提供规划支撑。持续实行差异化土地资源配置策略，依据"两图一表"和产业功能区目标定位，优先配置先进制造业、科技创新、新经济等产业用地。优化城镇内各类用地结构和布局，

适当扩大商住用地比例，增加基本公共服务设施和公共空间用地供给。转变土地利用方式，探索低效用地市场化促建机制，鼓励企业通过联营、入股、并购等方式引入社会投资者合作推动二次开发，促进原有低效用地提质增效。

（二）全力改善土地供给质量，创新产业用地供应机制

持续开展中心城区土地级别与基准地价更新调整工作，并指导区（市）县进一步完善细分用途、级别的基准地价。统筹推进集体经营性建设用地入市、利用集体建设用地建设租赁住房试点等相关工作，研究编制农村集体建设用地基准地价，合理显化集体土地所有权价值。持续推行新型产业用地（M0），细分设立科研设计用地（A36），创新优供优产的供地模式。适应企业生命周期，继续采取弹性年期出让、租赁、先租后让等差别供地方式，探索实行"标准地"出让，鼓励工业、仓储、研发、办公等功能用途混合布局。

（三）大力提升土地产出效益，构建集约高效用地格局

分区域、分性质、分行业细化产业用地类型、功能定位、开发强度、亩均税收等管控指标，以全生命周期管理提升单位面积土地产出效益。落实"指标双下"、供地率、GDP建设用地使用面积下降率、工业用地亩均税收增长率、产业功能区土地节约集约利用状况评价等奖惩激励机制，并将评价结果作为项目用地弹性年期续期、供地面积、享受价格优惠政策以及下达新增建设用地指标和年度计划的依据，在资源要素配置和政策支持上实行差异化管理，提高节约集约用地水平。加强土地供后监管，加快处置批而未供和存量低效土地；压实区（市）县政府主体责任，落实土地供后监管措施，严格签订《国有建设用地履约协议书》，明确约定开竣工时间、产业准入条件、未达准入条件罚则等内容，强化项目履约管理。

（四）着力改善土地交易环境，健全城乡建设用地市场化配置机制

以公共资源交易中心为国有建设用地交易平台，健全完善农村产权资源要素交易、登记、服务等配套政策制度，支持成都农村产权交易所建设成为服务全省、辐射西南的区域性农村产权交易平台。完善建设用地二级市场，规范开展建设用地使用权转让、出租、抵押，提高存量建设用地配置效率。健全土地资源配置的服务和监管体系，创造更加开放便利、透明自由的交易环境。

第五节

民生保障：以利民便民为导向的基本公共服务清单标准管理和动态调整制度改革

近年来，成都市紧扣城市发展战略导向和市民美好生活需求，围绕深入推进供给侧结构性改革，创新多元化供给模式和动态调整机制，推动政策资源的高质量供给和要素资源的高效率配置，建立完善符合城市实际、具有时代特色、推动高质量发展的公共服务政策体系，着力构建"底线民生、普惠民生、高品质民生"的大民生格局，让人民群众实实在在感受到"成都温度"。

一 以推行基本公共服务清单管理和动态调整为关键构筑公共服务政策支撑体系

基本公共服务是公共服务中最基础、最核心的部分，也是政府公共服务职能的底线。党的十八届三中全会以来，中央对民生工作要求从"保障基本"到"提高保障和改善水平"再到"满足多层次多样化需求"不断演进，

公共服务的内涵不断丰富。党的十九大报告明确到 2035 年实现基本公共服务均等化。2017 年 3 月，国务院印发《"十三五"推进基本公共服务均等化规划》，确定了公共教育、劳动就业创业等八大领域的基本公共服务清单，明确政府的职责和任务。2021 年 4 月国家发展改革委等 21 个部门联合发布的《国家基本公共服务标准（2021 年版）》，进一步从幼有所育、学有所教、劳有所得、病有所医、老有所养、住有所居、弱有所扶以及优军服务保障、文体服务保障 9 个方面明确了国家基本公共服务具体保障范围和质量要求，指导各地方政府查缺补漏。在新形势新背景下，成都有必要以利民便民为导向推进基本公共服务清单管理和动态调整制度改革，加快探索基本公共服务"责任体系＋制度体系＋产品供给＋标准化体系＋效果评估"的创新之路，实现基本公共服务清单、基础设施、服务项目供给、高品质生活需求相互促进、动态调整、联动提升，构筑起高质量发展增长极的公共服务政策支撑体系，让优质公共服务成为增长极动力源的最大魅力指数，塑造高品质宜居生活的比较优势。

二 成都市构建便民服务体系的探索

（一）推行基本公共服务清单化管理

创新设立成都市基本公共服务政策清单、高品质公共服务基础设施建设重点项目清单、基本公共服务基础数据清单"三张清单"，并实现年度动态调整，为市民提供便利化、全方位的文体教育、民生保障、就业创业、交通旅游、健康医疗等服务，构建畅通市民意见、精准服务市民的有效载体。

（二）推进公共服务市场化供给

把握普惠养老、普惠托育等国家试点政策机遇，鼓励和引导各类社会力量参与公共服务投资、建设、管理和运营，以政府和社会资本合作

（PPP）、专项债券、投资引导基金等方式拓宽资金来源渠道，形成由政府引导、市场和社会共同参与的多元化供给模式。优化公共服务供给结构，强化政府购买公共服务，提升财政资金使用效率，实现政府新增公共服务支出中，向社会组织购买的比例不低于30%。培养壮大多元化供给主体，推动益民、教投、医投、体育、绿道五大国有民生集团从融资基建承建商向服务要素聚集赋能平台转变，由单一的城市开发主体向优质公共服务供给主体转变，助推优教成都、综合医疗、文化体育、生活物资商贸流通等民生重点工作；扶持社会组织壮大发展，大力降低民生服务供给类中小企业融资成本。

（三）创立基本公共服务新范式

创新群众需求收集机制，拓宽民意收集渠道，依托网络理政中心城市管理"大脑"和市政府门户网站这个"总入口"，推进"互联网+政务服务""互联网+监管"，通过依法理政、全网理政、互动理政，着力实现社会诉求"一键回应"、政务服务"一网通办"、城市治理"一网统管"。加速社区公共服务改革，推动"一核三治、共建共治共享"基层治理改革，打造"一站式""零距离""全天候"集中便民服务空间，打通公共服务"最后一公里"，将社区建设成为满足群众日常服务需求的新载体。

（四）推动基本公共服务可量化

健全绩效评价机制，将年度重点改革事项纳入全市深改台账，分解落实政策清单和项目清单年度计划，开展社会公众满意度测评，结果纳入目标考核。建立健全统计监测评估体系，按照可获得、可量化、可对比、可核查的原则，研究形成《成都市基本公共服务监测指标体系》，共九大类151个指标项。建立基层服务评估机制，推进社保经办、养老服务等基层服务机构建立服务指南、质量承诺、服务记录追溯、服务绩效评价等制度，不断提升服务质量。

> **专栏5-6　高新区围绕推进基本公共服务品质化建设的经验**
>
> 一是定制区级服务清单。形成覆盖教育、医疗、就业等九大领域95项服务的区级基本公共服务清单,全面推进5个方面14项改革任务。
>
> 二是建立评价改革机制。委托市规划院等第三方机构开展社会满意度调查和基本公共服务圈评估,并对区级清单逐项开展星级评价,为动态调整清单、补强公共服务设施短板提供科学依据。
>
> 三是创新社区服务机制。面向实际服务人口,构建"五社联动(社区、社会组织、社工、社会资源及社区自治组织)"社区服务机制,试点开展智慧院落建设。
>
> 资料来源:《持续深化五项制度改革　加快构建完善城市高质量发展政策体系》。

三　民生服务温度加速提高

(一)高标准构建基本公共服务"成都标准"

通过创新"三张清单"管理机制,全市形成了城乡一体的公共服务清单体系,2020年,清单服务项目由96项调整为100项,包括教育、就业、养老等各个民生领域,超越上海(96项)、广州(93项)等一线城市水平。围绕做好政策清单服务,联动推进项目清单,推进涵盖民众"急难愁盼"的教育、医疗卫生等基本公共服务建设项目,截至2019年,累计完成投资1440亿元。

(二)基本公共服务水平大幅提高

2019年,成都市不断健全幼有所育、学有所教、劳有所得、病有所医、老有所养、住有所居、弱有所扶等方面基本公共服务制度体系,加速促进一项项清单转变为实实在在的实物量。其中,卫生健康服务能力不

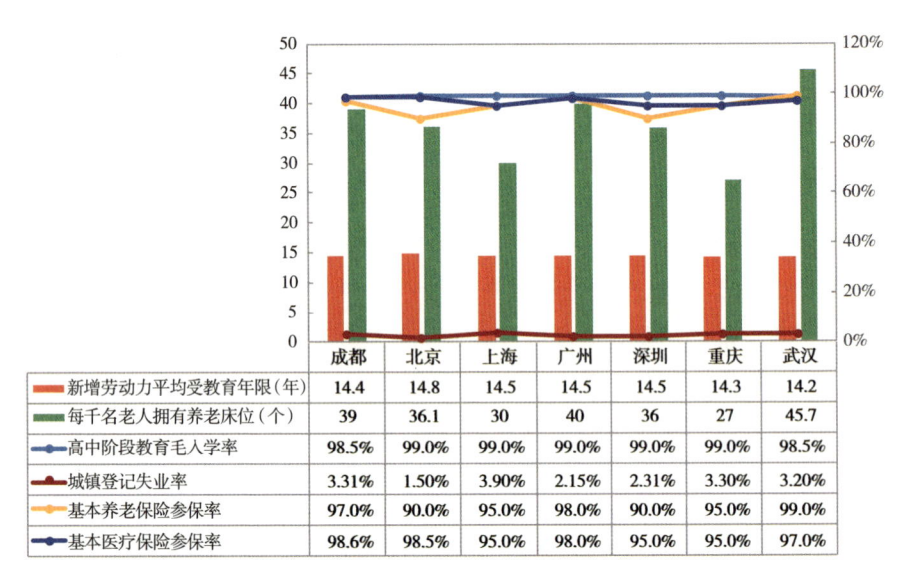

	成都	北京	上海	广州	深圳	重庆	武汉
新增劳动力平均受教育年限（年）	14.4	14.8	14.5	14.5	14.5	14.3	14.2
每千名老人拥有养老床位（个）	39	36.1	30	40	36	27	45.7
高中阶段教育毛入学率	98.5%	99.0%	99.0%	99.0%	99.0%	99.0%	98.5%
城镇登记失业率	3.31%	1.50%	3.90%	2.15%	2.31%	3.30%	3.20%
基本养老保险参保率	97.0%	90.0%	95.0%	98.0%	90.0%	95.0%	99.0%
基本医疗保险参保率	98.6%	98.5%	95.0%	98.0%	95.0%	95.0%	97.0%

图 5-3 2019 年成都市与国内主要城市重点民生领域发展情况对比

断提升，2019 年全市千人口医师数、护士数、床位数分别达 4.1 人、5.3 人、9 张，位居全国前列；教育服务供给能力持续增强，全市学前教育净入园率达 99.4%，小学学龄儿童净入学率达 100%；养老服务保障能力明显提升，城市社区养老服务设施覆盖率 97%，农村社区养老服务设施覆盖率 80%。加速提升民生服务智慧化水平，"天府市民云"平台集成 192 项生活、政务等服务，提供超过 1.3 亿次服务，极大便捷了市民生活。升级"12348"公共法律服务热线平台，打造"互联网＋人社"智能客服，实现人社 7×24 小时智慧咨询，借助"文化天府"App、"公共文化服务网络超市"等数字图书馆、数字文化馆，建立市、县、乡、村四位一体的公共文化设施网络，推进全市公共文化服务资源共享。

（三）高品质基本公共服务设施改革攻坚取得良好成效

全市持续推进基本公共服务设施建设攻坚，一项项民生工程共同托起市民的获得感、幸福感。截至 2019 年底，全市建成区 15 分钟基本公共服务圈规划实施率达到 79.7%。大力推进基本公共服务提标扩面攻坚，出台促进新经济从业人员参保新政策，截至 2019 年底，全市已有 2.6 万户新经济企业共计 74.4 万人办理了参保登记。创新实施惠民惠农财政补贴资金社会保障卡发放改革，补贴资金全部纳入"一卡通"发放，2019 年发放资金达 40 亿元，惠及 300 余万人。积极向上争取申报国家基本公共服务标准化试点，2020 年 4 月，高新区综合试点，新都区、成华区、锦江区分别从文体服务、医养结合、社会服务等领域开展专项试点，并已获得国家市场监管局、国家发展改革委、财政部正式批准，正积极推进。

> **专栏 5-7　成都市争取基本公共服务国家试点及开展情况**
>
> 普惠养老城企联动试点：2019 年 2 月，成都市被国家发展改革委、民政部、国家卫生健康委确定为全国普惠养老城企联动专项行动首批 7 个试点城市之一。2019 年 5 月 29—30 日，成功举办了由国家发改委指导的全国城企联动普惠养老经验交流暨调研活动。编制了全市养老服务体系建设整体规划，已争取中央预算内资金 1798 万元支持试点项目，引导社会投入新增普惠床位 680 余张。
>
> 普惠托育城企联动试点：2019 年 10 月，在国家发改委主办的全国托育现场交流会上分享了"成都经验"。2020 年，已收集并遴选共 26 个托育储备项目上报争取 1778 万元中央预算内资金支持。
>
> 全国社会足球场地设施建设专项行动第二批重点推进城市试点：2020 年，支持天府绿道建投资公司、兴城集团、兴锦建设集团扩大足球场地设施有效供给，争取中央预算内资金 2400 万元。
>
> 家政服务业提质扩容"领跑者"行动重点推进城市：2019 年 11 月，成都市被国家发展改革委、商务部、教育部、人社部、全国妇联确定为试点城市。将利用"互联网＋家政服务"等现代信息技术创新企业经营管理模式和发展方式，不断丰富家政服务内涵，延伸服务领域，大力提升行业整体发展水平，不断满足广大居民对家政服务的消费需求和求职就业需求。
>
> 资料来源：《五项制度改革前期评估报告》。

四 成都市持续纵深推进基本公共服务清单标准管理和动态调整制度改革的方向

按照"尽力而为、量力而行、聚焦重点、只增不减"的原则,以建设成渝地区双城经济圈为统领,以建设践行新发展理念的公园城市示范区为抓手,以满足人民群众美好生活需求和人的全面发展为根本目的,深化基本公共服务改革,有效促进优质公共服务供给更加充分可及,持续增强市民获得感、幸福感、安全感。

(一)深化完善清单管理制度,织密扎牢民生兜底保障网

明确政府履行职责和公民享有相应权利的范畴,逐项细化服务项目的具体服务对象、服务指导标准、支出责任、牵头负责单位等。完善基本公共服务清单标准管理和动态调整制度,推进实现基本公共服务能力全覆盖、质量全达标、标准全落实、保障应担尽担。完善统筹协调机制,建立健全基本公共服务标准体系,指导高新区、锦江区、成华区、新都区先行先试,促进城乡、区域、人群基本公共服务均等化。

(二)健全完善责任落实机制,强化提高服务保障能力

以公共服务标准体系建设为抓手,落实基本公共服务领域市与区(市)县共同财政事权和支出责任划分改革方案,完善基本功能服务财政支出统计,压实各级财政兜底保障职责。探索财政补贴从"补砖头""补供方"转变为"补人头""补需方"为主,在坚持基本公共服务政府兜底的基础上,加大政府购买社会机构服务力度,通过政府购买服务、公建民营、民办公助等方式更多地扶持社会专业力量发展,培育多元化服务供给主体。以政府购买服务和社会资本参与为抓手,形成政府负责引导规范、社会力量参与提供、个人合理付费享有的非基本公共服务供给体系,满足人民群众日益增长的个性化、多样化的公共服务需求。

（三）巩固完善评价机制，推进基本公共服务提质量

建立健全基本公共服务监测评价体系，推进基本公共服务基础信息库建设，开展年度统计监测。推动政府公开和政府信息公开，定期开展社会公众满意度调查，完善考核及反馈机制，及时妥善回应社会关切。加速完善基层服务评估机制，进一步优化提升社保、养老等基层服务机构服务记录追溯、服务绩效评价等制度，持续提升基层服务机构的服务质量。

（四）优化完善服务供给，满足群众多样化公共服务需求

以国家城企联动试点工程为抓手，引导民生类国企、专业化企业和社会组织参与投资、建设、管理和运营，扩大社会养老、托育、家政服务、产教融合等普惠性公共服务供给。结合成渝地区双城经济圈建设、公园城市示范区建设要求，大力推进社会领域重点项目建设，优化15分钟基本公共服务圈，推动服务获取更加便捷、服务更加优质、服务效果更加满意。

第六节

激发活力：以成长为导向的企业扶持激励制度改革

近年来，成都市深入贯彻落实习近平总书记新时代中国特色社会主义思想，以习近平总书记"支持成都建设全面体现新发展理念的城市"和"要推动成渝地区双城经济圈建设，在西部形成高质量发展的重要增长极"重要嘱托为根本遵循，针对要素市场化配置体制机制亟待完善，不同成长阶段企业的扶持重点更需精准，企业成长需求与创新链发展水平不相匹配等问题，坚持以成长为导向，分层推进要素供给侧结构性改革，着力提高政策扶持、政务服务精准度，大力激发企业创新创造活力，助力各类企业做

大做强。

一 以精准服务企业全生命周期为目标分层构建企业扶持激励政策体系

企业是市场经济活动的主要载体,是创造社会财富的动力源泉和城市永续发展的重要支撑。党的十九大报告明确指出,要建立以企业为主体、市场为导向、产学研深度融合的技术创新体系,加强对中小企业创新的支持。习近平总书记多次强调,全面实施市场准入负面清单制度,清理废除妨碍统一市场和公平竞争的各种规定和做法,支持民营企业发展,激发各类市场主体活力。在此背景下,成都有必要加快推进以成长为导向的企业扶持激励制度改革,针对企业全生命周期的政策需求,对初创型企业、成长型企业、跨越型企业建立不同的、精准的扶持激励机制,使政府有限资源在企业发展的不同阶段、不同层级得到有效利用,加快构建和完善以"我"为主的产业配套链、稳定畅通的要素供应链、高端跃升的产品价值链、自主可控的技术创新链,不断夯实城市高质量发展的基石。

二 成都市分级扶持壮大"初创型、成长型、领军型"企业的探索

(一)着力构建改革工作组织体系

加快构建企业全生命周期政策体系,按照精准度、可操作性、具体化要求,强化政策协同,初步形成了以《关于推进以成长为导向的企业激励扶持制度改革的试行意见》顶层设计为引领,以各领域专项改革政策为骨干,以抓落实的细则办法为支撑的企业全生命周期扶持激励政策体系。强化督促落实,将企业扶持激励制度改革纳入市委重大改革任务清单和市委、市政府督查考核体系,构建目标考核和监测激励体系。强化健全

机制，建立由市级牵头部门和各区（市）县组成的联络员制度，多次召开专题会议，定期赴区（市）县及企业走访调研，为检验评估改革成效提供依据。

（二）着力推进初创型企业扩量提质

聚焦企业对财政金融支持的需求，发挥政府创业投资基金的引导和放大作用，以科创投、科创贷、科创保、科创券、科创贴"五创联动"为企业提供全链条全方位科技金融服务，促进产业资本和金融资本有机协同、双向发力、整体跃升，不断增强金融服务供给能力。聚焦企业对政府服务体系的需求，建立企业梯度培育机制，进一步健全符合新经济发展的孵化培育和政府服务体系，加快校地共建众创空间、专业孵化器，高效孵化培育科技企业。聚焦企业对科技成果转化的需求，加快建立科技成果转化、知识产权运用协同发展制度，扩大职务科技成果权属混合所有制改革应用范围及成效，推进人才发展体制改革和政策创新，推动科技成果和创新产品市场化转化、规模化运用和产业化发展。

（三）着力引导快速发展型企业"专""精""特""新"

聚焦快速发展型企业对高层次人才的需求，实施"城市猎头"行动计划，绘制急需紧缺岗位图谱、实施人才管理服务"三张清单"，完善"蓉城人才绿卡"服务体系，制定全市人才安居系列政策，加速人才发展体制改革和政策创新。聚焦快速发展型企业对创新能力提升的需求，出台实施科技创新平台和重点研发项目资助管理办法，支持企业建立研发准备金制度，建立健全企业自主创新提升机制。聚焦快速发展型企业对资源要素精准匹配的需求，加快建立资源要素差异化供给机制，出台支持企业在科创板上市扶持政策、实行差别化工业用地供给方式、打造网络理政平台企业版，严格落实一般工商业电价下调、支持企业参加电力市场化交易、实施配气价格监管等政策措施。

（四）着力支持领军型企业跨越发展

聚焦领军型企业对产业发展整合的需求，实施大企业大集团培育行动计划，支持领军型企业跨行业、跨地区、跨所有制合作重组，对新希望、通威等重点民企给予"一企一方案"精准帮扶。大力引进企业总部型机构和"卡脖子"环节项目，不断完善上下游供需链、横向协作配套链。聚焦领军型企业对开拓国内外市场的需求，认真落实"一干多支、五区协同"决策部署，启动实施"川字号"总部企业培育行动，实施"成都企业'走出去'"战略，深入推进服务贸易创新发展、跨境电商等国家改革试点，支持企业积极开展对外投资、贸易、服务等合作。

> **专栏5-8　部分区（市）县推进企业扶持激励制度改革的创新探索**
>
> 高新区：针对不同层级企业差异化需求，依托企业服务中心和"高新通"线上企业服务平台，围绕倍增企业、高企创建、新经济培育等7类企业，建立涵盖功能区、部门、街道、楼宇等多点多级企业服务单位的"1+7+N"企业服务体系，实现政策申报"一窗式"办理、企业诉求"一站式"解决、企业培育"规模式"壮大，协助3000余户企业完成6000余个项目的快捷申报，解决企业咨询及普通诉求5万余项，"民营经济健康发展"等主题活动累计服务企业1758家。
>
> 龙泉驿区：为有效帮扶企业应对疫情影响，创新出台《关于疫情期间推进"共享员工"用工模式的实施细则》，以资金补贴的方式鼓励区内企业共享用工，有效解决阶段性用工紧缺或富余问题；打造"成都经开区人力资源共享服务中心"，充分展示人力资源闲置企业与人力资源紧缺企业实时对接功能，突破人力资源供需配备困局，降低企业用工成本。
>
> 资料来源：《"五项制度改革"领导小组会议发言材料汇编》。

三 企业发展生态不断优化

（一）资源要素匹配更加精准

中小企业金融服务供给能力不断提高，成都市依托交子金融"5+2"平台累计为上万家中小微企业提供融资金额超890亿元，其中"蓉采贷"向109家中小微企业授信3.9亿元、投放贷款2.6亿元；"减税贷"累计为4900余户中小企业授信超过34亿元；"科创贷"累计帮助2785家中小企业获得贷款61亿元，为企业发展注入了源源不断的金融"活水"。高端人才加速聚集，截至2020年5月，全市共有国家"千人计划"专家304名，国家"万人计划"专家127人，累计吸引人才新落户本科及以上学历青年人才超过34万人。通过创新外国人来华工作许可"一窗式"办理服务，2019年新引进外国人才1965名、增长10%。

（二）营商环境加速优化提升

企业融资成本稳步下降，2020年2月全市企业贷款利率4.8%，较2019年同期下降0.8个百分点，其中，中、小、微型企业贷款利率同比分别下降0.4个、0.7个、0.9个百分点。"双创"平台加速提能增效，2019年全市新增国家级孵化器3家，国家级孵化器及众创空间达67家，累计建成市级以上科技企业孵化器及众创空间231家。科技成果转化制度不断完善，以"校企双进"系列活动为载体促进合作项目728个、签约金额超过13亿元。企业直接融资渠道快速拓展，2019年，成都非金融企业实现银行间市场债务融资1381亿元、增长40.3%，2020年4月成都先导成为西南地区首家科创板上市企业。企业贸易和投资便利度不断提高，成都市加快推进行政审批"瘦身"提速，并通过打造网络理政平，推进涉企政策、数据、系统互联互通互用，审批服务事项"网上可申请"实现率99.8%；通过深入推进服务贸易创新发展、跨境电商等国家改革试点，2019年实现跨境电商交易规模 202.5 亿元、增长 102.5%。

（三）市场主体加快培育壮大

2019 年，成都市新登记企业 22.1 万户、增长 12.8%，新登记企业注册资本 1.6 万亿元、增长 11.9%，其中，快速发展型企业规模不断壮大，新经济梯度培育企业 582 家，其中 6 家企业达到"独角兽"标准、67 家企业达到"准独角兽"标准，全市企业营业收入 10 亿元以上企业 218 户；领军型企业做优做强，企业营业收入 100 亿元以上企业 18 户；全市认定总部企业 163 家，4 家企业进入"中国企业 500 强"，8 家入选"中国民营企业 500 强"，9 家入围"胡润中国 500 强民营企业"。

四 成都市持续纵深推进企业扶持激励制度改革的方向

准确把握企业扶持激励制度改革内涵外延，坚持以推动企业高质量、高效益、可持续的成长为导向，健全分层分级企业扶持激励机制，以产业生态圈建设引领要素集成集聚、精准供给，以政策赋能企业发展、科技赋能产业发展、环境赋能创新发展，不断激发企业源动力、增强产业竞争力、提升城市引领力，助推全市经济高质量发展。

（一）着力完善培育服务机制，推进初创型企业扩量提质

推动创新提能赋能企业发展，聚力打造总建筑面积 1000 万平方米高品质科创空间，构建"科创空间+专业化运营队伍"的创新综合服务体系。健全"众创空间+孵化器+环高校知识经济圈+产业功能区及园区"企业梯级孵化培育体系，深入实施"创业天府"行动计划，引导企业、投资机构及产业功能区共建科技企业孵化器、众创空间等"双创"载体。降低初创型企业投融资成本，推广完善交子金融"5+2"平台，协调发挥融资服务和政策传导功能，构建中小微企业全生命周期投融资服务体系。构建市场导向的科技成果转化机制，开展职务科技成果所有权或长期使用权改革

试点，深化科技"三评"改革。

（二）着力完善要素供给机制，引导快速发展型企业"专""精""特""新"

推进人才发展体制改革和政策创新，出台人才新政2.0版，深入实施"成都城市猎头行动计划"，持续开展"蓉漂人才荟""蓉漂人才日""蓉漂"品牌海外推广等活动。加快建立企业自主创新提升机制，深化"政产学研用投"创新体系建设，鼓励科技企业孵化器、专业化众创空间、技术转移机构、检验检测平台等服务载体建设，支持企业创建或联合高校科研院所共建国家、省级实验室、技术创新中心、工程研究中心等研发平台，打造一批拥有核心技术、细分市场占有率高的"隐形冠军"。健全多层次资本市场体系，搭建"5+5+1"产融对接渠道，深入实施2020"交子之星"金融纾困专项行动方案和"交子之星"经济证券化倍增行动计划，积极开展"壮大贷""政采贷"等金融创新融资服务。建立健全资源要素需求差异化供给机制，深化以产出为导向的土地资源配置制度改革，加快建设企业数据服务体系，落实一般工商业与大工业用电同价政策。

（三）着力完善政策引导机制，支持领军型企业跨越发展

健全大企业大集团培育机制，深入实施六类500强精准引进计划，加强高能级企业区域性总部招引，支持领军型企业通过收购、兼并、控股相关企业的优良资产，在土地、人才、资金等方面给予"一企一策"支持。健全企业拓展国内外市场支持机制，持续开展"企业市（州）行"活动，加强成渝在电子信息、智能制造等优势领域产业链合作，深入实施"成都企业'走出去'"战略，鼓励企业积极融入"一带一路"建设。支持品牌提升高端发展，实施"成都造"品牌提升行动，持续打造地理标志、"三品一标"认证产品和"鲁班杯""天府杯"等国家级和省级质量品牌，推动形成一大批"成都休闲""成都服务""成都创新""成都消费"品牌。

结 语

高质量发展是我国"十四五"乃至更长时期经济社会发展的主题，关系到我国社会主义现代化建设全局；新发展阶段、新发展理念、新发展格局，这是贯穿"十四五"规划纲要的逻辑主线。一个主题、一条主线——深刻回答着未来的中国，将实现什么样的发展、怎样实现发展的重大命题。

2021年7月24日，人民日报社《环球时报》主办的中国城市高质量发展与国际合作大会在北京举行，会上重磅发布了《2021中国高质量发展评估报告》榜单，成都一举获得"国际化高质量发展环境建设标杆城市"和"高质量发展十佳城市"两个奖项。在本次高质量发展评估报告中，成都在创新发展和开放发展方面表现尤为突出，创新发展得到了99.78分。成都改革创新发展的活力和成效显著，从政府数据、市场和第三方评估中都能看出成都创新的力量和能量。

而就在颁奖前一天，中共成都市委十三届九次全会审议通过了《中共成都市委关于高质量建设践行新发展理念的公园城市示范区 高水平创造新时代幸福美好生活的决定》和《中共成都市委关于全面推进科技创新中心建设 加快构建高质量现代产业体系的决定》，一份纲领、一份蓝图，在新起点上开启成都高质量发展的坚实步履。

成都突出创新的核心地位，坚持科技创新引领，着力打造科技创新策源新引擎、现代产业体系新标杆、创新要素聚集新高地、对外开放合作新枢纽，筑牢战略支撑和物质基础。前瞻谋划未来赛道布局未来产业，加快建设国家数字经济创新发展试验区，打造最适宜新经济发展的城市品牌。

持久用力、久久为功。全面推进科技创新中心建设，加快构建高质量现代产业体系，既是一项长期战略任务，又是一个重大现实课题。两个决定勾画出的蓝图，激荡着信心。大家坚信，全市上下紧密团结在以习近平同志为核心的党中央周围，锐意进取、开拓创新，成都科技创新和现代产业发展水平就一定能够显著提升，就一定能加快建成具有全国影响力的科技创新中心。

目标既定，使命必达。打造带动全国高质量发展的重要增长极和新的动力源，成都再出发！

参考文献

习近平：《习近平谈治国理政》第3卷，外文出版社2020年版。

习近平：《习近平总书记系列重要讲话读本》，学习出版社、人民出版社2016年版。

习近平：《习近平谈治国理政》第2卷，外文出版社2017年版。

习近平：《习近平主席在出席亚太经合组织第二十六次领导人非正式会议时的讲话》，人民出版社2018年版。

习近平：《同舟共济克时艰　命运与共创未来——在博鳌亚洲论坛2021年年会开幕式上的视频主旨演讲》，人民出版社2021年版。

习近平：《习近平关于科技创新论述摘编》，中央文献出版社2016年版。

习近平：《让工程科技造福人类、创造未来》，《人民日报》2014年6月4日。

马克思：《马克思恩格斯全集》第46卷，人民出版社1995年版。

国家发展改革委：《强化思想引领　谋篇"十四五"发展》，中国计划出版社2020年版。

中共中央文献研究室：《十八大以来重要文献选编》上，中央文献出版社2014年版。

范锐平：《创新要素供给　培育产业生态　构建具有国际竞争力和区域带动力的现代产业体系》，《先锋》2017年第7期。

范锐平：《坚定政治方向　主动服务大局　高质量建设全面体现新发展理念的城市》，《先锋》2018年第7期。

范锐平:《优化空间布局　重塑经济地理　以产业功能区建设构建战略竞争优势》,《先锋》2019年第10期。

范锐平:《科学规划建设高品质科创空间　加快培育区域经济增长极和动力源》,《先锋》2020年第9期。

范锐平:《以产业生态圈为引领　加快提升产业功能区能级》,《先锋》2021年第4期。

范锐平:《科技创新美好生活　创新赋能城市未来》,《先锋》2020年第6期。

袁弘:《取经世界"头部城市"——对标四大国际大都市　成都展开"无时差"学习》,《成都日报》2020年6月22日。

曹红艳、陈静、熊丽:《新时代　新气象　新作为　着眼长远推动经济高质量发展》,《经济日报》2018年3月16日。